# 新编预算会计

主　编　吴方名　代璐莲　詹　玫

哈爾濱工程大学出版社
Harbin Engineering University Press

## 内容简介

本书基于新的经济环境背景，以2019年执行的政府会计制度改革为依据，对预算会计理论和体系进行了详细阐述。本书分为三部分。第一部分简要概括预算会计理论的变革与发展，全面展示预算会计的组成要素和体系搭建。第二部分和第三部分分别介绍预算会计制度下财政总预算会计、行政单位会计、事业单位会计账务处理的基本理论和具体方法。涉及账务处理的内容，本书从资产、负债、净资产、收入、支出、结余等维度一一展开，特别是在行政和事业单位相关账务处理上，按新的《政府会计制度》要求，以财务会计和预算会计适度分离并相互衔接的会计核算模式，全面罗列双核算的账务处理和财政管理内容。

本书内容翔实，案例浅显易懂，比较适合作为入门级教材使用，对普及《政府会计制度》，规范预算会计工作具有指导和参考价值。

**图书在版编目(CIP)数据**

新编预算会计/吴方名,代璐莲,詹玫主编. —哈尔滨:哈尔滨工程大学出版社,2022.7
ISBN 978-7-5661-3582-7

Ⅰ.①新… Ⅱ.①吴… ②代… ③詹… Ⅲ.①预算会计 Ⅳ.①F810.6

中国版本图书馆CIP数据核字(2022)第097572号

**选题策划** 马佳佳
**责任编辑** 丁月华
**封面设计** 李海波

**出版发行** 哈尔滨工程大学出版社
**社　　址** 哈尔滨市南岗区南通大街145号
**邮政编码** 150001
**发行电话** 0451-82519328
**传　　真** 0451-82519699
**经　　销** 新华书店
**印　　刷** 哈尔滨午阳印刷有限公司
**开　　本** 787 mm×1 092 mm　1/16
**印　　张** 14.5
**字　　数** 371千字
**版　　次** 2022年7月第1版
**印　　次** 2022年7月第1次印刷
**定　　价** 49.80元
http://www.hrbeupress.com
E-mail:heupress@hrbeu.edu.cn

# 前　言

随着经济社会的发展，我国预算会计制度多次进行调整和变革，不断适应新形势、新情况的需要。自 2001 年起我国相继推行了“政府采购制度”“部门预算制度”“国库单一账户制度”三大财政预算体制改革，2004 年发布了《民间非营利单位组织会计制度》，2012—2014 年修订了《事业单位财务规则》《事业单位会计制度》《事业单位会计准则》《行政单位财务规则》《行政单位会计制度》《高等学校会计制度》《中小学校会计制度》《科学事业单位会计制度》《彩票机构会计制度》等十大行业会计制度，建立起了适应财政预算管理的规范的会计体系。然而我国经济社会的快速发展，使得原有的预算会计标准体系暴露出不能客观反映运行成本、不利于科学评价运营绩效、会计领域多项制度并存、内容交叉、核算口径不一和不能提供信息准确完整的财务报告等诸多问题，这加快了推进我国预算会计改革的步伐。2013 年，党的十八届三中全会提出了“建立权责发生制政府综合财务报告制度”的重大改革举措，建立了能够真实反映政府资产、绩效及预算执行情况的政府会计体系。2015 年国家要求各级政府要按年度编制以权责发生制为基础的政府综合财务报告，实施新的《中华人民共和国预算法》。2017 年，为进一步适应会计制度改革的发展方向，规范我国政府与非营利组织会计秩序，提高我国政府与非营利组织会计水平，财政部颁布了《政府会计制度》。新制度下的预算会计有机整合了《行政单位会计制度》《事业单位会计制度》和医院、基层医疗卫生机构、高等学校、中小学校、测绘单位、林业(苗圃)等行业事业单位会计制度的内容，统一了现行各项单位会计制度，不再区分行政和事业单位，也不再区分行业事业单位，基本保留了现行各项制度中的通用业务和事项，对同类业务尽可能做出同样的处理规定。同时最新的预算会计制度改革构建了“财务会计和预算会计适度分离并相互衔接”的预算会计核算模式，让同一会计核算系统，能利用资产、负债、净资产、收入、费用五个要素进行财务会计核算，并利用预算收入、预算支出和预算结余三个要素进行预算会计核算，实现了《政府会计制度》下主体单位的会计体系具备财务会计和预算会计双重功能的特点。

为了帮助相关会计从业人员准确掌握 2019 年 1 月 1 日起施行的新制度，并按其要求理解预算会计的基本理论和操作，我们对最新制度进行了梳理总结，结合最新改革制度的要求，更新并整合了相关的内容。本书共分三部分十五章，文章结构如下：

第一部分为导论，共三章，包括预算会计历史沿革、预算会计的基本理论和预算会计的核算方法。第一章介绍了预算会计的发展和最新制度改革后的重大变化与创新，同时对新旧预算会计制度衔接的总体要求，执行新制度前的准备工作，新旧制度衔接的范围、方法、分录等内容进行了阐述；第二章介绍了预算会计的基本理论，包括概述、特点、基本前提、一般原则和体系结构要素；第三章介绍了预算会计的核算方法，涵盖会计要素及会计等式、会计科目及记账方法、会计凭证及会计账簿等主要内容。

第二部分为财政总预算会计相关内容，共分五章，包括财政总预算会计概述、财政总预算会计资产的管理与核算、财政总预算会计负债和净资产的管理与核算、财政总预算会计收入和支出的管理与核算及财政总预算会计报告知识点。第四章介绍了财政总预算会计的理论基础，包括其概念、特点、核算任务、目标、原则和科目设置；第五章为财政总预算会计资产的管理与核算相关内容，对财政性存款、有价证券投资、应收转贷款等资产核算进行了详细介绍；第六章介绍了财政总预算会计负债和净资产的管理与核算，对负债中的应付及暂收款、应付政府债券与借入款项、应付转贷款以及净资产中的结转结余、预算稳定调节基金与预算周转金、资产基金和待偿债净资产等分类项下的账务处理进行了阐述；第七章为财政总预算会计收入和支出的管理与核算相关内容，对其概念、分类、管理和账务处理进行了详细介绍；第八章为财政总预算会计报告，介绍了报告的概念、分类和编制要求，展示了年终清理结算和年终结账方法和程序，对资产负债表、收入支出表、预算执行情况表与收支情况表的结构和编制进行了详细阐述。

第三部分为行政事业单位会计相关内容，共分七章，主要介绍了行政事业单位预算会计的资产、负债、净资产、收入、费用、结余和会计报告具体账务处理及报表编制的相关情况。在注重继承原有预算会计制度精华的同时，吸收了政府会计改革的新要求，力求反映出预算会计体系中行政事业单位最新的会计理论和实务操作。第九章为行政事业单位会计概述，对行政事业单位会计概念、特点、科目设置和凭证账簿的使用要求进行了介绍；第十到十四章侧重阐述行政事业单位的预算会计实务操作，分别从资产、负债、净资产、预算结余、收入、支出会计要素出发，按顺序一一进行了详细讲解和案例分析；第十五章为行政事业单位会计报告，介绍了报告的概念、分类和编制要求，对资产负债表、收入费用表、净资产变动表、预算结转结余变动表和现金流量表的结构和编制进行了详细阐述，同时对会计报表分析方法及侧重内容给出建议。

本书按新的《政府会计制度》要求，突出了新制度施行后预算会计体系中具有新颖性和前瞻性的内容，对研究预算会计具有一定的参考价值，可作为行政事业单位会计人员的专业培训用书和后续提升自己专业素养的学习教材。本书内容翔实全面、浅显易懂，对普及《政府会计制度》、规范预算会计工作具有指导和参考价值。

编者在编写本书的过程中，参考了大量的相关文献，在此向文献的作者表示衷心的感谢。

尽管编者做了很多的努力，但因出书时间较紧，加之水平有限，书中可能存在一些不足或者疏漏，敬请读者不吝指正。

编　者

2022 年 5 月

# 目　　录

## 第一部分　导　　论



## 第二部分　财政总预算会计

## 第三部分　行政事业单位会计

# 第一部分　导　　论

# 第一章　预算会计历史沿革

## 第一节　预算会计的发展

《国务院关于深化预算管理制度改革的决定》提出了“建立权责发生制的政府综合财务报告制度”的重要战略部署,新修改的《中华人民共和国预算法》(以下简称《预算法》)也对各级政府财政部门按年度编制以权责发生制为基础的政府综合财务报告提出了明确要求。2014年12月,国务院批转了财政部制定的《权责发生制政府综合财务报告制度改革方案》(国发〔2014〕63号,以下称《改革方案》),确立了政府会计改革的指导思想、总体目标、基本原则、主要任务、具体内容、配套措施、实施步骤和组织保障。《改革方案》提出,权责发生制政府综合财务报告制度改革是基于政府会计规则的重大改革,其前提和基础就是要构建统一、科学、规范的政府会计准则体系,包括制定政府会计基本准则、具体准则及应用指南和健全完善政府会计制度。

自2019年1月1日起执行《政府会计制度》的单位,不再执行《行政单位会计制度》《事业单位会计准则》《事业单位会计制度》《医院会计制度》《基层医疗卫生机构会计制度》《高等学校会计制度》《中小学校会计制度》《科学事业单位会计制度》《彩票机构会计制度》《地质勘查单位会计制度》《测绘事业单位会计制度》《国有林场与苗圃会计制度(暂行)》《国有建设单位会计制度》等制度。

《政府会计制度》继承了我国多年来行政事业单位会计改革的有益经验,反映了当前政府会计改革发展的内在需要和发展方向,相对于现行制度有以下重大变化与创新。

### 一、重构政府会计核算模式

《政府会计制度》按照《改革方案》和《政府会计准则——基本准则》(以下简《基本准则》的要求,系统总结分析传统单系统预算会计体系的利弊,构建了“财务会计和预算会计适度分离并相互衔接的会计核算模式。在同一会计核算系统中,利用资产、负债、净资产、收入、费用五个要素进行财务会计核算,利用预算收入、预算支出和预算结余三个要素进行预算会计核算,分别实现了财务会计和预算会计双重功能。同时具有双基础的特点,财务会计采用权责发生制,预算会计采用收付实现制,从而产生财务报告和决算报告。而这对应关系又能保证衔接,同一会计核算系统中政府预算会计要素和相关财务会计要素相互协调,决算报告和财务报告相互补充。通过编制的“本期预算结余与本期盈余差异调节表”可以反映单位财务会计和预算会计因核算基础和核算范围不同所产生的本年盈余数与本年预算结余数之间的差异,从而揭示财务会计和预算会计的内在联系。这样不仅能满足现行部门决算报告制度的需要,又能满足部门编制权责发生制财务报告的要求,对于规范政府会计行为，夯实政府会计主体预算和财务管理基础，强化政府绩效管理具有深远的影响。

## 二、统一现行各单位会计制度

《政府会计制度》有机整合了《行政单位会计制度》《事业单位会计制度》和医院、基层医疗卫生机构、高等学校、中小学校、测绘单位、林业（苗圃）等行业事业单位会计制度的内容，统一了现行各项单位会计制度。会计制度的统一，不仅能够提高政府各部门、各单位会计信息的可比性，还为合并单位、部门财务报表和逐级汇总编制部门决算奠定了坚实的制度基础。统一性主要体现在以下几方面。

1. 在科目设置和报表项目说明中，一般情况下，不再区分行政和事业单位，也不再区分行业事业单位。

2. 在核算内容方面，基本保留了现行各项制度中的通用业务和事项。

3. 在会计政策方面，对同类业务尽可能做出同样的处理规定。

## 三、强化财务会计功能

《政府会计制度》在财务会计核算中全面引入了权责发生制，在会计科目设置和账务处理说明中着力强化财务会计功能，在政府会计核算中强化财务会计功能，对于科学编制权责发生制政府财务报告、准确反映单位财务状况和运行成本等方面具有重要的意义。

## 四、完善预算会计功能

《政府会计制度》对预算会计科目及其核算内容进行了调整和优化，以进一步完善预算会计功能。在核算内容上，预算会计仅需核算预算收入、预算支出和预算结余。除《预算法》要求的权责发生制事项外，预算会计均采用收付实现制核算，有利于避免现行制度下存在的虚列预算收支的问题。

## 五、完善报表体系和结构

《政府会计制度》将报表分为预算会计报表和财务报表两大类，完善了报表体系和结构。预算会计报表由预算收入表、预算结转结余变动表和财政拨款预算收入支出表组成，是编制部门决算报表的基础。调整完善后的报表体系，能够全面反映单位财务信息和预算执行信息，提高了部门、单位会计信息的透明度和决策有用性。

## 六、增强制度可操作性

《政府会计制度》所要求的财务会计和预算会计"平行记账"的核算要求，不仅便于会计人员学习和理解政府会计八要素的记账规则，也有利于单位会计核算信息系统的开发或升级改造，增强了制度的可操作性。

# 第二节 新旧预算会计制度衔接

## 一、新旧制度衔接的总体要求

(一)新旧制度衔接的时间要求

《政府会计制度》自2019年1月1日起施行。自2019年1月1日起,单位应当严格按照新制度的规定进行会计核算,编制财务报表和预算会计报表。此前,单位仍应按照原制度以及财政部印发的有关会计制度规定,进行会计核算和编制财务报告。

(二)新旧制度衔接的主要内容

为了保证新旧制度顺利衔接,财政部印发了《〈政府会计制度——行政事业单位会计科目和报表〉与〈行政单位会计制度〉〈事业单位会计制度〉有关衔接问题处理规定的通知》(财会〔2018〕3号)(以下称规定),对新旧制度衔接工作做了具体规定。单位新旧衔接工作的主要内容包括:

1. 根据原账编制2018年12月31日的科目余额表,并按照规定要求,编制原账的部分科目余额明细表。

2. 按照新制度设立2019年1月1日的新账。

3. 按照规定要求,登记新账的财务会计科目余额和预算结余科目余额。包括将原账科目余额转入新账财务会计科目,按照原账科目余额登记新账预算结余会计科目,将未入账事项登记新账科目,并对相关新账科目余额进行调整。原账科目是指按照原制度规定设置的会计科目。

4. 按照登记及调整后新账的各会计科目余额编制2019年1月1日的科目余额表,作为新账各会计科目的期初余额。

5. 根据新账各会计科目期初余额,按照新制度编制2019年1月1日资产负债表。

(三)会计信息系统的要求

单位应当按照新制度要求对原有会计信息系统进行及时更新和调试,实现数据正确转换,确保新旧账套的有序衔接。会计信息系统更新主要包括以下内容。

1. 备份会计信息系统中2018年12月31日结账后的数据。

2. 按新制度的规定更新会计信息系统中的会计科目。

3. 按照新制度规定的会计科目设置2019年度新账。

4. 将2018年12月31日以前按照原制度核算的各会计科目余额,按新旧会计科目对应关系进行衔接和对应。

5. 按新制度的规定更新会计信息系统中的财务报表。

## 二、执行新制度前的准备工作

(一)全面清查资产

1. 对本单位的资产进行全面清查、盘点,查实盘盈、盘亏、毁损资产,并按照原制度规定进行相应的账务处理。

2. 对本单位固定资产原值、已使用年限、尚可使用年限进行核查，并根据清理结果进行分类统计，为固定资产转入新账做好准备。

3. 对本单位无形资产原值、已使用年限、尚可使用年限进行核查，为追溯确认无形资产和计提无形资产累计摊销做好准备。

4. 对按照原制度未予以确认，按新制度应予以确认的在途物品、政府储备物资、公共基础设施、文物文化资产、保障性住房等资产的数量、历史成本进行全面核查，为按新制度的规定进行追溯确认做好准备。

（二）全面清理、核实债权和债务

1. 该收回、核销的债权、债务应当及时清理，并按原制度规定进行相应账务处理，结出2018年12月31日有关会计科目的期末余额。

2. 对2018年12月31日期末债权、债务余额，按新制度规定进行分类核查，为转入新账中对应会计科目做好准备。

3. 对截至2018年12月31日按原制度未予以确认，但是按新制度规定应当确认的债权、债务进行核查统计，为按新制度规定进行追溯确认做好准备。

（三）会计科目余额调整

新账的相关财务会计科目余额按照新制度规定的会计核算基础进行调整。

（四）会计科目数据转换

截至2018年12月31日尚未进行基建“并账”的单位，应当首先参照《新旧事业单位会计制度有关衔接问题的处理规定》（财会〔2013〕2号），将基建账套相关数据并入2018年12月31日原账中的相关科目余额，再按照本规定将2018年12月31日原账相关会计科目余额转入新账相应科目。

## 三、新旧制度衔接的范围、方法和分录

（一）新旧制度衔接的范围

新旧制度衔接的范围包括财务会计科目、预算会计科目和报表。

1. 单位根据2018年12月31日的科目余额表，登记新账的财务会计科目包括：资产类、负债类和净资产类科目。

2. 单位根据2018年12月31日的科目余额表，登记新账的预算会计科目余额预算结余类科目。

3. 单位应当根据2019年1月1日新账财务会计科目余额，填列2019年净资产变动表各项目的“上年年末余额”；根据2019年1月1日新账预算会计科目余额，填列2019年预算结转结余变动表的“年初预算结转结余”项目和财政拨款预算收入支出表的“年初财政拨款结转结余”项目。

（二）新旧制度衔接的方法

1. 直接转入法（转入分录）：单位应将原账的科目余额直接转入新账的相应科目。

2. 分析转入法（转入分录）：单位应将原账的科目余额分析转入新账的相应科目。

3. 未入账补登法（补登分录）：单位应将原未入账事项登记新账财务会计科目。

4. 余额调整法（调整分录）：单位应将新账的相关财务会计科目余额按照事项登记新账

财务会计科目。

（三）新旧制度衔接的分录

1. 转入分录（直接转入法、分析转入法）

单位在进行新旧制度衔接的转账时，应当编制转账的工作分录，作为转账的工作底稿，并将转入新账的对应原账户余额及分拆原账户余额的依据作为原始凭证。根据原账科目余额直接转入或分析转入新账相应科目的编制。

借：××科目（新账）

　　贷：××科目（原账）

或

借：××科目（原账）

　　贷：××科目（新账）

2. 补登分录（未入账补登法）

单位对新账的财务会计科目补记未入账事项时，应当编制记账凭证，并将补充登记事项的确认依据作为原始凭证。根据原未入账事项登记新财务会计科目。

借：××科目（新账）

　　贷：××科目（新账）

3. 调整分录（余额调整法）

单位对新账的相关财务会计科目余额按照新制度规定的核算基础进行调整。单位对新账的财务会计科目期初余额进行调整时，应当编制记账凭证，并将调整的确认依据作为原始凭证。对新账有关科目余额按事项登记新账财务会计科目。

借：××科目（新账）

　　贷：××科目（新账）

## 四、新旧制度衔接步骤

第一步：根据原账编 2018 年 12 月 31 日的科目余额表。

第二步：按照新制度设立 2019 年 1 月 1 日的新账。

第三步：对 2018 年 12 月 31 日原账中各会计科目余额进行分析，编制新旧制度会计科目余额对照表，将原制度各会计科目期末余额，按新制度规定及新旧会计科目对应关系，转入 2019 年新账对应财务会计、预算会计科目期初余额。

第四步：对 2018 年 12 月 31 日前未予以确认的经济事项，按照新制度规定进行各项资产负债的追溯确认，相应调整新账中有关财务会计、预算会计科目的期初余额。

第五步：根据新制度衔接的相关规定，按照权责发生制基础追溯调整财务会计期初余额，按照收付实现制基础追溯调整预算会计科目期初余额。

第六步：根据上述转账和调整后的新账各会计科目余额，编制 2019 年 1 月 1 日期初科目余额表，作为 2019 年 1 月 1 日新账期初余额。

第七步：根据 2019 年 1 月 1 日新账的财务会计科目余额，按照新制度编制 2019 年 1 月 1 日资产负债表。单位应当按照新制度规定编制 2019 年财务报表和预算全报表。

# 第二章　预算会计的基本理论

## 第一节　预算会计的概述

### 一、预算会计的概念

预算会计是以会计学原理为基础来核算、反映和监督中央政府与地方政府预算以及行政事业单位收支预算执行情况的会计。预算会计是以预算管理为中心的管理活动，是国家预算管理的重要组成部分。

预算会计中的“预算”二字，不仅包括国家财政预算，还包括部分行政事业单位预算。随着社会主义公共财政管理机制不断地完善和发展，例如扩大约束收支范围，逐步规范非税项目的资金管理；对行政机构进行梳理精简，逐步转变政府职能；政府逐步退出直管经济领域，允许部分事业单位参与市场经济，开展生产和有偿服务的业务等举措，都导致预算会计的核算范围、核算方法、预算编制等发生了不小的变化。

### 二、预算会计的特点

预算单位的资金大部分来自纳税人及其他出资者，而作为预算单位，主要任务是完成相应的业务工作，谋求最广泛的社会效益。为此，预算会计具有以下六个特点。

（一）预算会计具有公共性

预算会计主体包括但不限于政府、行政事业单位，它们的目标是实现公共职能，需要根据公共事务来进行公共资金的核算，同时它们还要以公共业务成果为主要绩效考核指标，具有公共性的特点。

（二）预算会计具有非营利性

相较于其他经济活动主体，预算会计主体不以营利为目的，而主要看中社会效益，一般不计算损益，也不进行成本核算，具有非营利特点。

（三）预算会计具有财政性

单位预算与国家财政存在着紧密的资金领拨关系和预算关系。尽管各单位预算会计是独立的会计主体，但都必须遵守财政规定和财政纪律，既自主又统一。而财政总预算就是直接核算政府财政资金的，所以预算会计具有财政性的特点。

（四）预算会计是以预算管理为中心的专业会计

财政总预算和行政事业单位预算是经过法定程序批准的政府财政和行政事业单位财务收支计划，一旦批准，必须依法执行和管理。而预算会计主要是围绕财政总预算和行政事业单位预算管理来展开的,所以它是以预算管理为中心的专业会计。

(五)预算会计以收付实现制为主

由于预算会计单位属于非营利组织,为了准确反映当期的预算收入和支出执行情况,落实年度预算收支结余应以各期实际发生的款项作为各期的收入和支出,不应包括应收未收和应付未付等记账款项。但是对于有生产经营活动的事业单位,为了准确核算成本和计算盈亏,在实际操作中应将权责发生制作为主要的记账基础。

(六)预算会计具有较强的政策性和纪律性

在社会主义市场经济条件下,公共财政机制的建立越来越完善。预算会计既要按照公共财政管理的要求来对单位预算进行核算、反映和监督,又要向政府提供宏观的管理所需要的重要经济信息,还要按照加强单位预算监督管理的要求,强化单位预算约束、维护财经秩序。

## 三、预算会计的基本前提和一般原则

(一)预算会计的基本前提

预算会计的基本前提也被称为会计假设,它是组织会计核算工作必须具备的前提条件,也是会计核算的制约条件。预算会计的基本前提共有四个,分别为会计主体、持续运行、会计分期和货币计量。

1. 会计主体

会计主体是指会计服务的特定对象或组织,是对会计核算和监督时的空间范围的确定,同时界定会计信息的主体范围。无论是日常的会计确认、记录、计量或是计算,会计活动都必须在确定的会计主体范围之内。预算会计的主体包括国家各级政府、行政单位和各类事业单位,由于它们的服务主体不同,所以他们的会计主体也是不同的。例如财政总预算会计的主体是各级政府,因为财政总预算各项收支的安排和使用是国家各级政府的权力范围,财政部门只是代表政府执行预算,管理财政收支,所以财政部门不能作为财政总预算会计的会计主体。

2. 持续运行

持续运行是指会计主体在可预见的限期内能够续存,其经济业务活动能够正常进行。持续运行是预算会计的前提条件,只有持续运行才能处理和传递相关数据和信息。如果没有持续运行这一前提条件,一些公认的会计处理原则就会失去存在的基础,一些常用的会计核算方法也无法正常使用,一些重要的会计理论和概念也就没有了根据。

3. 会计分期

会计分期也可以称为会计期间,它是指将会计主体的持续运行的经济业务活动过程划分为间隔相等的若干时期,界定了会计核算时间范围。由于有了会计分期,才产生了本期与非本期的区别,因此才有了权责发生制与收付实现制和不同类型记账基础。

我国预算均是按照自然年来进行编制的,然后按照年度、季度、月度一一执行,所以预算会计也应该按照年度、季度、月度执行预算收支情况。会计分期有利于单位活动的财务信息及时反馈,满足单位内部管理要求与决算需求。

4. 货币计量

货币计量是指会计主体的会计核算采用统一的货币单位作为计量标准来反映会计主

体各项经济业务。货币计量是会计核算的关键环节,也是会计的基本前提,它能够综合反映预算收支执行情况。在预算会计业务活动过程中,凡事能够以货币进行计量的均需要进行会计核算。通常情况下,由于货币本身的价值相对稳定,货币价值的轻微波动不大,会计核算事务一般不考虑。但如果发生了恶性通货膨胀,则需要采用特殊的会计准则另行处理。

我国的预算会计核算以人民币为记账本位币,但是若单位的业务以外币为主,也可以选定某种外币为记账本位币,但是在编制会计报表时还是需要按照当日人民币外汇汇率进行折算。

(二)预算会计的一般原则

预算会计的一般原则是指导预算核算业务的基本依据、根本要求和行为规范。预算会计的一般原则包括客观性原则、历史成本原则、可比性原则、清晰性原则、相关性原则、及时性原则、一贯性原则、重要性原则、专款专用原则。

1. 客观性原则

客观性原则也称真实性原则,是保证会计核算质量的首要条件。客观性原则是指在会计核算的过程中以会计主体实际发生的经济业务活动为依据,客观真实地反映会计主体的财务收支状况及其结果,保证单位发生的经济业务内容真实、数字准确、支撑材料充分。为遵循客观性必须做到以下几点:

(1)内容真实客观;

(2)书面凭证填制准确、完备;

(3)须由两名会计人员独立核算;

(4)根据会计账簿编制会计报表。

2. 历史成本原则

历史成本原则也称实际成本原则,是指单位各项财产物资均要按购进或者取得时的实际成本进行计价,原则上不得调整其账面价值。历史成本包括任一资产在购进或取得时所付出的全部成本,加上为能让其正常使用而支付的费用。按历史成本计价的原因有:

(1)历史成本是当时买卖双方认可交易价格或是当时市场的交易价格,是最近似于资产的价值,具有客观和真实性;

(2)历史成本不但比较容易获取,而且具有做账的原始依据,会计信息比较客观、可靠。

3. 可比性原则

可比性原则是指会计核算应当按照统一规定的会计处理方法进行。例如各地区、部门和单位在选择会计处理程序和方法时都需要按照当地财政部公布的会计制度和规定进行会计处理;在编制会计报表时,应当按照国家统一规定的会计指标和计算方法处理,保证不同地区的同类单位的会计信息和指标应当口径一致,会计信息相互可比。

4. 清晰性原则

清晰性原则是指预算会计记录和会计报表必须明了清晰,信息使用者能够很好地理解、检查和利用,针对重要或是复杂的经济业务,还应该加以规范的文字进行单独说明。在预算会计核算过程中,应该坚持清晰性原则,保证会计记录清晰准确,凭证填制依据合法合规。同时预算收支项目和会计科目的分类要科学合理,项目内容明了,界限清晰。这样既增加了国家预算的透明度,也为国家预决算的公开提供便捷,更好地接受社会监督。

5. 相关性原则

相关性原则也称适应性原则，是指会计核算所提供的信息应符合国家经济管理和监督的需要，能够适应各方面对国家预算执行过程及结果的需要和各级财政的预算管理以及财务管理。同时还能有利于预算单位内部管理，适应行政观经济决策，使会计信息使用者能够利用相关信息做出正确的经济决策。

6. 及时性原则

及时性原则占有重要的地位，它是指经济业务发生后应当及时反映，预算会计核算应当及时处理，只有这样才能形成宏观经济信息便于信息使用者了解单位的财务状况和运营成果，保证会计信息符合使用者的需要。及时性原则有以下两点要求：

(1) 当发生经济业务时，应及时进行会计处理，不得拖延，例如本期取得收入，就应该及时反映，不得隐匿或拖延至下期反映；

(2) 会计报表编制及时报出，不得拖延。

7. 一贯性原则

一贯性原则也称一致性原则，是指同一个预算单位对于会计事项的会计处理程序和核算方法前后期应当一致，不得随意变更。如果确有必要变更，应将变更的情况、原因和财务收支及结果在财务报告的附注及预算执行情况中一一说明。一贯性原则便于信息纵向比较，有利于提高会计信息的使用价值并制约单位在会计核算上弄虚作假。

8. 重要性原则

重要性原则是指针对单位的重要经济业务和会计事项要在会计报表中单独反映。虽然会计报表要求所提供的会计信息要尽可能全面、完整，但这并不是要将会计对象的所有内容不加区分地等同对待公开，而是要将重要内容全面、详细、突出地反映在报表中，保证信息的客观性和全面性。例如对于单位的具有重要影响的经济活动会计事项，应当独立核算、重点反映，并在会计报表的附注中重点揭示；而那些次要的会计事项，只要不影响会计信息的真实性和相关性就可适当简化，在会计报表中合并反映。

9. 专款专用原则

专款专用原则是预算会计核算所特有的原则，它是指对于国家预算拨款和其他有指定用途的资金，应当按规定的用途使用，不得擅自改变用途，挪作他用，并应该单独核算报账。专款专用原则是根据预算会计的性质所衍生出的原则，专款是为了发展某事业而拨出的款项，所以在使用时必然有支出的范围及要求。预算单位应该设置专门的账户对专款进行核算，对资金的使用进行监管，实时检查和考核。

## 第二节　预算会计的组成体系

我国现行的预算会计体系是按照国家预算体系划分的，包括财政总预算会计、行政单位会计、事业单位会计和其他相关部门会计。其中财政总预算会计是核心，行政单位会计和事业单位会计是总预算会计的延伸，其他相关部门会计是预算会计的补充。

## 一、财政总预算会计

(一)财政总预算会计概念

财政总预算会计主要是对各级政府财政部门财政资金进行核算和监督并监管政府预算执行以及各项财政性资金收入和支出活动情况的专业会计。财政总预算会计是国家预算的筹集和分配资金的基础,能对财政总预算进行分析检查。

根据我国政权划分,财政总预算分为中央、省(自治区、直辖市)、市、县、乡五级,一级政府要建立起一级总预算,每一级政府的总预算都在财政部门设立财政总预算会计。其中国家财政部门设立中央财政总预算会计,负责组织和指导全国的总预算会计工作和单位预算会计工作;省(自治区、直辖市)、市、县级财政厅(局)分别设立省(自治区、直辖市)、市、县级总预算会计,分别负责组织和指导本区域内的总预算会计工作和单位预算会计工作;在乡级财政所设乡级财政总预算会计,负责乡自筹资金的会计核算和监督工作。

(二)财政总预算会计职责

1. 处理日常会计核算业务。

2. 合理调度财政预算资金。

3. 实行预算监督,参与预算管理,反映预算情况。

4. 组织和指导本地区的预算工作。

5. 预算会计其他各项事务管理工作。

## 二、行政单位会计

(一)行政单位会计概念

行政单位会计是国家各级行政单位以货币为主要计量单位,对行政单位预算资金的核算和监督的专业会计。我国行政单位不仅包括政府行政机关,还包括人大机关、政党组织、法院、检察院等。

根据机构建制和经费领报关系我国行政单位会计组织系统分为三级,分别为主管会计单位、二级会计单位和基层会计单位。主管会计单位是指向财政部门领报经费,并发生预算管理关系,下面设有所属会计单位的会计单位;二级会计单位是指向主管会计单位领报经费,并发生预算管理关系,下面设有所属会计单位的会计单位;基层会计单位是指向上级会计单位领报经费,并发生预算管理关系,下面不设所属会计单位的会计单位。这三级会计单位实行独立会计核算,负责管理本部门、本单位的全部会计工作。由于这三级会计单位不具备独立核算条件的单位,均是实行单据报账制度,因此仅能被列作“报销单位”管理,而且在这三级会计单位之间还存在与事业单位会计交叉的情况。

(二)行政单位会计的职责

1. 完成各项行政管理任务,创造良好的社会环境,提供高效的服务。

2. 完成自身的职能任务,申请相应的活动经费。

## 三、事业单位会计

(一)事业单位会计的概念

事业单位会计是以单位实际发生的各项经济业务为记录、反映和监督本单位财务收支情况及结果的专业会计。事业单位是国家出资举办为社会提供公益性服务的社会组织,包括:科学文化事业单位、公益事业单位、中介机构等。根据我国目前的预算管理体制,事业单位的经费来源包括财政拨款收入以及事业单位创收收入,所以事业单位会计除采用收付实现制为会计核算的基础外,其经营收支业务则应采用权责发生制。

事业单位根据机构建制和经费拨领管理可以分为主管会计单位、二级会计单位和基层会计单位,它们分别向同级财政部门发生预算关系。

(二)事业单位会计的职责

1. 实行独立核算。

2. 若单位人少、经费少,不具备独立核算的条件可作为“报销单位”管理。

## 四、其他相关部门会计

其他相关部门会计是参与预算执行的其他相关部门的专业会计,包括国库会计、税收征解会计、预算外资金财政专户会计、基本建设拨款会计等。

# 第三章　预算会计的核算方法

## 第一节　预算会计要素及平衡等式

### 一、预算会计要素

会计要素是构成会计报表的基础,是对会计对象的基本分类。会计对象是对会计核算内容以及监督内容的概括,通过对会计对象的归类,即可形成会计要素。针对每一会计要素再进行分类,又可以形成各个会计科目或账户。

预算会计的会计要素分为资产、负债、净资产、收入和支出。

(一)资产

资产是由会计主体拥有或控制的、能以货币计量的经济资源,包括各种财产、债权和其他权利。资产具有以下三个方面的基本特征:首先资产能给单位带来经济资源,具有使用价值;其次资产能够用货币来计量;三是资产是由特定主体所控制或占有。

根据《财政总预算会计制度》《行政单位会计制度》和《事业单位会计制度》的规定,预算会计中的资产涵盖以下内容:

1. 财政总预算会计资产包括财政性存款、暂付款、财政周转金、应收款项、预拨款项等;

2. 行政单位会计资产包括库存现金、银行存款、库存物资、债权等流动资产以及固定资产;

3. 事业单位计资产包括库存现金、银行存款、库存物资等流动资产、对外投资、固定资产以及无形资产。

(二)负债

负债是指一个会计主体所承担的能以货币计量,需要以资产或劳务偿付的债务。负债具有四个基本特征:一是负债是指已经发生的,并在未来一定时期内必须偿付的现时义务;二是在未来的经济利益必然会流出;三是负债必须能够用货币进行确切计量或可以合理预计;四是负债一般都有确切的债权人和到期日。

根据《财政总预算会计制度》《行政单位会计制度》和《事业单位会计制度》的规定,预算会计中的负债涵盖以下内容:

1. 财政总预算会计负债包括应付款、暂收款、借入款等;

2. 行政单位会计负债包括应缴款、暂存款等;

3. 事业单位计负债包括应付账款、预收款项、各种应缴款、其他应付款等。

(三)净资产

净资产反映的是预算主体拥有的资产净额,预算主体对其具有管理权、收益分配权和处置权,它的数额等于资产减去负债的差额。

根据《财政总预算会计制度》《行政单位会计制度》和《事业单位会计制度》的规定,预算会计中的净资产涵盖以下内容:

1. 财政总预算会计的净资产包括各项结余,例如预算结余、专用基金结余等;

2. 行政单位预算会计的净资产包括固定基金、结余等;

3. 事业单位预算会计的净资产包括事业基金、专用基金、固定基金、事业结余、经营结余和结余分配等。

(四)收入

收入是预算会计主体在执行预算过程和开展业务活动中取得的非偿还性资金。预算单位依法获得预算收入后,还应该合理地安排使用预算。

根据《财政总预算会计制度》《行政单位会计制度》和《事业单位会计制度》的规定,预算会计中的收入涵盖以下内容:

1. 财政总预算会计的收入包括一般预算收入、专用基金收入、基金预算收入、上解收入和其他收入等;

2. 行政单位预算会计的收入包括拨入经费、预算外收入和其他收入等;

3. 事业单位预算会计的收入包括财政补助收入、事业收入、经营收入、上级补助收入和其他收入等。

(五)支出

预算会计主体均具有非营利性,财政总预算会计主体主要是对国家预算收入的再分配,行政单位会计主体是为了执行其行政管理职能,事业单位会计主体主要是了开展并完成事业活动。支出是指预算会计主体为执行预算和开展业务活动而发生的各项资金损耗。

根据《财政总预算会计制度》《行政单位会计制度》和《事业单位会计制度》的规定,预算会计中的支出涵盖以下内容:

1. 财政总预算会计的支出包括一般预算支出、基金预算支出、专用基金支出、基金预算支出、上解支出和调出资金等;

2. 行政单位预算会计的支出根据资金管理要求分为经常性支出和专项支出,包括经费支出、拨出经费等;

3. 事业单位预算会计的支出包括事业支出、专款支出、经营支出、上缴上级支出等。

## 二、预算会计的平衡等式

依托复式记账的基本原则,根据预算会计要素之间的基本关系产生了预算会计平衡等式,预算会计的平衡等式能够进行准确的会计核算和报表编制。一个单位所拥有的资产总额必定与负债和净资产的总额相等,这种客观存在的恒等关系就是预算会计的平衡等式,用公式表示为

资产=负债+净资产

资产、负债和净资产是说明单位特定时间点的单位财务状况的三个基本要素,这一公式是单位资金的静态反映。

单位在预算执行以及业务活动开展的过程中必然会产生收入和支出项目,收入和支出二者相抵后就会产生结余,而收入、支出则是反映单位经营情况的基本要素,用公式表示为

收入-支出=结余

根据以上两个公式可以看到在一定的会计期间内，随着结余的增加，单位的净资产会随之增加。反之，在一定的会计期间内，如果结余为负，单位的净资产就会减少，所以这一等式又可以演变为

资产=负债+净资产+结余

资产=负债+净资产+收入-支出

## 第二节　预算会计科目和记账方法

### 一、预算会计科目的概念

预算会计科目是根据经济内容、经济管理要求以及用途对预算会计要素的科学分类。预算会计科目分为总账科目和明细科目。

（一）总账科目

总账科目也被称为一级科目，它主要依据会计要素中的分类项目进行概括和归纳，是设置总账账户的依据。

（二）明细科目

明细科目是反映总账科目的明细信息。按照预算管理要求，根据会计核算的重要性原则对总账科目进行进一步的分类，是设置明细账户的依据。根据明细科目反映内容的详略，它还可以分为一级明细科目和二级明细科目。

（三）总账科目和明细科目的关系

总账科目和明细科目的关系有以下四个：

1. 总账科目综合了明细科目；

2. 一级明细科目是二级明细科目的综合；

3. 总账科目对明细科目起控制作用；

4. 明细科目是总账科目的详细分类和具体说明，对总账科目起补充和分析作用。

所以总账科目与明细科目需要平行登记，要做到“三同四相符”，即总账科目与明细科目时间、方向、金额均相同，期初余额、本期借方发生额、本期贷方发生额、期末余额均相符。

由于预算会计共有资产、负债、净资产、收入和支出五个要素，所以预算会计科目也分为资产、负债、净资产、收入和支出五类。根据预算单位的不同，所设的会计科目也有所不同。例如在政总预算会计的资产会计要素下，预算会计科目设置了“国库存款”“其他财政存款”等总账科目，在其“国库存款”总账科目下，开设“一般预算存款”“基金预算存款”等明细科目等。每一个会计科目都有一定的名称、编号和核算内容，虽然科目设置不同，但是都是根据账户归集和核算的经济业务作为依据来进行设立的，满足统一性、实用性以及适应性。

## 二、预算会计的会计科目

为了使会计核算提供的口径一致，体现会计信息的可比性，便于相关部门对预算单位会计指标的汇总和分析，在预算会计制度中分别规定了财政总预算会计科目、行政单位预算会计科目和事业单位预算会计科目。

（一）财政总预算会计科目表

根据《预算法》，财政总预算会计科目根据会计要素进行分类，各级财政使用统一的财政总预算会计科目，具体见表 3-1。

**表 3-1 财政总预算会计科目**

| 序号 | 科目编号 | 会计科目名称 |
|---|---|---|
| | | 一、资产类 |
| 1 | 1001 | 国库存款 |
| 2 | 1003 | 国库现金管理存款 |
| 3 | 1005 | 财政零余额账户存款 |
| 4 | 1004 | 其他财政存款 |
| 5 | 1006 | 有价证券 |
| 6 | 1007 | 在途款 |
| 7 | 1081 | 待发国债 |
| 8 | 1021 | 借出款项 |
| 9 | 1036 | 其他应收款 |
| 10 | 1031 | 与下级往来 |
| 11 | 1011 | 预拨经费 |
| 12 | 1036 | 其他应收款 |
| 13 | 1045 | 应收主权外债转贷款 |
| 14 | 2015 | 其他应付款 |
| 15 | 1045 | 应收主权外债转贷款 |
| 16 | 1041 | 应收地方政府债券转贷款 |
| 17 | 1071 | 股权投资 |
| 18 | 1022 | 应收股利 |
| | | 二、负债类 |
| 19 | 2011 | 应付国库集中支付结余 |
| 20 | 2015 | 其他应付款 |
| 21 | 2017 | 应付代管资金 |
| 22 | 2012 | 与上级往来 |

**表 3-1**(续 1)

| 序号 | 科目编号 | 会计科目名称 |
|---|---|---|
| 23 | 2091 | 已结报支出 |
| 24 | 2022 | 借入款项 |
| 25 | 2027 | 应付主权外债转贷款 |
| 26 | 2015 | 其他应付款 |
| 27 | 2022 | 借入款项 |
| 28 | 2027 | 应付主权外债转贷款 |
| 29 | 2027 | 应付主权外债转贷款 |
| 30 | 2001 | 应付短期政府债券 |
| 31 | 2021 | 应付长期政府债券 |
| 32 | 2026 | 应付地方政府债券转贷款 |
| 33 | 2045 | 其他负债 |
| | | 三、净资产类 |
| 34 | 3001 | 一般公共预算结转结余 |
| 35 | 3002 | 政府性基金预算结转结余 |
| 36 | 3003 | 国有资本经营预算结转结余 |
| 37 | 3007 | 专用基金结余 |
| 38 | 3031 | 预算稳定调节基金 |
| 39 | 3033 | 预算周转金 |
| 40 | 3005 | 财政专户管理资金结余 |
| 41 | 3081 | 资产基金 |
| 42 | 3082 | 待偿债净资产 |
| | | 四、收入类 |
| 43 | 4001 | 一般公共预算本级收入 |
| 44 | 4002 | 政府性基金预算本级收入 |
| 45 | 4003 | 国有资本经营预算本级收入 |
| 46 | 4007 | 专用基金收入 |
| 47 | 4041 | 债务收入 |
| 48 | 4042 | 债务转贷收入 |
| 49 | 4011 | 补助收入 |
| 50 | 4012 | 上解收入 |
| 51 | 4013 | 地区间援助收入 |
| 52 | 4021 | 调入资金 |

表 3-1(续 2)

| 序号 | 科目编号 | 会计科目名称 |
|---|---|---|
| 二、负债类 | | |
| 53 | 4031 | 动用预算稳定调节基金 |
| 54 | 4005 | 财政专户管理资金收入 |
| 五、支出类 | | |
| | 5001 | 一般公共预算本级支出 |
| 55 | 5002 | 政府性基金预算本级支出 |
| 56 | 5003 | 国有资本经营预算本级支出 |
| 57 | 5007 | 专用基金支出 |
| 58 | 5042 | 债务还本支出 |
| 59 | 5041 | 债务转贷支出 |
| 60 | 5011 | 补助支出 |
| 61 | 5012 | 上解支出 |
| 62 | 5013 | 地区间援助支出 |
| 63 | 5021 | 调出资金 |
| 64 | 5031 | 安排预算稳定调节基金 |
| 65 | 5021 | 调出资金 |
| 66 | 5005 | 财政专户管理资金支出 |

(二)行政单位预算会计科目表

根据《预算法》,行政单位预算会计科目根据会计要素进行分类,各级行政单位使用统一的行政预算会计科目,具体见表 3-2。

表 3-2 行政预算会计科目

| 序号 | 科目编号 | 会计科目名称 |
|---|---|---|
| 一、资产类 | | |
| 1 | 1001 | 库存现金 |
| 2 | 1002 | 银行存款 |
| 3 | 1011 | 零余额账户用款额度 |
| 4 | 1021 | 财政应返还额度 |
| 5 | 1212 | 应收账款 |
| 6 | 1213 | 预付账款 |
| 7 | 1215 | 其他应收款 |
| 8 | 1301 | 存货 |

表 3-2(续 1)

| 序号 | 科目编号 | 会计科目名称 |
|---|---|---|
| 9 | 1501 | 固定资产 |
| 10 | 1502 | 累计折旧 |
| 11 | 1511 | 在建工程 |
| 12 | 1601 | 无形资产 |
| 13 | 1602 | 累计摊销 |
| 14 | 1701 | 待处理财产损溢 |
| 15 | 1801 | 政府储备物资 |
| 16 | 1802 | 公共基础设施 |
| 17 | 1901 | 受托代理资产 |
| | | 二、负债类 |
| 18 | 2001 | 应缴财政款 |
| 19 | 2101 | 应缴税费 |
| 20 | 2201 | 应付职工薪酬 |
| 21 | 2301 | 应付账款 |
| 22 | 2302 | 应付政府补贴款 |
| 23 | 2305 | 其他应付款 |
| 24 | 2401 | 长期应付款 |
| 25 | 2901 | 受托代理负债 |
| | | 三、净资产类 |
| 26 | 3001 | 财政拨款结转 |
| 27 | 3002 | 财政拨款结余 |
| 28 | 3101 | 其他资金结转结余 |
| 29 | 3501 | 资产基金 |
| | 350101 | 预付款项 |
| | 350111 | 存货 |
| | 350121 | 固定资产 |
| | 350131 | 在建工程 |
| | 350141 | 无形资产 |
| | 350151 | 政府储备物资 |
| | 350152 | 公共基础设施 |
| | | 四、收入 |
| 31 | 4001 | 财政拨款收入 |
| 32 | 4011 | 其他收入 |

表 3-2(续 2)

| 序号 | 科目编号 | 会计科目名称 |
|---|---|---|
| 五、支出类 | | |
| 33 | 5001 | 经费支出 |
| 34 | 5101 | 拨出经费 |

（三）事业单位预算会计科目表

根据《预算法》，事业单位预算会计科目根据会计要素进行分类，各级事业单位使用统一的事业预算会计科目，具体见表 3-3。

表 3-3 事业单位预算会计科目

| 序号 | 科目编号 | 会计科目名称 |
|---|---|---|
| 一、资产类 | | |
| 1 | 1001 | 库存现金 |
| 2 | 1002 | 银行存款 |
| 3 | 1011 | 零余额账户用款额度 |
| 4 | 1101 | 短期投资 |
| 5 | 1401 | 长期投资 |
| 6 | 1201 | 财政应返还额度 |
| 7 | 1211 | 应收票据 |
| 8 | 1212 | 应收账款 |
| 9 | 1213 | 预付账款 |
| 10 | 1215 | 其他应收款 |
| 11 | 1301 | 库存材料 |
| 12 | 1302 | 科技产品 |
| 13 | 1501 | 固定资产 |
| 14 | 1502 | 累计折旧 |
| 15 | 1511 | 在建工程 |
| 16 | 1601 | 无形资产 |
| 17 | 1602 | 累计摊销 |
| 18 | 1701 | 待处置资产损溢 |
| 二、负债类 | | |
| 19 | 2001 | 短期借款 |
| 20 | 2401 | 长期借款 |
| 21 | 2101 | 应缴税费 |

表 3-3(续)

| 序号 | 科目编号 | 会计科目名称 |
|---|---|---|
| 22 | 2102 | 应缴国库款 |
| 23 | 2103 | 应缴财政专户款 |
| 24 | 2201 | 应付职工薪酬 |
| 25 | 2301 | 应付票据 |
| 26 | 2302 | 应付账款 |
| 28 | 2305 | 其他应付款 |
| 29 | 2402 | 长期应付款 |
| | | 三、净资产类 |
| 30 | 3001 | 事业基金 |
| 31 | 3101 | 非流动资产基金 |
| 32 | 3201 | 专用基金 |
| 33 | 3301 | 财政补助结转 |
| 34 | 3302 | 财政补助结余 |
| 35 | 3401 | 非财政补助结转 |
| 36 | 3402 | 事业结余 |
| 37 | 3403 | 经营结余 |
| 38 | 3404 | 非财政补助结余分配 |
| | | 四、收入类 |
| 39 | 4001 | 财政补助收入 |
| 40 | 4101 | 事业收入 |
| 41 | 4201 | 上级补助收入 |
| 42 | 4301 | 附属单位上缴收入 |
| | | 二、负债类 |
| 43 | 4401 | 经营收入 |
| 44 | 4501 | 其他收入 |
| | | 五、支出类 |
| 45 | 5001 | 事业支出 |
| 46 | 5101 | 上缴上级支出 |
| 47 | 5201 | 对附属单位补助支出 |
| 48 | 5301 | 经营支出 |
| 49 | 5401 | 其他支出 |

## 三、预算会计的记账方法

记账方法就是指采用一些记账符号、方向和规则来编制会计分录和登记账簿。1998 年我国进行预算会计改革时废除了“收付记账法”,开始运用全球通用的“借贷记账法”。

(一)借贷记账法

借贷记账法是一种反映会计主体资金活动的复式记账法,也就是说每一笔经济业务以“借”“贷”为记账符号在相互关联的两个或两个以上的账户中进行登记。它的规则是“有借必有贷,借贷必相等”。

(二)账户结构

借贷记账法的记账符号“借”和“贷”能够表示记账方向。账户的左边称为“借方”,右边称为“贷方”,分别来反映经济业务的增加变动和余额情况。预算会计的账户分为资产类账户、负债类账户、净资产账户、收入类账户和支出类账户,其中资产类账户、支出类账户属于“资产部类”账户,负债类账户、净资产账户和收入类账户属于“负债部类”账户。

1.“资产部类”账户,借方记增加,贷方记减少,余额在借方。

2.“负债部类”账户,借方记减少,贷方记增加,余额在贷方。

各类账户基本结构见表 3-4。

**表 3-4 各类账户基本结构**

| 账户类型 | 账户借方 | 账户贷方 | 账户期末余额 |
|---|---|---|---|
| 资产类账户 | 增加 | 减少 | 借方 |
| 负债类账户 | 减少 | 增加 | 贷方 |
| 净资产类账户 | 减少 | 增加 | 贷方 |
| 收入类账户 | 减少 | 增加 | 贷方 |
| 支出类账户 | 增加 | 减少 | 借方 |

(三)试算平衡

试算平衡是根据记账规则来检查账户记录是否有误的一种方法。根据“借贷记账法”的记账规则,试算平衡公式共有以下几个。

1. 每笔经济业务的借、贷金额相等,平衡公式为

借方账户金额=贷方账户金额

2. 全部账户借、贷方的发生额相等,平衡公式为

全部账户本期借方发生额合计=全部账户本期贷方发生额合计

3. 全部账户期末借、贷方的余额相等,平衡公式为

全部账户期末借方余额合计=全部账户期末贷方余额合计

# 第三节 会计凭证

会计凭证是记录经济业务、明确经济责任的书面证明,是登记账簿的依据。按其填制程序和用途可分为原始凭证和记账凭证。

## 一、原始凭证

原始凭证是经济业务发生时取得或填制的,用来载明其经济业务的实际发生和完成情况,具有法律效力的原始证明。原始凭证根据渠道可以分为自制凭证和外来凭证;根据经济内容可以分为收入凭证和支出凭证。

原始凭证必须经过会计审核无误后方可作为填制记账凭证的依据,审核时需要看原始凭证内容是否必须完备,手续流程是否符合单位管理要求和财务管理要求,数字是否真实,计算是否准确,有无刮擦、挖补的情况,记载的内容是否符合财务制度等。

由于我国的财政总预算会计一般不直接办理收支预算,它的原始凭证大多都是国库或者单位报送的报表,所以其原始凭证相较行政、事业单位会计的原始凭证有所不同。

1. 各级财政总预算会计原始凭证主要包括如下内容。

(1)国库报来的各种收入日报表及附件,例如"缴款书"等。

(2)各种预算拨款和转账收款凭证。

(3)主管部门报送的各种非包干专项拨款支出报表和基本建设支出月报等。

(4)其他能够证明会计事项发生经过的凭证和文件。

2. 各级各类行政、事业单位原始凭证主要包括如下内容。

(1)收款凭证。单位收到各项收入,必须开给对方的凭证。

(2)支出报销凭证。支出报销凭证是各单位核算支出的书面证明。

(3)往来结算凭证。往来结算凭证包括暂存款、暂付款、应收账款等往来款项,是行政单位各项资金往来结算的书面证明。

(4)银行结算凭证,包括现金支票、转账支票、汇票等。

(5)预算拨款凭证。上级单位对所属会计单位拨付经费,采用划拨资金办法应填写银行印制的"付款委托书""信汇委托书",通知银行转账。

(6)库存材料出入库单。购进材料时填制"入库单"并办理入库手续,库存材料出库时填制"出库单"办理出库手续。

(7)其他足以证明会计事项发生经过的凭证和文件。

## 二、记账凭证

根据合法、规范的原始凭证或汇总原始凭证,会计人员可以按照经济业务的内容加以归类,并据以确定会计分录而填制的,编制记账凭证。

预算会计中一般可采用通用的记账凭证,一些大型的事业单位还可以根据业务范围和需要选择使用收款凭证、付款凭证和转账凭证。收款凭证和付款凭证主要分别记载与现金或是银行存款收入或支出有关的业务;转账凭证用于记载与现金或银行存款收支无关的其他业务。特别的是,针对现金与银行存款之间的提存业务,预算会计应当编制付款凭证。

关于记账凭证的填制必须满足以下几点要求。

1. 记账凭证的内容应该包括凭证日期、凭证号、经济业务摘要、会计科目、金额、附件张数、凭证填制人员、稽核人员、记账人员、会计机构负责人、会计主管人员签名或者盖章。其中,收款和付款记账凭证还应当由出纳人员签名或者盖章。

2. 填记账凭证应当连续编号,针对某一笔经济业务需要填制两张及以上的记账凭证可以采用分数编号法编号。

3. 记账凭证可以根据每一张原始凭证填制,也可以根据若干张同类原始凭证汇总填制,还能根据原始凭证汇总表填制,但不得将不同内容和类别的原始凭证汇总填制在同一张记账凭证上。

4. 除结账和更正错误的记账凭证可以不附原始凭证外,其他记账凭证都必须附有原始凭证。如果一张原始凭证涉及几张记账凭证,可以将原始凭证附在一张主要的记账凭证后面,并在其他记账凭证上注明附有该原始凭证的记账凭证的编号或者附原始凭证复印件。

5. 如果在填制记账凭证时发生错误,应当重新填制。针对已经登记入账的记账凭证,若是在当年内发现填写错误,可采用"红字冲销法",用红字填写一张与原内容相同的记账凭证并在摘要栏注明"订正 * 月 * 日 * 号凭证"字样;若是科目正确仅是金额错误,可以采用"补充登记法",可以将其差额另编一张调整的记账凭证,调增金额用蓝字,调减金额用红字;若是发现以前年度记账凭证有错误的,应当填制一张更正的记账凭证。

6. 记账凭证填制完经济业务事项后,如还有空行,应当从金额栏最后一笔金额数字下的空行处至合计数上的空行处画线予以注销。

7. 针对财政总预算会计记账凭证的日期填列还有以下规定。

(1)月份终了尚未结账前,收到上月份的收入凭证,可填列所属月份的最末一日。结账后,按实际账务处理日期填列。

(2)根据支出月报的银行支出数编制的记账凭证,填列会计报表所属月份的最末一日。

## 二、会计凭证填制要求

1. 会计凭证中的阿拉伯数字不得连笔写,在表示金额的阿拉伯数字前还应书写货币币种符号或者简称,币种符号与表示金额的阿拉伯数字之间不得留空。

2. 当单位是"元"的情况下,填写表示金额的阿拉伯数字一律填写到角分。当无角分时,角位和分位可写"0"或者符号"-";有角无分时,分位应当写"0",不得用符号"-"代替。

3. 代表数字的大写一律采用汉字,如零、壹、贰、叁、肆、伍、陆、柒、捌、玖、拾、佰、千、万、亿等。字体一律用正楷或者行书体书写,不得用一、二、三、四、五、六、七、八、九、十等简化字代替。若金额大写到元或者角为止的,应在"元"或者"角"字之后加上"整"字或者"正"字;若金额大写有分的,分字后面不写"整"字或者"正"字。

4. 大写的数字前如果没有印有货币的名称,则应加上货币的名称,货币名称和数字之间不得留有空白。

5. 阿拉伯数字金额中间有"0"的,对应金额汉字大写要写"零"字。

## 四、会计凭证的传递和保管

会计凭证的传递流程应当根据各单位实际情况进行科学合理的制定，会计机构和会计人员都要妥善保管会计凭证。

会计凭证在传递与保管的过程中应注意以下问题。

1. 会计凭证应当及时传递，不得积压。

2. 会计凭证登记后需按照类别进行编号，按照顺序保管。

3. 记账凭证应当按照编号顺序，折叠整齐，按期装订成册，并加具封面、单位名称、年度、月份、起讫日期和号码、凭证种类，由装订人在装订线封口签名或者盖章。当原始凭证过多时，可以单独装订保管并同时在记账凭证上注明“附件另订”字样和原始凭证名称及编号。针对各种经济合同或是涉外文件等重要原始凭证，应在记账凭证和原始凭证上相互注明日期和编号并另外编制目录进行单独登记保管。

4. 原始凭证原则上不得外借，如果其他单位因特殊原因需要使用原始凭证时，必须经本单位会计机构负责人、会计主管人员批准，才可以复制并进行台账登记。

5. 如果从外单位取得的原始凭证遗失，应当取得原开出单位盖有公章的证明，由经办单位会计机构负责人、会计主管人员和单位领导人批准后，才能代作原始凭证。

6. 如果确定无法取得证明的凭证，例如火车、轮船、飞机票等，由当事人写出详细情况，由经办单位会计机构负责人、会计主管人员和单位领导人批准后，代作原始凭证。

# 第四节　会计账簿

会计账簿是根据会计凭证进行登记，由一定格式的账页组成的。它可以系统、全面、连续地记录单位预算资金的运动和结果。会计账簿可以系统地反映和监督预算执行情况，为办理结算、清理债权或是编制会计报表提供信息。同时，通过记录会计账簿可以保护国家财产，促使各级单位节约资金。会计账簿一般分为总账、明细账和序时账。

## 一、总账

总账是按照总账会计科目进行设置的，主要记录核算资产、负债、净资产、收入、支出、结余的总体情况。通过总账能够全面、系统、综合地反映预算资金活动情况，平衡账目，核对各种明细账。总账一般采用三栏式订本账簿，其格式如表 3-5 所示。

**表 3-5　总账会计科目**

| 年 | | 凭证编号 | 摘要 | 借方金额 | 贷方金额 | 借或贷 | 余额 |
|---|---|---|---|---|---|---|---|
| 月 | 日 | | | | | | |
| | | | | | | | |
| | | | | | | | |

表 3-5(续)

| 年 | | 凭证编号 | 摘要 | 借方金额 | 贷方金额 | 借或贷 | 余额 |
|---|---|---|---|---|---|---|---|
| 月 | 日 | | | | | | |
| | | | | | | | |
| | | | | | | | |
| | | | | | | | |
| | | | | | | | |
| | | | | | | | |

## 二、明细账

明细账是按照科目进行设置的,通过明细账可以对总账的科目进行核算。明细账分为收入明细账、支出明细账、往来明细账和固定资产明细账等。

(一)收入明细账

在财政总预算会计核算中收入明细账包括一般预算收入明细账、基金预算收入明细账、专用基金收入明细账、财政周转金明细账、上解收入明细账等;在行政单位会计核算中收入明细账包括拨入经费明细账、预算外资金收入明细账及其他收入明细账;在事业单位会计核算中收入明细账包括财政补贴收入明细账、事业收入明细账、经营收入明细账、其他收入明细账等。

(二)支出明细账

在财政总预算会计核算中支出明细账主要包括一般预算支出明细账、基金预算支出明细账、补助支出明细账、财政周转金支出明细账等;在行政单位会计核算中支出明细账主要包括拨出经费明细账、经常性支出明细账、专项资金支出明细账;在事业单位会计核算中支出明细账主要包括拨出经费明细账、拨出专款明细账、专项资金支出明细账、事业支出明细账、经营支出明细账及对所属单位补助明细账等。

(三)往来明细账

往来明细账是指往来款项的明细账。在财政总预算会计核算中往来明细账主要包括暂付款明细账、暂存款明细账、财政周转金明细账、与下级往来明细账、借出财政周转金明细账等;在行政单位会计核算中往来明细账主要包括暂付明细账、暂存款明细账;在事业单位会计核算中往来明细账主要包括应收账款明细账、其他应收款明细账、应付账款明细账、其他应付款明细账等。

(四)固定资产明细账

固定资产明细账主要是核算和控制各种固定资产增减变动和结存情况,通常按照资产分类和名称设账户,例如通用设备、专用设备、家具等,各单位都必须设固定资产明细账。

## 三、序时账

序时账一般指日记账簿,顾名思义,就是按着经济业务发生的先后顺序连续进行账簿登记。日记账分为现金日记账和银行日记账,但日记账不能采用活页式,具体格式如表3-6所示。

表3-6　日记账形式

| 年 | | 凭证编号 | 摘要 | 借方金额 | 贷方金额 | 借或贷 | 余额 |
|---|---|---|---|---|---|---|---|
| 月 | 日 | | | | | | |
| | | | | | | | |
| | | | | | | | |
| | | | | | | | |

## 四、会计账簿的使用和登记

由于会计核算手续十分严密,所以必须明确记账人员的责任,这样才能提高会计核算的质量。为此,会计账簿的使用和登记都有统一要求,会计人员应当根据审核无误的会计凭证登记会计账簿并按照规定来使用会计账簿。

(一)预算会计账簿的使用

根据每一会计年度,启用每一个账簿时都应填写“经管人员一览表”和“账簿目录”并附于账簿扉页上。账簿扉页上应包括:启用日期;账簿页数;记账人员和会计机构负责人;会计主管人员姓名及其私章和单位公章。

当记账人员或者会计机构负责人、会计主管人员有工作调动时,应当注明交接日期、接办人员或者监交人员姓名,并由接交双方人员签名或者盖章。

若启用订本式账簿时应当编定页码,按顺序进行编号,不得跳页、缺号。若使用活页式账页时,应按账户顺序编号,定期并装订成册,装订后再按实际使用顺序编定页码。

(二)预算会计账簿的登记

进行预算会计账簿登记时需工整地记录会计凭证日期、摘要等信息。完成预算会计账簿登记后,要在记账凭证上签名或者盖章,并注明已经登记的符号,目前最常用“√”来表示已经记账。

除了记账凭证冲销、多栏式账页分析栏中登记减少、余额栏内余额为负数、其他根据国家统一会计制度的规定可以用红字登记的会计记录以外,登记账簿均要用蓝墨水或者碳素墨水书写,不得使用圆珠笔(银行的复写账簿除外)或者铅笔书写。

各种账簿均需按照顺序进行连续登记,如果发生跳行、隔页的情况,需要将空行、空页画红线注销或者注明“此行空白”“此页空白”字样,并由记账人员签名或者盖章。

凡需要有余额的账户,结出余额后,应当在“借”或“贷”等栏内写明“借”,没有余额的账户,应当在“借”或“贷”等栏内写“平”字,并在条栏内用“Q”表示。要注意的是,现金日记账和银行存款日记账必须逐日结出余额。

当登记完一页账页准备下页时,通常会在本页最后一行和下页第一行有关栏内先结出本页合计数及余额,并在摘要栏内注明“过次页”和“承前页”字样。也就是说,对于需要结计本月发生额的账户,结计“过次页”的本页合计数应当为自本月初起至本页末止的发生额合计数；对需要结计本年累计发生额的账户，结计“过次页”的本页合计数应当为自年初起至本页末止的累计数；对既不需要结计本月发生额也不需要结计本年累计发生额的账户，可以只将每页末的余额结转次页。

目前大多单位已经实行会计电算化，当发生收款和支付业务的时候需要录入收款凭证和付款凭证，单位财务人员必须于当天打印出现金日记账和银行存款日记账，并与库存现金核对，当然总账和明细账应当定期打印。

## 五、预算会计对账

各单位应当定期对会计账簿记录的有关数字与库存实物、货币资金、有价证券、往来单位或者个人等进行相互核对，保证账证相符、账账相符、账实相符。其中账证核对就是要核对会计账簿记录与原始凭证、记账凭证时间、凭证字号、内容、金额是否一致，记账方向是否相符；账账核对就是要核对不同会计账簿之间的账簿记录是否相符，包括总账有关账户的余额核对、总账与明细账核对、总账与日记账核对、会计部门的财产物资明细账与财产物资保管和使用部门的有关明细账核对等；账实核对就是要核对会计账簿记录与财产等实有数额是否相符，包括现金日记账账面余额与现金实际库存数相核对，银行存款日记账账面余额定期与银行对账单相核对，各种财物明细账账面余额与财物实存数额相核对，各种应收、应付款明细账账面余额与有关债务、债权单位或者个人相核对等。

## 六、预算会计结账

结账前，必须将本期内所发生的各项经济业务全部登记入账。结账时，应当结出每个账户的期末余额，需要结出当月发生额的，应当在摘要栏内注明“本月合计”字样，并在下面通栏划单红线；需要结出本年累计发生额的，应当在摘要栏内注明“本年累计”字样，并在下面通栏划单红线。12 月末的“本年累计”就是全年累计发生额。全年累计发生额下面应当通栏划双红线。年度终了结账时，所有总账账户都应当结出全年发生额和年末余额。年度终了，要把各账户的余额结转到下一会计年度，并在摘要栏注明“结转下年”字样；在下一会计年度新建有关会计账簿的第一行余额栏内填写上年结转的余额，并在摘要栏注明“上年结转”字样。

# 第二部分　财政总预算会计

# 第四章　财政总预算会计概述

## 第一节　财政总预算会计的概念及特点

### 一、财政总预算会计的概念

财政总预算会计是各级政府财政核算、反映、监督政府一般公共预算资金、政府性基金预算资金、国有资本经营预算资金、社会保险基金预算资金及财政专户管理资金、专用基金和代管资金等资金活动的专业会计。

财政总预算会计的会计主体为中央及各级政府。国家实行一级政府一级预算，设立中央，省、自治区、直辖市，设区的市、自治州，县、自治县，不设区的市、市辖区，乡、民族乡、镇五级预算。全国预算由中央预算和地方预算组成。地方预算由各省、自治区、直辖市总预算组成。

### 二、财政总预算会计的特点

1. 为财政预算管理服务，提供政府预算执行情况信息。
2. 为宏观经济管理服务，向财务报告使用者提供政府财务状况相关信息。

## 第二节　财政总预算会计的核算

### 一、财政总预算会计的主要任务

财政总预算会计的主要任务包括进行会计核算，严格财政资金收付调度管理，实行会计监督，参与预算管理，组织本地区财政总决算、部门决算编审和汇总工作等。

### 二、财政总预算会计的核算目标及原则

财政总预算会计的核算目标是向会计信息使用者提供政府财政预算执行情况、财务状况等会计信息，反映政府财政受托责任履行情况。

财政总预算会计的核算对象是财政性资金，包括财政总预算资金和其他预算资金。财

政总预算资金包括一般公共预算资金、政府性基金预算资金、国有资本经营预算资金和社会保险基金预算资金。社会保险基金预算资金未纳入财政总预算会计的核算范围。其他预算资金即由财政部门管理的总预算资金以外的财政资金，包括专用基金、代管资金及财政专户管理资金等。

财政总预算会计的核算应以本级政府财政业务活动持续正常地进行为原则。以人民币为记账本位币，会计记录应使用中文，部分少数民族地区可同时使用本民族的文字。一般采用收付实现制，部分经济活动按规定采用权责发生制。

财政总预算会计的核算不仅需要满足一般会计核算原则，还应该符合《预算法》的相关要求。财政总预算会计的资产、负债以历史成本为主要计量属性，采用其他计量属性的应保证所确定的资产、负债等持续可靠计量。

## 三、财政总预算会计的会计科目设置

《财政总预算会计制度》规定财政总预算会计按业务或事项的经济特征确定会计要素，设置资产、负债、净资产、收入及支出五类会计科目，其中资产类 15 个，负债类 11 个，净资产类 9 个，收入类 12 个，支出类 12 个，共 59 个会计科目。制度同时规定各级财政总预算会计使用会计科目时的要求，有如下几种。

1. 各级财政总预算会计应按规定设置和使用会计科目，不需使用的总账科目可以不用。

2. 按规定使用会计科目编号，不得随意打乱重编。

3. 可根据实际情况增加或减少明细科目，但不得影响会计处理和编报会计报表。

会计科目设置如表 4-1 所示。

**表 4-1　会计科目设置**

| 序号 | 科目编号 | 会计科目名称 |
|---|---|---|
| | | 一、资产类 |
| 1 | 1001 | 国库存款 |
| 2 | 1003 | 国库现金管理存款 |
| 3 | 1004 | 其他财政存款 |
| 4 | 1005 | 财政零余额账户存款 |
| 5 | 1006 | 有价证券 |
| 6 | 1007 | 在途款 |
| 7 | 1011 | 预拨经费 |
| 8 | 1021 | 借出款项 |
| 9 | 1022 | 应收股利 |
| 10 | 1031 | 与下级往来 |
| 11 | 1036 | 其他应收款 |
| 12 | 1041 | 应收地方政府债券转贷款 |

表 4-1(续 1)

| 序号 | 科目编号 | 会计科目名称 |
|---|---|---|
| 13 | 1045 | 应收主权外债转贷款 |
| 14 | 1071 | 股权投资 |
| 15 | 1081 | 待发国债 |
| | | 二、负债类 |
| 16 | 2001 | 应付短期政府债券 |
| 17 | 2011 | 应付国库集中支付结余 |
| 18 | 2012 | 与上级往来 |
| 19 | 2015 | 其他应付款 |
| 20 | 2017 | 应付代管资金 |
| 21 | 2021 | 应付长期政府债券 |
| 22 | 2022 | 借入款项 |
| 23 | 2026 | 应付地方政府债券转贷款 |
| 24 | 2027 | 应付主权外债转贷款 |
| 25 | 2045 | 其他负债 |
| 26 | 2091 | 已结报支出 |
| | | 三、净资产类 |
| 27 | 3001 | 一般公共预算结转结余 |
| 28 | 3002 | 政府性基金预算结转结余 |
| 29 | 3003 | 国有资本经营预算结转结余 |
| 30 | 3005 | 财政专户管理资金结余 |
| 31 | 3007 | 专用基金结余 |
| 32 | 3031 | 预算稳定调节基金 |
| 33 | 3033 | 预算周转金 |
| 34 | 3081 | 资产基金 |
| | 308101 | 应收地方政府债券转贷款 |
| | 308102 | 应收主权外债转贷款 |
| | 308103 | 股权投资 |
| | 308104 | 应收股利 |
| 35 | 3082 | 待偿债净资产 |
| | 308201 | 应付短期政府债券 |
| | 308202 | 应付长期政府债券 |
| | 308203 | 借入款项 |
| | 308204 | 应付地方政府债券转贷款 |
| | 308205 | 应付主权外债转贷款 |
| | 308206 | 其他负债 |

表 4-1(续 2)

| 序号 | 科目编号 | 会计科目名称 |
| --- | --- | --- |
| | | 四、收入类 |
| 36 | 4001 | 一般公共预算本级收入 |
| 37 | 4002 | 政府性基金预算本级收入 |
| 38 | 4003 | 国有资本经营预算本级收入 |
| 39 | 4005 | 财政专户管理资金收入 |
| 40 | 4007 | 专用基金收入 |
| 41 | 4011 | 补助收入 |
| 42 | 4012 | 上解收入 |
| 43 | 4013 | 地区间援助收入 |
| 44 | 4021 | 调入资金 |
| 45 | 4031 | 动用预算稳定调节基金 |
| 46 | 4041 | 债务收入 |
| 47 | 4042 | 债务转贷收入 |
| | | 五、支出类 |
| 48 | 5001 | 一般公共预算本级支出 |
| 49 | 5002 | 政府性基金预算本级支出 |
| 50 | 5003 | 国有资本经营预算本级支出 |
| 51 | 5005 | 财政专户管理资金支出 |
| 52 | 5007 | 专用基金支出 |
| 53 | 5011 | 补助支出 |
| 54 | 5012 | 上解支出 |
| 55 | 5013 | 地区间援助支出 |
| 56 | 5021 | 调出资金 |
| 57 | 5031 | 安排预算稳定调节基金 |
| 58 | 5041 | 债务还本支出 |
| 59 | 5042 | 债务转贷支出 |

# 第五章 财政总预算会计资产的管理与核算

## 第一节 财政总预算资产概述

资产是指政府资产占有或控制的,能以货币计量的经济来源。财政总预算会计核算的资产包括财政存款、有价证券、应收股利、借出款项、暂付及应收款项、预拨经费、应收转贷款及股权投资等。按流动性分,财政总预算会计核算的资产可分为流动资产和非流动资产。

## 第二节 财政存款的核算

财政存款指政府财政部门代表政府管理的国库存款、国库现金管理存款及其他财政存款、财政零余额账户存款等。财政存款的支配权属于同级政府财政部门,并由财政总预算会计负责管理,统一在国库或选定的银行开立存款账户,统一收付,不得透支,不得提取现金。

### 一、财政存款的管理

(一)财政存款管理

《财政总预算会计制度》规定管理财政存款需遵循的原则如下。

1. 集中资金,统一调度。由财政部门掌管的资金,都应存入总预算会计的存款账户。调度资金应充分发挥资金效益。

2. 严格控制存款开户。按规定由总预算会计统一在国库或指定银行开立存款。

3. 有计划拨付资金。应根据年度预算或季度分月有计划拨付资金,不得办理超预算或无用款计划的拨款。

4. 存款余额内支付,不得透支。

5. 转账结算,不得用于提取现金。

(二)国库管理制度

根据《财政国库管理制度改革试点方案》《预算法》《中央单位财政国库管理制度改革试点资金银行支付清算办法》《国库资金经收支付服务管理办法(试行)》等相关规定,国库管理制度的内涵是以国库单一账户体系为基础,资金缴拨以国库集中支付为主要形式。

财政部门在中国人民银行开设国库单一账户,即国库存款账户,用于记录和核算纳入预算管理的财政收入和支出,以及用于与财政部门在商业银行开设的零余额账户进行清算。财政部门按资金使用性质在商业银行开设零余额账户,用于财政直接支付和与国库单一账户清算。特殊专户用于记录和核算预算单位的特殊专项支出等。

国家实行国库集中收缴和集中支付制度,对政府全部收入和支出实行国库集中收付管理。

## 二、国库存款的核算

国库存款为各级政府财政存放在中国人民银行国库单一账户的款项,包括一般公共预算资金存款、政府性基金预算存款及国有资本经营预算资金存款等。

该科目借方登记国库存款的增加数,贷方登记减少数,期末借方余额,反映政府财政国库存款结存数。国库存款可下设“一般公共预算存款”“政府性基金预算存款”“国有资本经营预算资金存款”等明细科目。

国库存款的主要账务处理如下。

1. 收到预算收入时,按取得或发生的实际金额,借记“国库存款”,贷记相关预算收入科目。

2. 国库存款减少时,按实际支付的金额,借记相关科目,贷记“国库存款”。

3. 收到国库存款利息收入时,借记“国库存款”,贷记“一般公共预算本级收入”项目。

4. 收到缴入国库的来源不明款项时,借记“国库存款”,贷记“其他应付款”科目。

**【例 5-1】** 20X1 年 6 月 22 日,中央财政收到国库报一般公共预算收入、政府性基金预算收入及国有资本经营预算资金收入三张日报表,分别列有当日一般公共预算收入 1 100 万元、2 200 万元及 3 300 万元,财政部应编制会计分录如下:

借:国库存款——一般公共预算存款 11 000 000
　　　　　　—政府性基金预算存款 22 000 000
　　　　　　—国有资本经营预算资金存款 33 000 000
　贷:一般公共预算本级收入 11 000 000
　　政府性基金预算本级收入 22 000 000
　　国有资本经营预算本级收入 33 000 000

**【例 5-2】** 某县财政局收到国库存款利息收入 30 万元,该县财政局应编制会计分录如下:

借:国库存款 300 000
　贷:一般公共预算本级收入 300 000

**【例 5-3】** 20X1 年 4 月 15 日,某市财政局收到缴入国库来源不清款项 30 000 元,该市财政局应编制分录如下:

借:国库存款 30 000
　贷:其他应付款 30 000

## 三、国库现金管理存款的核算

国库现金管理存款专门用于核算政府财政实行国库现金管理业务存放在商业银行的款项。2015年财政部修订并发布了《财政总预算会计制度》(财库〔2015〕192号)新增该科目,将国库现金管理存款与日常国库存款分开核算,有利于反映财政存款结构。

该科目借方登记国库现金管理存款增加额,贷方登记减少额,期末借方余额反映政府财政实行国库现金管理业务所持有的金额。

国库现金管理存款的主要账务处理如下。

1. 按国库现金管理相关规定,将国库存款转存入商业银行时,按存入商业银行的金额,借记"国库现金管理存款"科目,贷记"国库存款"科目。

2. 国库现金管理存款收回国库时,按实际收回金额,借记"国库存款"科目,按原存入商业银行的初始金额,贷记"国库现金管理存款"科目,差额计入"一般公共预算本级收入"科目。

**【例5-4】** 某市财政局为提高资金使用效益,将10 000万元国库资金转到当地商业银行作为1年期定期存款。1年后该定期存款到期,该财政局连本带息收回该笔资金,共10 020万元。不考虑其他因素影响,该财政局应编制会计分录如下:

将国库存款转存商业银行时:

借:国库现金管理存款 100 000 000

　　贷:国库存款 100 000 000

到期收回该笔款项时:

借:国库存款 100 200 000

　　贷:国库现金管理存款 100 000 000

一般公共预算本级收入 200 000

## 四、其他财政存款的核算

其他财政存款用于核算政府财政未列入"国库存款""国库现金存款"科目反应各项存款。包括专用基金存款、代管资金存款、财政专户管理资金存款、特设账户存款等。

该科目借方反映其他财政存款的增加额,贷方反映该科目的减少额。按照资金性质和存款银行等进行明细核算。期末科目借方余额反映政府财政持有的其他财政存款。

其他财政存款的主要账务处理如下。

1. 财政专户收到款项时,按实际收到金额,借记"其他财政存款"科目,贷记相关科目。

2. 其他财政存款减少时,按实际支付的金额,借记相关科目,贷记"其他财政存款"科目。

3. 其他财政存款产生的利息收入,按规定应缴入国库的,计入一般公共预算管理,取得时按实际获得的利息收入,借记本科目,贷记"其他应付款"科目;将其缴入国库时候,借记"其他应付款",贷记本科目,同时借记"国库存款",贷记"一般公共预算本级收入"科目。特殊情况为按规定作为专户资金收入的,借记"其他财政存款",贷记"应付代管资金"或有关收入科目。

【例 5-5】 某市财政局收到专用基金存款利息收入 120 000 元,财政专户管理资金存款利息收入 200 000 元,代管资金存款的利息收入 300 000 元,该市财政局应编制会计分录如下:

收到利息收入时:

借:其他财政存款—专用基金存款 120 000

—财政专户管理资金存款 200 000

—代管资金存款 300 000

贷:其他应付款—专用基金存款利息 120 000

—财政专户管理资金存款利息 200 000

应付代管资金 300 000

财政局将按规定将利息收入上缴国库应编制会计分录:

借:其他应付款—专用基金存款 120 000

—财政专户管理资金存款 200 000

贷:其他财政存款 320 000

同时:

借:国库存款 320 000

贷:一般公共预算本级收入 320 000

## 五、财政零余额账户存款的核算

财政零余额账户存款用于核算财政国库支付执行机构在代理银行办理财政直接支付的业务。财政国库支付执行机构未单设的地区不使用该科目。

据国务院批准的《财政国库管理制度改革方案》与财政部、中国人民银行关于印发的《中央单位财政国库管理制度改革试点资金支付管理办法》的通知,零余额账户指财政部门或预算单位经财政部门批准,在国库集中支付代理银行和非税收入代缴代理银行开立的,用于办理国库集中收付业务的银行结算账户。财政零余额账户性质为专用存款账户,其用款额度与人民币存款有相同支付结算功能,可办理转账等业务,但不得提取现金。该科目借方登记增加额,贷方登记减少额,当日资金结算后无余额。

财政零余额账户存款的主要账务处理如下。

1. 当商业银行收到财政部门的支付指令即财政国库支付执行机构为预算单位向相关商品或劳务提供方直接支付款项时,借记有关预算支出科目,贷记“财政零余额账户存款”科目。

2. 财政国库支付执行机构每日将按部门分“类”“款”“项”汇总的预算支出结算清单等结算单与中国人民银行国库划款凭证核对无误后,送总预算会计结算资金,按照结算金额,借记“财政零余额账户存款”,贷记“已结报支出”科目。

【例 5-6】 某市财政局通过财政零余额账户存款账户为教育局支付购置办公用品费用 20 000 元,该市财政局应编制会计分录如下:

借:一般公共预算本级支出 20 000

贷:财政零余额账户存款 20 000

# 第三节 有价证券投资的核算

本节所指暂付性款项指各级财政按《财政总预算会计制度》规定，在“预拨经费”“借出款项”“其他应收款”核算的各项事项。往来款项还包括“与下级往来”科目等。各级财政对财政暂付性款项应严格管理，应按照有关规定，准确核算该三类科目，严禁各科目间串用；及时清理，不得长期挂账。

## 一、预拨经费的核算

预拨经费是指政府财政用预算资金在年度预算执行中预拨出应在以后各月列支的款项及会计年度终了前预拨给用款单位的下年度经费款。预拨经费，不包含预拨下年度预算资金应在年度终了前转列支出或清理收回。

预拨经费科目核算政府财政拨给预算单位尚未列为预算支出的款项。明细科目按预算单位、预拨经费种类等进行设置。科目借方登记预拨款，贷方登记转列支出或清理收回款，期末借方余额反映政府财政年末尚未转列支出或尚待收回的预拨经费数额。其主要账务处理如下。

1. 拨出款项时，借记“预拨经费”科目，贷记“国库存款”科目。

2. 转列支出或清理收回预拨款项时，借记“一般公共预算本级支出”“政府性基金本级支出”“国库存款”等科目，贷记“预拨经费”科目。

**【例 5-7】** 某市财政局根据下年度计划预拨市教育局下年度教育经费 800 000 元，该市财政局应编制会计分录如下：

借：预拨经费 800 000

　　贷：国库存款 800 000

经审核后，市财政局将该笔经费转为支出，应做分录：

借：一般公共预算本级支出 800 000

　　贷：预拨经费 800 000

## 二、借出款项的核算

借出款项指政府财政按对外借款管理相关规定借给预算单位临时急需，并需按期收回的款项。各级财政要严格限定借款对象、用途和期限。借款对象限于纳入本级预算管理的一级预算单位，不得对非预算单位借款，更不得经预算单位再外借企业。借款用途仅限临时性资金周转或应对社会影响较大的突发事件的垫付临时急需垫款。借出期限不得超过一年，逾期必须收回。各级财政部门应严格审核，明确用途、使用期限和相关责任等，并且应加强对借款单位资金使用情况进行监督检查，一旦发现变更用途立即收回借款。

该科目借方登记借出款项增加数，贷方登记已偿还数，期末借方余额反映政府财政借出但尚未收回的款项。借出款项科目按借款单位设立明细科目。其主要账务处理如下。

1. 借出款项时，按实际支付金额，借记“借出款项”科目，贷记“国库存款”科目。

2. 收回时，按实际收到金额，做相反分录。

## 三、其他应收款的核算

其他应收款是指政府财政临时发生的其他应收、暂付、垫收款项，以及项目单位拖欠外国政府和国际金融组织贷款本息和相关费用导致相关政府财政履行担保责任代偿的贷款本息费。

该科目按照资金性质及债务单位进行明细核算。该科目借方登记各种其他应收款增加数，贷方登记收回数，期末借方余额反映尚未收回的其他应收款金额，该科目应及时清理，年终原则上应无余额。

### （一）一般其他应收款账务处理

1. 发生时，借记本科目，贷记“国库存款”“其他财政存款”等科目。

2. 收回或转为预算支出时，借记“国库存款”“其他财政存款”“一般公共预算本级支出”等科目，贷记本科目。

**【例 5-8】** 某市财政局用一般公共预算资金为水利局垫付 400 000 元。到期财政局收回 220 000 元，其余转为预算支出，该市财政局应编制会计分录如下：

借出时：

借：其他应收款—水利局 400 000

　　贷：国库存款——一般公共预算存款 400 000

到期收到该笔垫付款时：

借：国库存款 220 000

　　一般公共预算本级支出 180 000

　　贷：其他应收款—水利局 400 000

### （二）对外国政府和国际金融组织贷款的相关项目单位旅行担保责任相关账务处理

1. 代偿贷款本息费用时，借记“其他应收款”科目，贷记“国库存款”“其他财政存款”等科目。

2. 政府财政行使追索权，收回项目单位贷款本息费时，借记“国库存款”“其他财政存款”等科目，贷记本科目。

3. 最终未能收回该笔费用时，经核准列为支出，借记“一般公共预算本级支出”科目，贷记“其他应收款”科目。

## 四、与下级往来的核算

财政总预算有时会出现预算收入与预算支出不平衡的情况，为使预算收支达到平衡，下级财政部门可向上级财政部门申请短期借款，这部分借款对于上级财政部门来讲就成了与下级往来科目所核算的内容，上下级财政部门之间形成了债券债务关系。

该科目核算本级政府财政与下级政府财政的往来待结算款项。借方登记借给下级财政的款项或下级财政应上缴的增加数等，贷方登记收回下级财政偿还的数量或应补助下级财政增加的数额等。期末借方余额反映下级政府财政应还本级财政的款项,贷方余额反映本级政府欠下级财政的款项。“与下级往来科目”根据下级政府财政以及资金性质设置明细科目。其主要账务处理如下。

1. 借给下级政府财政款项时,借记“与下级往来”科目,贷记“国库存款”科目。

2. 体制结算中由下级政府财政上解收入时,借记“与下级往来”科目,贷记“上解收入”科目。

3. 发生上解多交应退回的,按照应退金额,借记“上解收入”科目,“贷记与下级往来”科目。

4. 收回借款或转做补助支出及体制结算应补助下级政府财政支出时,借记“国库存款”“补助支出”等科目,贷记“与下级往来”科目。

5. 发生补助多补应退回的,同样按应退金额,借记“与下级往来”科目,贷记“补助支出”科目。

**【例 5-9】** 某市财政局借给所属县财政局临时周转借款 300 000 元,该市财政局应编制会计分录如下:

借:与下级往来 300 000

　　贷:国库存款——一般公共预算存款 300 000

该市财政局收回该笔借款的 40%,剩余 60%转为对该县财政局补助支出,应编制会计分录如下:

借:国库存款——一般公共预算存款 120 000

　　　　　补助支出 180 000

　　贷:与下级往来 300 000

## 第四节　其他流动资产的核算

该部分阐述前两节以外涉及的其他流动资产的核算,包括有价证券、应收股利及在途款的核算。

### 一、有价证券的核算

有价证券是政府财政按有关规定取得并持有的政府债券。各级财政部门只能用各项财政结余购买国家指定购买的有价证券。购买的有价证券应视同货币妥善保管。

有价证券科目核算政府财政按有关规定取得并持有的有价证券金额。按有价证券种类和资金性质设置明细科目。作为资产类科目,有价证券科目借方登记增加额,贷方登记减少额,期末借方余额反映政府财政因尚未到期持有的有价证券的金额。

本科目主要账务处理如下。

1. 政府财政购入有价证券时,按实际支付的金额,借记“有价证券”科目,贷记“国库存款”“其他财政存款”等科目。

2. 转让或到期兑付有价证券时,按实际收到的金额,借记“国库存款”“其他财政存款”等科目,按该有价证券的账面余额,贷记“有价证券”,差额及当期取得的兑付利息,计入“一般公共预算本级收入”等科目。

**【例5-10】** 某市财政局根据市政府指示用预算结余购买国库券3 000 000元,该市财政局应编制会计分录如下:

借:有价证券3 000 000

贷:国库存款3 000 000

该国库券到期后,收回本金和利息合计3 090 000元,该财政局应编制会计分录如下:

借:国库存款——一般公共预算存款3 090 000

贷:有价证券3 000 000

一般公共预算本级收入90 000

## 二、应收股利的核算

应收股利是指政府因持有股权投资而应当收取的现金股利或利润。

该科目按照被投资主体进行明细核算。该科目借方登记增加额,贷方登记减少额,期末借方余额反映政府尚未收回的现金股利或利润。其主要账务处理如下。

1. 在持有股权投资期间,投资主体宣告发放现金股利或利润的,按应上缴政府财政的部分,借记本科目,贷记“资产基金—应收股利”,按相同金额,借记“资产基金—股权投资”,贷记“股权投资(损益调整)”科目。在“股权投资”科目系统讲解分录及例题。

2. 实际收到现金股利或利润时,借记“国库存款”等科目,贷记有关收入科目,按相同金额,借记“资产基金—应收股利”,贷记“应收股利”。

## 三、在途款的核算

在途款是指在库款报解整理期和决算清理期内,财政总预算会计收到的应属于上年度收入的款项和收回的不应在上年度列支的款项或其他需要作为在途款过渡的资金款项。这些经济业务虽发生在新年度,但根据其会计事项发生应属于上个会计年度。对上个会计年度而言,这些款项实际未收到,属于在途款项,因此需用“在途款”科目进行过渡。

在途款科目核算库款报解整理期、决算清理期内发生的需要通过本科目过渡属于上年度收支业务的资金数。该科目借方登记各级国库在这两个期限内收到应属于上年度的收入款,贷方登记已收到在途款并冲销转入国库存款的金额。期末借方余额反映政府财政持有的还未到达的在途款数额。

该账户一般账务处理如下。

1. 决算清理期和库款报解整理期内收到属于上年度的收入时,借记“在途款”,贷记“一般公共预算本级收入”等相关收入科目;收回属于上年度拨款或支出时,借记“在途款”科目,贷记“预拨经费”或其他有关支出科目。

2. 冲转在途款时,需在本年账务中,借记“国库存款”科目,贷记“在途款”科目。

**【例5-11】** 某省财政厅实行资金划拨制度,在库存报解期和决算清理期内收到国库报来的一般公共预算本级收入表,属于上年度一般公共预算本级收入60 000元。另外收回上年度多拨经费30 000元,该省财政厅应编制会计分录如下:

在上年度的账务处理为:

借:在途款 60 000

贷:一般公共预算本级收入 60 000

收回上年度与拨经费时,在上年度的会计分录应为

借:在途款 30 000

贷:预拨经费 30 000

在本年度应编制会计分录为

借:国库存款 30 000

贷:在途款 30 000

## 第五节 应收转贷款的核算

应收转贷款指政府财政把借入的资金转贷给下级政府的款项,包括应收地方政府债券转贷款、应收主权外债转贷款等。

### 一、应收地方政府债券转贷款的核算

应收地方政府债券转贷款是本级政府财政部门转贷给下级政府财政部门的地方政府债券资金。

该科目借方登记地方政府债券转贷款增加数,贷方登记减少数,期末借方余额反映本级政府财政应收而未收的地方政府债券转贷款的本金和利息。该科目下设"应收地方政府一般债券转贷款"和"应收地方政府专项债券转贷款"明细科目,并分别设置"应收本金"与"应收利息"明细科目,按转贷对象进行明细核算。

其主要账务处理如下。

1. 向下级政府财政转贷地方政府债券时,根据债务管理部门转来相关资料,按到期应收回的转贷本金金额,借记"应收地方政府债券转贷款"科目,贷记"资产基金—应收地方政府债券转贷款"科目;按转贷金额,借记"债务转贷支出"科目,贷记"国库存款"科目。

2. 期末确认应收利息时,根据债务管理部门计算出的转贷款本期应收未收的利息金额,借记"应收地方政府债券转贷款"科目,贷记"资产基金—应收地方政府债券转贷款"科目。

3. 到期收到下级政府财政偿还转贷款的本金和利息时,按收回的金额,借记"国库存款"等科目,贷记"其他应付款"或"其他应收款"科目;同时根据债务管理部门转来的相关资料,按收回的本金和已确认的应收利息金额,借记"资产基金—应收地方政府债券转贷款"科目,贷记"应收地方政府债券转贷款"科目。

4. 扣缴下级政府财政的转贷款本金时,按扣缴的金额,借记"与下级往来"科目,贷记"其他应付款"或"其他应收款"科目;同样根据债务管理部门传来的资料,按扣缴的本金和已确认的应收利息金额,借记"资产基金—应收地方政府债券转贷款"科目,贷记"应收地方政府债券转贷款"科目。

**【例 5-12】** 假设中央财政发行一般债券 10 000 万元全部向 A 省转贷,财政部应编制会计分录如下:

借:应收地方政府债券转贷款—应收地方政府一般债券转贷款(本金)—A 省 100 000 000

贷:资产基金—应收地方政府债券转贷款 100 000 000

借:债务转贷支出 100 000 000

贷:国库存款 100 000 000

期末中央财政确认应收未收利息为 100 万元,应编制会计分录如下:

借:应收地方政府债券转贷款—应收地方政府一般债券转贷款(利息)—A 省 1 000 000

贷:资产基金—应收地方政府债券转贷款 1 000 000

到期 A 省偿还转贷款所有本金和,应编制会计分录如下:

借:国库存款 101 000 000

贷:其他应付款 101 000 000

借:资产基金—应收地方政府债券转贷款 101 000 000

贷:应收地方政府债券转贷款—应收地方政府一般债券转贷款(本金)—A 省 100 000 000

应收地方政府债券转贷款—应收地方政府一般债券转贷款(利息)—A 省 1 000 000

## 二、应收主权外债转贷款的核算

应收主权外债转贷款是本级政府财政转贷给下级政府财政的外国政府和国际金融组织贷款等主权外债资金。

该科目借方登记本级财政应收主权外债转贷款增加额,贷方登记减少额,期末借方余额反映政府财政应收而未收的主权外债转贷款本息金额。同样设置"应收本金"和"应收利息"明细科目,按转贷对象进行明细核算。其主要账务处理如下。

1. 本级政府财政支付转贷资金时,根据转贷资金支付的相关资料,借记"债务转贷支出"科目,贷记"其他财政存款"科目;根据债务管理部门转来的相关资料,按实际持有的债权金额,借记"应收主权外债转贷款"科目,贷记"资产基金—应收主权外债转贷款"科目。

2. 外方把贷款款项直接支付给用款单位时,本级政府财政根据转贷资金支付相关资料,借记"债务转贷支出"科目,贷记"债务收入"或"债务转贷收入"科目;同时根据债务管理部门转来的相关资料,按实际持有的债权数额,借记本科目,贷记"资产基金—应收主权外债转贷款"科目;同时,借记"待偿债净资产"科目,贷记"借入款项"或"应付主权外债转贷款"科目。

3. 期末确认应收利息时,根据债务管理部门计算的转贷款本期应收未收利息金额,借记"应收主权外债转贷款"科目,贷记"资产基金—应收主权外债转贷款"科目。

4. 收回本息时,按收回的金额,借记"其他财政存款"科目,贷记"其他应付款"或"其他应收款"科目;根据债务部门转来的相关资料,按实际收回的本金和已确认的应收利息,借记"资产基金—应收主权外债转贷款"科目,贷记"应收主权外债转贷款"科目。

5. 扣缴下级政府财政转贷款本息时,按扣缴金额,借记"与下级往来"科目,贷记"其他应付款"或"其他应收款"科目;同时根据债务部门转来的相关资料,按照扣缴转贷款本息,借记"资产基金—应收主权外债转贷款"科目,贷记"应收主权外债转贷款"科目。

**【例 5-13】** 某省政府财政获得 A 国政府贷款 2 亿元,A 国政府直接将贷款支付给该省下属B市用于基础设施建设。该省财政应编制会计分录如下：

借：债务转贷支出 200 000 000

　　贷：债务收入 200 000 000

同时：

借：应收主权外债转贷款—应收本金—B市 200 000 000

　　贷：资产基金—应收主权外债转贷款 200 000 000

借：待偿债净资产 200 000 000

　　贷：借入款项 200 000 000

期末，根据债务管理部门确认的应收而未收的利息为220万元，该省财政应编制分录为：

借：应收主权外债转贷款—应收利息 2 200 000

　　贷：资产基金—应收主权外债转贷款 2 200 000

假设到期B市偿还了该转贷款本息，该省应编制分录如下：

借：其他财政存款 202 200 000

　　贷：其他应付款 202 200 000

借：资产基金—应收主权外债转贷款 202 200 000

　　贷：应收主权外债转贷款—应收本金—B市 200 000 000

　　　　　　　　　　　　　　—应收利息—B市 2 200 000

## 第六节　其他非流动资产的核算

该部分主要涉及最后两项非流动资产，即股权投资和代发国债两项资产类科目。

### 一、股权投资的核算

股权投资是指政府持有的各类股权投资资产，包括国有企业股权投资、国际金融组织股权投资和投资基金股权投资等。政府通过取得被投资单位的股权，实施对被投资单位的控制，从而获取现金股利或利润，股权投资是政府进行的权益性投资活动。

本科目按“企业股权投资”“投资基金股权投资”“国际金融组织股权投资”设置明细科目，另可根据管理需要，在前三种明细科目下再按被投资主体设置二级明细科目，该分类下还可按“损益调整”“投资成本”“收益转增投资”和“其他权益变动”等设置三级明细科目。本科目借方登记股权投资增加额，贷方登记减少额，期末借方余额反映期末政府财政持有的股权投资金额。

股权投资一般采用权益法进行核算。取得时以投资成本计量，在持有期间需要根据享有股权投资权益份额的变动，对股权投资的账面价值进行相应调整。主要账务处理根据股权投资类型的不同有些差异。

(一)投资基金股权投资的账务处理

1. 政府财政对投资基金进行股权投资时，按实际支付的金额确认支出，借记“一般公共预算本级支出”等科目，贷记“国库存款”等科目；同时根据股权投资确认的相关资料，按实际支付的金额,借记“股权投资—投资基金股权投资—投资成本”科目,按确定的在被投资基金中占有的权益金额与实际支付金额的差额,借记或贷记“股权投资—投资基金股权投资—其他权益变动”科目,按确定的在被投资基金中占有的权益金额,贷记“资产基金—股权投资”科目。

2. 年末,根据政府财政在被投资基金当期净利润或净亏损中占有的份额,借或贷记“股权投资—投资基金股权投资—损益调整”科目,贷记或借记“资产基金—股权投资”科目。

3. 政府财政将属于财政的收益留作基金滚动使用时,借记“股权投资—投资基金股权投资—收益转增投资”科目,贷记“股权投资—投资基金股权投资—损益调整”科目。

4. 宣告发放现金股利或利润时,按应上缴政府财政的部分,借记“应收股利”科目,贷记“资产基金—应收股利”科目;同时按照相同的金额,借记“资产基金—股权投资”科目,贷记“股权投资—投资基金股权投资—损益调整”科目。

5. 被投资基金发生除净损益以外的其他权益变动时,按政府财政持股比例计算应享有的份额,借记或贷记“股权投资—投资基金股权投资—其他权益变动”科目,贷或借记“资产基金—股权投资”科目。

6. 因投资期满、清算或政府财政从投资基金退出,需收回出资时,政府财政按实际收回的资金,借记“国库存款”等科目,按收回的原实际出资部分,贷记“一般公共预算本级支出”等科目,按超出原实际出资的部分,贷记“一般公共预算本级收入”等科目;同时根据股权投资清算相关资料,按因收回股权投资而减少在被投资基金中占有的权益金额,借记“资产基金—股权投资”科目,贷记“股权投资”科目。

(二)企业股权投资的账务处理

根据管理需要和管理条件,参照投资基金股权投资账务处理。

(三)国际金融组织股权投资的账务处理

1. 政府财政认缴国际金融组织股本时,按实际支付的金额,确认投资形成的支出,借记“一般公共预算本级支出”等科目,贷记“国库存款”科目;根据股权投资确认的相关资料,按照确定的股权投资成本,确认投资形成的股权,借记“股权投资”科目,贷记“资产基金—股权投资”科目。

2. 撤出股本时,按收回的金额,借记“国库存款”科目,贷记“一般公共预算本级支出”科目;根据股权投资清算相关资料,按照实际撤出的股本金额,借记“资产基金—股权投资”科目,贷记“股权投资”科目。

**【例 5-14】** 中央财政以一般公共预算资金认缴某国际金融组织股本,投资款为 50 亿美元,折合人民币 325 亿元,中央财政应编制会计分录如下:

借:股权投资—某国际金融组织—投资成本 32 500 000 000

　　贷:资产基金—股权投资 32 500 000 000

借:一般公共预算本级支出 32 500 000 000

　　贷:国库存款 32 500 000 000

**【例 5-15】** 某省财政厅向 A 基金公司投资,用一般公共预算资金 3.3 亿元购入该公司基金价值 3.4 亿元的股权,该省财政厅应编制会计分录如下:

借:股权投资—投资基金股权—投资成本 330 000 000

　　　　　　　　　　—其他权益变动 10 000 000

　　贷:资产基金—股权投资 340 000 000

同时：

借：一般公共预算本级支出 330 000 000

　　贷：国库存款 330 000 000

假设本省财政占 A 基金公司投资的 30%，A 基金公司宣告分配年度利润 3 000 万元，该省财政厅应编制会计分录如下：

借：应收股利 9 000 000

　　贷：资产基金—应收股利 9 000 000

同时：

借：资产基金—股权投资 9 000 000

　　贷：股权投资—损益调整 9 000 000

## 二、待发国债的核算

待发国债是为弥补中央财政预算收支差额，中央财政预计发行国债与实际发行国债之间的差额。

本科目借方登记待发国债增加额，借方登记减少额，期末借方余额反映中央财政尚未使用的国债发行额度。其主要账务处理如下。

年度终了，实际发行国债收入用于债务还本支出后，小于为弥补中央财政预算收支差额中央财政预计发行国债时，按两者的差额，借记“待发国债”科目，贷记相关科目；实际发行国债收入用于债务还本支出后，大于为弥补中央财政预算收支差额中央财政预计发行国债时，按二者的差额，借记相关科目，贷记“待发国债”科目。

# 第六章　财政总预算会计负债和净资产的管理与核算

## 第一节　财政总预算会计负债和净资产概述

### 一、财政总预算会计负债的概念

财政总预算会计负债是指政府财政承担的能以货币计量、需以资产偿付的债务。

财政总预算会计核算的负债按流动性可分为流动负债和非流动负债。流动负债指预计在一年内偿还的负债,包括应付短期政府债券、应付国库集中支付结余、与上级往来、其他应付款、已结报支出和应付代管资金;非流动负债指流动负债以外的负债,包括应付长期政府债券、借入款项、应付地方政府债券转贷款、应付主权外债转贷款和其他负债等。

财政预算财政总预算会计的各项负债应在对其承担偿还责任并能可靠记性货币计量时确认。偿债责任需通过未来不确定事项发生或不发生予以证实的负债,即或有负债,不列入资产负债表,应在报表附注中披露。本章核算的负债,按应承担的合同金额或实际发生额进行计量。本章根据核算的负债种类,分为四类分别进行核算,该四类为应付及暂收款、应付政府债券与借入款项、应付转贷款和其他。

### 二、财政总预算会计净资产的概念

财政总预算会计净资产是指政府财政资产减去负债的差额。财政总预算会计净资产是政府财政所掌握的资产的净值,取决于资产和负债的计量结果。

财政总预算会计净资产的内容包括:政府财政设立的周转金和基金、收支差额形成的结转结余及需要双分录核算形成的调整项目。具体包括:资产基金、待偿债净资产、预算稳定调节基金、预算周转金、一般公共预算结转结余、政府性基金预算结转结余、国有资本经营预算结转结余、财政专户管理资金结余、专用基金结余。

# 第二节 财政总预算会计负债的核算

## 一、应付及暂收款的核算

应付及暂收款是政府财政在业务活动中形成的债务，包括各种应付、暂收款项，待结算款项和代管款项等。具体核算的科目包括：与上级往来、其他应付款、应付代管资金和应付国库集中支付结余，均为流动负债。应付和暂收款项应及时清理结算。

（一）应付国库集中支付结余的核算

应付国库集中支付结余是指国库集中支付中，预算单位根据财政部门批复的部门预算，当年未支而需结转下一年度支付的款项采用权责发生制列支后形成的债务。即政府财政采用权责发生制列支，预算单位尚未使用的国库集中支付结余资金。

根据《财政总预算会计制度》，当年形成的国库集中支付结余按照权责发生制基础确认预算支出，而同时确认的应付款项为应付国库集中支付结余。本科目根据管理需要按政府收支分类科目设置明细科目。本科目期末贷方余额反映政府财政尚未支付的国库集中支付结余。本科目主要账务处理如下。

1. 年末列支时，采用权责发生制，借记相关支出科目，贷记“应付国库集中支付结余”科目。

2. 以后年度实际支付国库集中支付结余资金时，分为两种情况处理：按原结转预算科目支出的，借记本科目，贷记“国库存款”科目；调整支出预算科目的，按原结转预算科目做冲销处理，借记“应付国库集中支付结余”科目，贷记相关支出科目，同时按实际支出预算科目，借记有关支出科目，贷记“国库存款”科目。

**【例 6-1】** 某预算单位当年一般公共预算用款额度为 400 万元，当年通过国库集中支付的金额为 390 万元。年末采用权责发生制应编制会计分录如下：

年末采用权责发生制列支时：

借：一般公共预算本级支出 100 000

　　贷：应付国库集中支付结余 100 000

（二）与上级往来的核算

与上级往来是本级政府财政与上级政府财政的待结算往来款项。

本级政府财政的“与上级往来”和上级政财政的“与下级往来”科目对应，对应关系形成与上下级政府财政由于补助、上解产生体制结算关系或上下级政府财政之间的资金借贷关系，本科目按往来款项的类别和项目设置明细科目。本科目属于双重性质账户，借方登记债权的增加或债务的减少，贷方登记债务的增加或债权的减少，期末借方余额反映上级政府财政欠本级政府财政的款项，即债权。期末贷方余额反映本级政府财政欠上级政府财政的款项，即债务，实际工作中，大多为因本级政府财政欠上级政府财政款项形成的债务，因此本科目多为负债列示在资产负债表右侧负债处，如果期末存在借方余额则以负数列示。本科目主要账务处理如下。

1. 日常从上级政府财政借款，或体制结算中发生应上交上级政府财政款项时，借记“国库存款”“上解支出”等科目,贷记“与上级往来”科目。

2. 本级政府财政归还借款或转为上级补助收入或体制结算中由上级补交款项时,借记“与上级往来”科目,贷记“国库存款”“补助收入”等科目。

**【例 6-2】** 年末某政府财政与上级财政进行体制结算。根据相关规定,本级政府财政尚未支付的一般公共预算上解款的金额为 80 万元,尚未收到的一般公共预算补助款数额为 65 万元,应编制分录如下:

借:上解支出——一般公共预算上解支出 800 000

贷:与上级往来——一般公共预算资金结算 800 000

借:与上级往来——一般公共预算资金结算 650 000

贷:补助收入——一般公共预算补助收入 650 000

体制结算后,与上级往来科目为贷方余额,本级政府财政支付上级政府财政一般公共预算结算款 15 万元。应编制会计分录如下:

借:与上级往来——一般公共预算资金结算 150 000

贷:国库存款 150 000

**【例 6-3】** 某政府财政从上级政府财政借入一般公共预算资金 100 万元,应编制会计分录如下:

借:国库存款 1 000 000

贷:与上级往来——一般公共预算资金借款 1 000 000

归还所借款项 70 万元,剩余 30 万元经上级政府财政同意,转为对本级政府财政的一般公共预算补助。应编制会计分录如下:

借:与上级往来——一般公共预算资金借款 700 000

贷:国库存款 700 000

借:上级往来——一般公共预算资金借款 300 000

贷:补助收入——一般公共预算补助收入 300 000

(三)其他应付款的核算

其他应付款指政府财政业务活动中临时发生的暂收及应付款项。包括到的不明性质款项、税务机关代征入库的社会保险费、收到的由项目单位使用并承担还款责任的外国政府和国际金融组织贷款等。

本科目按债权单位或资金来源设置明细科目。本科目期末贷方余额反映政府财政尚未结清的其他应付款项。主要账务处理如下。

1. 收到暂存款项时,借记“国库存款”“其他财政存款”等科目,贷记“其他应付款”科目。

2. 收到项目单位偿还贷款资金等,借记“其他财政存款”科目,贷记“其他应付款”科目,反之做相反科目。

3. 社会保险费代征入库时,借记“国库存款”科目,贷记“其他应付款”科目。

4. 清理退还暂存款项时,借记“其他应付款”科目,贷记“其他财政存款”“国库存款”等科目,转为收入的,贷记相关收入科目。

**【例 6-4】** 某政府财政收到国库报送预算收入日报表,其中一笔款项性质不明,做暂收款处理,金额 1 000 000 元,应编制会计分录如下:

借:国库存款 1 000 000

贷:暂存款 1 000 000

(四)应付代管资金的核算

应付代管资金是指政府财政代为管理的,使用权归属于被代管主体的资金。代管资金应按委托单位的要求使用。

本科目根据管理需要设立二级明细科目。本科目贷方登记应付代管资金增加额,借方登记减少额,期末贷方余额反映尚未支付的代管资金款项。主要账务处理如下。

1. 收到代管资金时,借记“其他财政存款”等相关科目,贷记“应付代管资金”科目。

2. 支付代管资金时,做相反分录。

3. 代管资金产生的利息收入,按规定仍属于代管资金的,借记“其他财政存款”相关科目,贷记“其他财政存款”科目。

**【例 6-5】** 某政府财政收到委托单位代管资金 500 000 元,应编制会计分录如下:

借:其他财政存款 500 000

贷:应付代管资金 500 000

## 二、应付政府债券与借入款项的核算

应付政府债券与借入款项是政府财政通过发行债券、借入款项等方式筹措资金形成的债务。经国务院批准,省、自治区、直辖市级财政可以通过发行地方政府债券的方式筹措;中央一般公共预算中必需的资金,可通过国内或国外等方式筹措。

(一)应付短期政府债券的核算

应付政府债券是政府财政通过发行政府债券的方式筹集资金而形成的负债,包括应付短期政府债券和应付长期政府债券。

应付短期政府债券是政府财政部门以政府的名义,采用发行不超过 1 年(含 1 年)期限的政府债券方式筹集资金形成的负债,包括中央政府财政发行的短期国债和省级地方政府发行的短期地方政府债券。应付短期政府债券的数额包括应付本金和利息。

本科目下设“应付国债”“应付地方政府一般债券”“应付地方政府专项债券”等一级明细科目,根据“应付本金”“应付利息”设置二级明细科目以核算本科目的应付本金和利息。本科目借方登记应付短期政府债券应付本金和利息的偿还数,贷方登记增加数,期末贷方余额放映政府财政尚未偿还的短期政府债券本金和利息数额。债务管理部门应设置辅助账,详细记录煤气政府债券金额、期限、种类、发行日和到期日、票面利率、偿还本金及利息等相应情况。主要账务处理如下。

1. 发行短期政府债券时,各级政府财政按实际收到的资金金额借记“国库存款”科目,按短期政府债券实际发行额,贷记“债务收入”科目,差额借记或贷记有关支出科目;同时根据债券发行确认文件等债券管理资料,按短期政府债券到期应付本金金额,借记“待偿债净资产—应付短期政府债券”科目,贷记“应付短期政府债券—应付地方政府一般债券(应付本金)”等科目。

2. 期末根据票面利率等计算出本期确认应付利息时,借记“待偿债净资产—应付短期政府债券”科目,贷记“应付短期政府债券—应付地方政府一般债券(应付利息)”等科目。

3. 实际支付利息时,借记“一般公共预算本级支出”“政府性基金预算本级支出”科目,贷记“国库存款”等科目;实际支付利息金额中属于已确认的应付利息部分,还应根据债券兑付确认文件等管理资料，借记“应付短期政府债券—应付地方政府一般债券（应付利息）”等科目，贷记“待偿债净资产—应付短期政府债券”科目。

4. 债券到期偿还本金时，借记“债务还本支出”科目，贷记“国库存款”等科目；同时根据债券兑付确认文件等管理资料，借记本科目，贷记“待偿债净资产—应付短期政府债券”科目。

**【例 6-6】** 某地方政府财政发行期限为 6 个月的政府一般债券，票面年利率为 4.8%，面值为 600 000 000 元，实际收到发行收入为 598 000 000 元，应编制会计分录如下：

借：国库存款 598 000 000

一般公共预算本级支出—其他支出 2 000 000

贷：债务收入 600 000 000

同时：

借：待偿债净资产—应付短期政府债券 600 000 000

贷：应付短期政府债券—应付地方政府一般债券（应付本金）600 000 000

**【例 6-7】** 某政府财政应付短期专项债券到期，偿还本金 500 000 000 元，另支付利息 40 000 元，应编制会计分录如下：

借：债务还本支出 500 000 000

应付短期政府债券—应付地方政府一般债券（应付利息）40 000

贷：国库存款 500 040 000

借：应付短期政府债券—应付地方政府专项债券（应付本金）500 000 000

贷：待偿债净资产—应付短期政府债券 500 000 000

（二）应付长期政府债券的核算

应付长期政府债券是政府财政部门以政府名义采用发行期限超过 1 年的政府债券方式筹集资金形成的负债，包括中央政府财政发行的长期国债和省级地方政府发行的长期地方政债券，属于非流动负债。本科目的数额包括应付长期政府债券的本金和利息。

本科目下设“应付国债”“应付地方政府一般债券”“应付地方政府专项债券”等明细科目，在一级明细科目下设置“应付本金”“应付利息”二级明细科目，核算长期政府债券的应付本金和应付利息。本科目借方登记长期政府债券应付本金和应付利息的偿还数，贷方登记政府债券应付本金和应付利息的增加数，期末余额在贷方，反映政府财政尚未偿还的应付长期政府债券的本金和利息。同样债务管理部门应当设置辅助账记录每期政府债券金额、种类、期限、发行日和到期日、票面利率、偿还本金及付息等情况。核算方法与短期债券类似，采用“双分录”核算方法同时确认发行债务取得的债务收入与确认发行债务形成的债务。主要账务处理如下。

1. 实际收到长期政府债券发行收入时，按实际收到金额，借记“国库存款”科目，按实际发行额，贷记“债务收入”科目，差额借记或贷记有关支出科目；同时根据债券发行确认文件等管理资料，按到期应付长期政府债券本金额，借记“待偿债净资产—应付长期政府债券”科目，贷记“应付长期政府债券—应付地方政府一般债券（应付本金）”科目。

2. 期末确认应付利息时，借记“待偿债净资产—应付长期政府债券”科目，贷记“应付长期政府债券—应付地方政府一般债券（应付利息）”科目。

3. 实际支付长期政府债券利息时，借记“一般公共预算本级支出”或“政府性基金预算本级支出”科目，贷记“国库存款”等科目；实际支付利息金额中属于已确认的应付利息部分，还应根据债券兑付确认文件等管理资料，借记“应付长期政府债券—应付地方政府一般债券（应付利息）”科目，贷记“待偿债净资产—应付长期政府债券”科目。

4. 实际偿还本金时，借记“债务还本支出”科目，贷记“国库存款”等科目；同时根据债券兑付确认文件等管理资料，借记“应付长期政府债券—应付地方政府一般债券（应付本金）”等科目，贷记“待偿债净资产—应付长期政府债券”科目。

5. 本级政府财政偿还下级政府财政承担的地方政府债券本息时，借记“其他应收款”或“其他应付款”科目，贷记“国库存款”科目；同时根据债券兑付确认文件等管理资料，按实际偿还的长期”科目。

**【例 6-8】** 某省级政府财政 20X1 年 12 月 31 日根据计算后确认应付长期政府债券 1 年应付利息金额为 90 000 000 元，应编制会计分录如下：

借：待偿债净资产—应付长期政府债券 90 000 000

　　贷：应付长期政府债券—应付地方政府一般债券（应付利息）90 000 000

**【例 6-9】** 20X2 年 12 月 31 日，某省级财政到期偿还应付长期政府债券，支付本金 1 000 000 000 元，利息 300 000 000 元，应编制会计分录如下：

借：债务还本支出 1 000 000 000

　　一般公共预算本级支出 300 000 000

　　贷：国库存款 1 300 000 000

同时：

借：应付长期政府债券—应付地方政府一般债券（应付本金）1 300 000 000

　　贷：待偿债净资产—应付长期政府债券 1 300 000 000

（三）借入款项的核算

借入款项是政府财政部门以政府名义向外国政府、国际金融组织等借入的款项以及经国务院批准通过其他方式借款形成的负债。借入款项的金额包括借款本金及利息。

本科目按“应付本金”“应付利息”设置明细科目，同时按债权人不同分别进行明细核算。并且债务管理部门应设置辅助账，记录每笔借入款项的期限、借入日期、偿还及付息等情况。政府财政借入主权外债应采用“双分录”核算，即在确认借入主权债券取得债务收入的同时确认因借入外债形成的债务。借入款项的主要账务处理如下。

1. 收到借入的主权外债资金时，借记“其他财政存款”科目，贷记“债务收入”科目；同时根据债务管理部门转来的相关资料，按实际承担的债务金额，借记“待偿债净资产—借入款项”科目，贷记“借入款项”科目。

2. 由外方将贷款资金直接支付给用款单位或供应商时，根据以下情况做不同处理。

（1）还款责任由本级政府财政承担，本级政府财政同级单位或部门使用资金。

本级政府财政根据资金支付相关资料，借记“一般公共预算本级支出”等科目，贷记“债务收入”科目；同时按实际承担的债务金额，借记“待偿债净资产—借入款项”科目，贷记“借入款项”科目。

（2）还款责任由本级政府财政承担，下级政府财政同级单位或部门使用资金。

本级政府财政根据预算文件，借记“补助支出”科目，贷记“债务收入”科目；同时按实际承担的债务金额，借记“待偿债净资产—借入款项”科目，贷记“借入款项”科目。

（3）还款责任由下级政府财政承担，下级政府财政同级单位或部门使用资金。

本级政府财政部门根据相关资料，借记“债务转贷支出”科目，贷记“债务收入”科目；同时以实际承担的债务金额，借记“待偿债净资产—借入款项”科目，贷记“借入款项”科目；另外还应借记“应收主权外债转贷款”科目，贷记“资产基金—应收主权外债转贷款”科目。

3. 期末确认应付利息金额时，借记“待偿债净资产—借入款项”科目，贷记“借入款项”相关明细科目。

4. 偿还本级政府财政承担的借入主权外债本金时，借记“债务还本支出”科目，贷记“其他财政存款”“国库存款”等科目；同时根据实际偿还的本金金额，借记“借入款项”科目，贷记“待偿债净资产—借入款项”科目。偿还利息时，借记“一般公共预算本级支出”等科目，贷记“其他财政存款”“国库存款”等科目；同时实际偿还利息金额中属于已确认的应付利息的，借记“借入款项”相关明细科目，贷记“待偿债净资产—借入款项”科目。

5. 偿还下级政府财政承担的本息时，借记“其他应收款”“其他应付款”等科目，贷记“其他财政存款”“国库存款”等科目；同时根据实际偿还本息和，借记“借入款项”科目，贷记“待偿债净资产—借入款项”科目。

6. 如果存在被上级政府财政扣缴借入主权外债本息的情况，应按实际扣缴的本金和已确认的应付利息数额，借记“借入款项”科目，贷记“待偿债净资产—借入款项”科目；同时在发生时借记“其他应收款”科目，贷记“与上级往来”科目；在列报支出时对应承担的还本支出，借记“债务还本支出”科目，贷记“其他应收款”科目；承担的利息部分借记“一般公共预算本级支出”等科目，贷记“其他应收款”科目。

**【例 6-10】** 中央政府财政从国际货币基金组织借入 50 000 000 美元，当日中国人民银行公布的汇率中间价为 6.40，折算后为 320 000 000 元，款项已入财政专户，中央政府财政应编制会计分录如下：

借：其他财政存款 320 000 000

贷：债务收入—国外债务收入 320 000 000

借：待偿债净资产—借入款项 320 000 000

贷：借入款项 320 000 000

## 三、应付转贷款的核算

应付转贷款是地方政府财政向上级政府财政因借入转贷资金形成的负债，包括应付主权外债转贷款和应付地方政府债券转贷款。

（一）应付地方政府债券转贷款的核算

应付地方政府债券转贷款是本级政府财政借入上级政府财政发行的地方政府债券转贷款形成的应付款项，其金额包括转贷款的本金和利息。转贷方通常为省级政府财政，本级政府财政为被转贷方，通常为省级以下政府财政。

本科目设置“应付地方政府一般债券转贷款”和“应付地方政府专项债券转贷款”一级明细科目，再分别设置“应付本金”“应付利息”两个明细科目以核算应付本金和利息。本科目借方登记应付地方政府债券转贷款本金和利息偿还额，贷方登记增加额，期末余额在贷方，反映本级政府财政应偿还而尚未偿还的地方政府债券转贷款本金和利息金额。本科目核算同样采用“双分录”方法，在确认转贷取得债务收入的同时应确认转贷形成的债务。本级政府财政“应付地方政府债券转贷款”科目与上级政府财政的“应收地方政府债券转贷款”科目对应，核算流程基本一致。主要账务处理如下。

1. 收到上级政府财政转贷的地方政府债券资金时，借记“国库存款”科目，贷记“债务转贷收入”科目；同时根据债务管理部门转来的资料，按到期应偿还的转贷款本金金额，借记“待偿债净资产—应付地方政府债券转贷款”科目，贷记“应付地方政府债券转贷款—应付地方政府一般债券转贷款（应付本金）”等科目。

2. 期末确认地方政府债券转贷款的利息时，借记“待偿债净资产—应付地方政府债券转贷款”科目，贷记“应付地方政府债券转贷款—应付地方政府一般债券转贷款（应付利息）”等科目。

3. 到期偿还本级政府财政承担的转贷款本金时，借记“债务还本支出”科目，贷记“国库存款”等科目；同时根据债务管理部门转来的管理资料，按实际偿还本金金额，借记“应付地方政府债券转贷款—应付地方政府一般债券转贷款（应付本金）”等科目，贷记“待偿债净资产—应付地方政府债券转贷款”科目。偿还利息时，借记“一般公共预算本级支出”或“政府性基金预算本级支出”科目，贷记“国库存款”等科目；同时实际支付利息金额中属于已确认的应付利息部分，应根据债务管理部门转来的资料，借记本科目，贷记“待偿债净资产—应付地方政府债券转贷款”科目。

4. 偿还下级政府财政承担的转贷款本息时，借记“其他应收款”或“其他应付款”科目，贷记“国库存款”等科目；同时根据债务管理部门转来的资料，按实际偿还的本金及已确认的应付利息金额，借记“应付地方政府债券转贷款”科目，贷记“待偿债净资产—应付地方政府债券转贷款”科目。

5. 被上级政府财政扣缴转贷款本息时，借记“其他应收款”科目，贷记“与上级往来”科目；同时根据债务管理部门转来的资料，按实际扣缴的转贷款本金及已确认的应付利息数额，借记“应付地方政府债券转贷款”科目，贷记“待偿债净资产—应付地方政府债券转贷款”科目。在列报支出时，本级政府财政承担的还本支出借记“债务还本支出”科目，贷记“其他应收款”科目；本级政府财政承担的利息支出，借记“政府性基金预算本级支出”或“一般公共预算本级支出”科目，贷记“其他应收款”科目。

**【例 6-11】** 某市政府财政向所属省级政府财政借入省级政府财政发行的地方政府一般债券筹措资金。该市政府财政收到转贷地方政府债券资金为 200 000 000 元，期限为 1 年，年利率 3%，该市财政应编制会计分录如下：

借：国库存款 200 000 000

　　贷：债务转贷收入—地方政府一般债务转贷收入 200 000 000

同时：

借：待偿债净资产　应付地方政府债券转贷款 200 000 000

　　贷：应付地方政府债券转贷款—应付地方政府一般债券转贷款（应付本金）200 000 000

**【例 6-12】** 某市政府财政确认地方政府债券转贷款的应付利息 300 000 元，该市财政。应编制会计分录如下：

借：待偿债净资产—应付地方政府债券转贷款 300 000

　　贷：应付地方政府债券转贷款—应付地方政府一般债券转贷款（应付利息）300 000

**【例 6-13】** 某市政府财政到期偿还省政府财政转贷款本金 200 000 000 元及利息 600 000 元，该市财政应编制会计分录如下：

借：债务还本支出—地方政府债券还本 200 000 000

一般公共预算本级支出 600 000

贷:国库存款 200 600 000

同时:

借:应付地方政府债券转贷款—应付地方政府一般债券转贷款(应付本金)200 000 000

应付地方政府债券转贷款—应付地方政府一般债券转贷款(应付利息)300 000

贷:待偿债净资产—应付地方政府债券转贷款 200 300 000

(二)应付主权外债转贷款的核算

应付主权外债转贷款是本级政府财政因借入上级政府财政的主权外债转贷款资金形成的负债,其金额包括转贷的主权外债贷款本金和利息。转贷方通常为中央政府财政,本级政府财政为主权外债的被转贷方,通常为省级或省级以下政府财政。

本科目设置“应付本金”和“应付利息”两个明细科目核算主权外债转贷款的应付本金和利息。应付主权外债转贷款采用“双分录”核算方法同时确认转贷形成的收入和债务。本科目借方登记主权外债转贷款本息偿还额,贷方登记增加额,期末余额在贷方,反映本级政府财政尚未偿还的主权外债转贷款本金与利息金额。本级政府财政的“应付主权外债转贷款”科目与上级政府财政的“应收主权外债转贷款”科目对应,核算流程基本一致。主要账务处理如下。

1. 本级政府财政收到上级政府财政转贷的主权外债资金时,按实际收到金额,借记“其他财政存款”科目,贷记“债务转贷收入”科目;同时根据债务管理部门转来的资料,按实际承担的债务金额,借记“待偿债净资产—应付主权外债转贷款”科目,贷记“应付主权外债转贷款”科目。

2. 从上级政府财政借入主权外债转贷款,款项由外方直接支付给用款单位或供应商时,应根据以下不同情况处理。

(1)本级政府财政承担还款责任,贷款资金由本级同级部门或单位使用的,本级政府财政根据贷款资金支付相关资料,借记“一般公共预算本级支出”等科目,贷记“债务转贷收入”科目;同时根据债务管理部门转来的资料,按实际承担债务的金额借记“待偿债净资产—应付主权外债转贷款”科目,贷记“应付主权外债转贷款”科目。

(2)本级政府财政承担还款责任,贷款资金由下级政府财政同级部门或单位使用的,本级政府财政应根据贷款资金支付相关资料和预算指标文件,借记“补助支出”科目,贷记“债务转贷收入”科目;同时根据债务管理部门转来资料,按实际承担债务的金额借记“待偿债净资产—应付主权外债转贷款”科目,贷记“应付主权外债转贷款”科目。

(3)下级政府财政承担还款责任,贷款资金由下级政府财政同级部门或单位使用的,本级政府财政应根据贷款资金支付的相关资料,借记“债务转贷支出”科目,贷记“债务转贷收入”;同时根据债务管理部门相关资料,按实际承担债务的金额,借记“待偿债净资产—应付主权外债转贷款”科目,贷记“应付主权外债转贷款”科目;同时借记“应收主权外债转贷款”科目,贷记“资产基金—应收主权外债转贷款”科目。

3. 期末确认应付利息时,借记“待偿债净资产—应付主权外债转贷款”科目,贷记“应付主权外债转贷款—应付利息”科目。

4. 偿还本级政府财政承担的借入主权外债转贷款本金时,借记“债务还本支出”科目,贷记“其他财政存款”等科目;同时根据债务管理部门转来的资料,按实际偿还本金金额,借记“应付主权外债转贷款—应付本金”科目,贷记“待偿债净资产—应付主权外债转贷款”科目。偿还利息时,借记“一般公共预算本级支出”等科目,贷记“其他财政存款”等科目;实际偿还利息金额中属于已确认的应付利息部分,应根据债务管理部门转来的资料,借记“应付主权外债转贷款—应付利息”科目,贷记“待偿债净资产—应付主权外债转贷款”科目。

5. 偿还下级政府财政承担的本息时,借记“其他应收款”或“其他应付款”科目,贷记“其他财政存款”等科目;同时根据债务管理部门转来的资料,按实际偿还的本金金额和已确认的应付利息金额,借记“应付主权外债转贷款”科目,贷记“待偿债净资产—应付主权外债转贷款”科目。

6. 上级政府财政扣缴借入主权外债转贷款的本金与利息时,借记“其他应收款”科目,贷记“与上级往来”科目;同时根据债务管理部门转来的资料,按被扣缴的转贷款本金金额与已确认的应付利息金额,借记“应付主权外债转贷款”科目,贷记“待偿债净资产—应付主权外债转贷款”科目。在列报支出时,根据本级政府财政承担的还本支出金额借记“债务还本支出”科目,贷记“其他应收款”科目;本级政府财政承担的利息支出部分借记“一般公共预算本级支出”等科目,贷记“其他应收款”科目。

7. 上级政府财政豁免主权外债转贷款本息时也应分情况进行处理。

**【例 6-14】** 某省级政府财政收到由中央政府财政转贷的主权外债款项 4 000 000 000 元,该省财政应编制会计分录如下:

借:其他财政存款 4 000 000 000

贷:债务转贷收入 4 000 000 000

同时:

借:待偿债净资产—应付主权外债转贷款 4 000 000 000

贷:应付主权外债转贷款 4 000 000 000

## 四、其他负债和已结报支出的核算

其他负债和已结报支出属于其他各种负债,是政府财政根据相关政策要求承担支付责任形成的负债。

(一)其他负债的核算

其他负债是有关政策明确要求政府财政承担支出责任形成的应付未付款项。

为核算其他负债业务,财政总预算会计设置“其他负债”科目,本科目根据债权单位和项目设置明细科目。本科目借方登记其他负债支付数,贷方登记增加数,期末余额在贷方,反映政府财政承担的尚未支付的其他负债的金额。主要账务处理如下。

1. 有关政策已明确政府财政承担的支出责任,按应承担的负债金额,借记“待偿债净资产”科目,贷记“其他负债”科目。

2. 实际偿还时,借记有关支出等科目,贷记“国库存款”等科目,同时,按相同的金额,借记“其他负债”科目,贷记“待偿债净资产”科目。

(二)已结报支出的核算

已结报支出是政府财政国库支付执行机构已清算的国库集中支付支出数额。财政国库支付执行机构未单设的地区不使用该科目。

本科目是国库支付执行机构使用的负债性质的账户,贷方登记国库支付执行机构当天与财政国库资金与专户资金已结清的支出数,借方登记年终转账数,本科目年终结转后无余额。主要账务处理如下。

1. 每日汇总清算后,财政国库支付执行机构根据有关划款凭证回执联和按部门分“类”“款”“项”汇总的《预算支出结算清单》,对财政直接支付,借记“财政零余额账户存款”科目,贷记“已结报支出”科目;对财政授权支付,借记“一般公共预算本级支出”“政府性基金预算本级支出”“国有资本经营预算本级支出”等科目,贷记“已结报支出”科目。

2. 年度终了,财政国库支付执行机构按累计结清的支出金额与有关方面核对一致转账时,借记“已结报支出”科目,贷记“一般公共预算本级支出”“政府性基金预算本级支出”“国有资本经营预算本级支出”等科目。

**【例 6-15】** 某市财政国库支付执行机构当日汇总《预算支出结算清单》上财政直接支付金额 300 000 元,财政授权支付金额为 500 000 元,资金已结算,该市财政应编制会计分录如下:

借:财政零余额账户存款 300 000

　　贷:已结报支出—财政直接支付 300 000

借:一般公共预算本级支出 500 000

　　贷:已结报支出—财政授权支付 500 000

# 第三节　财政总预算会计净资产的核算

## 一、结转结余的核算

(一)结转结余的概述

结转结余指预算年度内财政性资金收支相抵后的余额,以及历年滚存的余额。各项结转结余每年结转一次。公式为

$$本期结转结余=本期收入-本期支出$$

$$期末结转结余=期初结转结余+本期结转结余$$

结转结余的分类:根据结转结余的资金性质分类,可分为预算资金结转结余和其他财政资金结余,前者是指预算资金收支相抵后形成的资金余额,后者是指财政管理的其他资金收支相抵后形成的资金余额;根据结转结余资金管理要求分类,可分为结转资金和结余资金,前者指当年预算已执行,但未完成或因某种原因未执行,而新的年度需要按计划和原用途继续使用的资金;后者指当年预算已完成或因某种原因终止而剩余的资金。

(二)一般公共预算结转结余的核算

一般公共预算结转结余是政府财政纳入一般公共预算管理的收入和支出相抵后形成的结转结余,反映一般公共预算收支的执行结果。

根据前两章收入和支出的内容,纳入一般公共预算管理的收入主要包括一般公共预算本级收入、一般公共预算补助收入、一般公共预算上解收入、地区间援助收入、一般公共预算调入资金、一般债务收入、地方政府一般债务转贷收入、动用预算稳定调节基金等。纳入一般公共预算管理的支出主要包括一般公共预算本级支出、一般公共预算上解支出、一般公共预算补助支出、地区间援助支出、地方政府一般债务转贷支出、一般债务还本支出、一

般公共预算调出资金和安排预算稳定调节基金等。

本科目年终贷方余额反映一般公共预算收支相抵后的滚存结转结余，无明细科目，主要账务处理如下。

1. 年度终了，结转一般公共预算相关收入科目，将收入科目贷方余额转入本科目借方，借记“一般公共预算本级收入”“补助收入——一般公共预算补助收入”“上解收入——一般公共预算上解收入”“地区间援助收入”“调入资金——一般公共预算调入资金”“债务收入——一般债务收入”“债务转贷收入—地方政府一般债务转贷收入”“动用预算稳定调节基金”等科目，贷记本科目。

2. 年度终了，结转一般公共预算相关支出科目，将支出科目借方余额转入本科目贷方，借记本科目，贷记“一般公共预算本级支出”“上解支出——一般公共预算上解支出”“补助支出——一般公共预算补助支出”“地区间援助支出”“调出资金——一般公共预算调出资金”“债务转贷支出—地方政府一般债务转贷支出”“债务还本支出——一般债务还本支出”“安排预算稳定调节基金”等科目。

3. 设置和补充预算周转金时，借记“一般公共预算结转结余”科目，贷记“预算周转金”科目。

**【例 6-16】** 某政府财政 20X1 年年末转账前，收入、支出类账户的余额如表 6-1 所示。

**表 6-1 收入、支出类账户余额表**　　单位：万元

| 收入类账户 | 贷方余额 | 支出类账户 | 借方余额 |
|---|---|---|---|
| 一般公共预算本级收入 | 55 000 | 一般公共预算本级支出 | 48 000 |
| 政府性基金预算本级收入 | 20 000 | 政府性基金预算本级支出 | 15 000 |
| 国有资本经营预算本级收入 | 6 000 | 国有资本经营预算本级支出 | 5 100 |
| 补助收入 | 5 000 | 补助支出 | 4 000 |
| 其中：一般公共预算补助收入 | 3 000 | 其中：一般公共预算补助支出 | 2 500 |
| 政府性基金预算补助收入 | 2 000 | 政府性基金预算补助支出 | 1 500 |
| 上解收入 | 3 000 | 上解支出 | 8 000 |
| 其中：一般公共预算上解收入 | 3 000 | 其中：一般公共预算上解支出 | 8 000 |
| 政府性基金预算上解收入 | 0 | 政府性基金预算上解支出 | 0 |
| 地区间援助收入 | 0 | 地区间援助支出 | 1 000 |
| 调入资金 | 2 000 | 调出资金 | 2 000 |
| 其中：一般公共预算调入资金 | 2 000 | 其中：一般公共预算调出资金 | 2 000 |
| 政府性基金预算调入资金 | 0 | 政府性基金预算调出资金 | 0 |
| | | 国有资本经营预算调出资金 | 0 |
| 债务收入 | 4 000 | 债务还本支出 | 2 000 |
| 其中：一般债务收入 | 3 000 | 其中：一般债务还本支出 | 1 500 |
| 专项债务收入 | 1 000 | 专项债务还本支出 | 500 |
| 债务转贷收入 | 0 | 债务转贷支出 | 2 000 |

表 6-1(续)

| 收入类账户 | 贷方余额 | 支出类账户 | 借方余额 |
|---|---|---|---|
| 其中:地方政府一般债务转贷收入 | 0 | 其中:地方政府一般债务转贷支出 | 1 500 |
| 地方政府专项债务转贷收入 | 0 | 地方政府专项债务转贷支出 | 500 |
| 动用预算稳定调节基金 | 0 | 安排预算稳定调节基金 | 600 |
| 财政专户管理资金收入 | 2 200 | 财政专户管理资金支出 | 2 000 |
| 专用基金收入 | 1 800 | 专用基金支出 | 1 500 |
| 总计 | 96 800 | 总计 | 91 200 |

该政府财政应编制会计分录如下:

借:一般公共预算本级收入 55 000
　　补助收入——一般公共预算补助收入 3 000
　　上解收入——一般公共预算上解收入 3 000
　　调入资金——一般公共预算调入资金 2 000
　　债务收入——一般债务收入 3 000
　贷:一般公共预算本级支出 48 000
　　　上解支出——一般公共预算上解支出 8 000
　　　补助支出——一般公共预算补助支出 2 500
　　　地区间援助支出 1 000
　　　调出资金——一般公共预算调出资金 2 000
　　　债务还本支出——一般债务还本支出 1 500
　　　债务转贷支出—地方政府一般债务转贷支出 1 500
　　　安排预算稳定调节基金 600
　　　一般公共预算结转结余 900

(三)政府性基金预算结转结余的核算

政府性基金预算结转结余是指政府财政纳入政府性基金预算管理的收入和支出相抵后形成的结转结余,反映政府性基金预算收支的执行结果。

纳入政府性基金预算管理的收入包括政府性基金预算本级收入、政府性基金预算补助收入、政府性基金预算调入资金、政府性基金预算上解收入、地方政府专项债务转贷收入及专项债务收入。纳入政府性基金预算管理的支出包括政府性基金预算本级支出、政府性基金预算上解支出、政府性基金预算调出资金、政府性基金预算补助支出、地方政府专项债务转贷支出和专项债务还本支出。

本科目年终贷方余额反映政府性基金预算收支相抵后的滚存结转结余,并根据管理需要,按政府性基金的种类设置明细科目。主要账务处理如下。

年度终了,将政府性基金预算的相关收入科目贷方余额按照政府性基金种类分别转入本科目贷方,借记“政府性基金预算本级收入”“补助收入—政府性基金预算补助收入”“调入资金—政府性基金预算调入资金”“上解收入—政府性基金预算上解收入”“债务收入—专项债务收入”“债务转贷收入—地方政府专项债务转贷收入”等科目,贷记本科目。

将政府性基金预算的相关支出科目借方余额按基金种类分别转入本科目借方,借记本科目,贷记“政府性基金预算本级支出”“上解支出—政府性基金预算上解支出”“调出资金—政府性基金预算调出资金”“补助支出—政府性基金预算补助支出”“债务还本支出—专项债务还本支出”“债务转贷支出—地方政府专项债务转贷支出”等。

**【例 6-17】** 根据例 6-16 中表 6-1 内容,该政府财政应编制的政府性基金预算结转结余分录如下:

借:政府性基金预算本级收入 20 000
　补助收入—政府性基金预算补助收入 2 000
　债务收入—专项债务收入 1 000
　　贷:政府性基金预算本级支出 15 000
　　　补助支出—政府性基金预算补助支出 1 500
　　　债务还本支出—专项债务还本支出 500
　　　债务转贷支出—地方政府专项债务转贷支出 500
　　　政府性基金预算结转结余 5 500

(四)国有资本经营预算结转结余的核算

国有资本经营预算结转结余是政府财政纳入国有资本经营预算管理的收入和支出相抵形成的资金余额,反映国有资本经营预算收支的执行结果。

纳入该管理的收入主要是资本经营预算本级收入。主要支出包括国有资本经营预算本级支出和国有资本经营预算调出资金。

本科目年末贷方余额反映国有资本经营预算收支相抵后的滚存结转结余。本科目无规定的明细科目。主要账务处理如下。

1. 年度终了,将国有资本经营预算相关收入科目贷方余额转入本科目贷方,借记“国有资本经营预算本级收入”等科目,贷记“国有资本经营预算结转结余”科目。

2. 年度终了,将国有资本经营预算相关支出科目借方余额转入本科目借方,借记“国有资本经营预算结转结余”科目,贷记“国有资本经营预算本级支出”或“调出资金—国有资本经营预算调出资金”等科目。

**【例 6-18】** 根据例 6-16 资料,该政府财政年末结转国有资本经营预算结转结余应编制会计分录如下:

借:国有资本经营预算本级收入 6 000
　　贷:国有资本经营预算本级支出 5 100
　　　国有资本经营预算结转结余 900

(五)财政专户管理资金结余的核算

财政专户管理资金结余是纳入财政专户管理的教育收费等资金收入和支出相抵后形成的资金余额,反映收支的执行结果。

“财政专户管理资金结余”科目年末贷方余额反映政府财政专户管理资金收支相抵后的滚存结余,本科目根据管理需要按部门设置明细科目。具体账务处理如下。

年度终了,将财政专户管理资金的“财政专户管理资金收入”等科目、“财政专户管理资金支出”等科目分别转入本科目的贷方和借方。

(六)专用基金结余的核算

专用基金结余是政府财政管理的专用基金收入和支出相抵后形成的资金余额,反映专用基金收支的执行结果。

本科目根据专用基金种类设置明细科目,年终贷方余额反映政府财政管理的专用基金收入和支出相抵后的滚存结余。主要账务处理如下。

年度终了,将专用基金收入和支出科目,即"专用基金收入""专用基金支出"等科目分别计入本科目的贷方和借方。

**【例 6-19】** 根据例 6-16 相关材料,该政府财政结转财政专户管理资金结余和专用基金结余应编制会计分录如下:

借:专用基金收入 1 800

　　贷:专用基金支出 1 500

　　　　专用基金结余 300

借:财政专户管理资金收入 2 200

　　贷:财政专户管理资金支出 2 000

　　　　财政专户管理资金结余 200

## 二、预算稳定调节基金与预算周转金的核算

预算稳定调节基金和预算周转金是财政总预算会计设置的两项基金类净资产,分别用于弥补以后年度预算资金不足和调剂预算内季节性收支差额。

(一)预算稳定调节基金的核算

预算稳定调节基金是政府财政安排用于弥补以后年度预算资金不足的储备资金。预算稳定调节基金是储备性质的基金,其来源有两个渠道,从预算周转金中调入或超收收入。从数额上,预算稳定调节基金的数额等于由安排预算稳定调节基金等形成的预算稳定调节基金减去动用预算稳定调节基金后的差额。

本科目期末贷方余额反映预算稳定调节基金的规模。主要账务处理如下。

1. 使用超收收入或一般公共预算结余补充预算稳定调节基金时,借记"安排预算稳定调节基金"科目,贷记"预算稳定调节基金"科目。

2. 将预算周转金调入预算稳定调节基金时,借记"预算周转金"科目,贷记"预算稳定调节基金"科目。

3. 调用预算稳定调节基金时,借记"预算稳定调节基金"科目,贷记"动用预算稳定调节基金"科目。

**【例 6-20】** 某政府财政根据预算执行情况,决定使用超收收入补充预算稳定调节基金 70 万元,应编制会计分录如下:

借:安排预算稳定调节基金 700 000

　　贷:预算稳定调节基金 700 000

(二)预算周转金的核算

预算周转金是指政府财政为调剂预算年度内季节性收支差额,保证及时用款而设置的库款周转资金。预算周转金一般来源于一般公共预算结转结余,《预算法》规定了预算周转金设置要求,即:在本级政府批准后,各级政府财政部门可设置预算周转金,其额度不得超过本级一般公共预算支出总额的 1%。并且年度终了,各级政府财政可将预算周转金收回用于补充预算稳定调节基金。

本科目期末贷方余额反映预算周转金规模。主要账务处理如下。

1. 设置或补充预算周转金时,借记“一般公共预算结转结余”科目,贷记“预算周转金”科目。

2. 预算周转金调入预算稳定调节基金时,借记“预算周转金”科目,贷记“预算稳定调节基金”科目。

**【例 6-21】** 某政府财政根据相关规定,通过一般公共预算结转结余补充预算周转金 300 万元,应编制会计分录如下:

借:一般公共预算结转结余 3 000 000

贷:预算周转金 3 000 000

## 三、资产基金和待偿债净资产的核算

资产基金与待偿债净资产是调整类净资产,反映与预算资金收支相关资产或负债的变动对净资产的影响。

在双分录核算方法下,资产项目对应的净资产为资产基金,负债项目对应的净资产为待偿债净资产。

(一)资产基金的核算

资产基金是指政府财政持有的、与纳入预算管理资金收支相关的股权或债权等投资相关资产在净资产中占用的金额。包括股权投资、应收股利、应收地方政府债券转贷款和应收主权外债转贷款等资产。

为同时反映预算收入支出与政府占有资产情况,总预算会计对该四类资产科目采用双分录核算方法进行核算,即在取得上述股权投资或债权投资时,增加对应的资产基金;收回股权投资或收到债权款项时,冲减对应的资产基金。资产基金科目按上述四类分明设置明细科目。本科目期末贷方余额反映对应资产在净资产中占用的金额。本科目账务处理可参考对应资产科日的账务处理。

**【例 6-22】** 某政府财政支付一般公共预算资金 800 万元用于投入某投资基金,并享有股权。到期后收回投资 890 万元,该政府财政应编会计分录如下:

投入时:

借:一般公共预算本级支出 8 000 000

贷:国库存款 8 000 000

同时:

借:股权投资—投资基金股权投资—投资成本 8 000 000

贷:资产基金—股权投资 8 000 000

收回投资时:

借:国库存款 8 900 000

贷:一般公共预算本级支出 8 000 000

一般公共预算本级收入 900 000

同时:

借:资产基金—股权投资 8 000 000

贷:股权投资—投资基金股权投资—投资成本 8 000 000

（二）待偿债净资产的核算

待偿债净资产是指政府财政承担应付短期政府债券、应付长期政府债券、借入款项、应付地方政府债券转贷款、应付主权外债转贷款、其他负债等负债（与其相关的资金收支纳入预算管理）而相应需在净资产中重建的金额。

待偿债净资产是待补基金，同样采用双分录核算方法，在确认该负债时，同时记录在净资产对应的待偿债净资产金额。本科目按以上六类负债分别设置明细科目。发生债务时，冲减对应待偿债净资产，偿还债务时，转回对应待偿债净资产。本科目期末借方余额反映政府财政承担的借入款项、应付短期政府债券、应付长期政府债券、应付地方政府债券转贷款、应付主权外债转贷款和其他负债等负债（与其相关的资金收支纳入预算管理）而相应需冲减净资产的金额。具体账务处理参考以上六类负债账务处理。

**【例 6-23】** 中央财政以低于面值金额发行国债 100 亿元，期限五年，到期按面值金额偿还。国债发行收入 95 亿元已缴入国库指定账户。5 年后到期兑付偿还本金 100 亿元，分别应编制会计分录如下：

收到发行收入时：

借：国库存款 9 500 000 000

　　一般公共预算本级支出—国内债务付息 500 000 000

　　贷：债务收入—国内债务收入 10 000 000 000

同时：

借：待偿债净资产—应付长期政府债券 10 000 000 000

　　贷：应付长期政府债券—应付本金 10 000 000 000

到期兑付时：

借：债务还本支出—国内债务还本 10 000 000 000

　　贷：国库存款 10 000 000 000

借：应付长期政府债券—应付本金 10 000 000 000

　　贷：待偿债净资产—应付长期政府债券 10 000 000 000

# 第七章　财政总预算会计收入和支出的管理与核算

## 第一节　财政总预算会计收入与支出的概述

### 一、财政总预算会计收入的概述

财政总预算会计收入是政府财政为实现政府职能，根据法律法规等所筹集的资金。

财政预算会计核算的收入包括一般公共预算本级收入、政府性基金预算本级收入、国有资本经营预算本级收入、财政专户管理资金收入、专用基金收入、转移性收入、债务收入及债务转贷收入等。

### 二、财政总预算会计支出的概述

支出是指政府财政为实现政府职能，对财政资金的分配和使用。

财政总预算会计的支出包括一般公共预算本级支出、政府性基金预算本级支出、国有资本经营预算本级支出、财政专户管理资金支出、专用基金支出、转移性支出、债务还本支出及债务转贷支出等。

## 第二节　财政总预算会计收入与支出的分类和管理

### 一、财政总预算会计收入的分类和管理

（一）财政总预算会计收入的分类

1. 按收入性质分类

按收入性质分类，财政总预算会计收入可分为政府财政总预算资金收入和其他财政资金收入。

（1）政府财政总预算资金收入，是纳入总预算管理的财政资金的收入，包括一般公共预算本级收入、政府性基金预算本级收入、国有资本经营预算本级收入、转移性收入、债务性收入等。

(2)其他财政资金收入,是财政部门管理的总预算资金以外的财政资金收入,包括财政专户管理资金收入、专用基金收入等。

2. 按收入来源分类

收入来源于本级,即本级预算收入,包括一般公共预算本级收入、政府性基金预算本级收入及国有资本经营预算本级收入。

收入来源于上下级,即转移性收入,包括补助收入、上解收入、调入资金、地区间援助收入。

收入来源于偿还,即债务性收入,包括债务收入和债务转贷收入。

收入来源于内部,包括财政专户管理资金收入、专用基金收入。

本章所说的收入主要按收入来源分类进行分别核算。

(二)财政总预算会计收入的管理

本级预算收入和其他财政资金收入按实际收到的金额入账;债务收入按实际发生额或介入金额入账,债务转贷收入按实际收到转贷金额入账;转移性收入按财政体制的规定或实际发生的金额入账。

根据《财政总预算会计制度》规定,已建乡镇国库的地区,其财政本级收入以乡镇国库收到数为准。县(含本级)以上各级财政的各项预算收入以缴入基层数额为准;未建乡国库的地区,乡财政的本级收入以收到县级财政返还数额为准。

财政总预算会计应严格会计核算手续,加强收入管理;对已缴入国库和财政专户的收入退库,应严格把关,强化监督。凡不属于国家规定的退库项目,不得冲退收入;属于国家规定的退库事项,按相关规定办理。

## 二、财政总预算会计支出的分类和管理

(一)财政总预算会计支出的分类

1. 按资金性质分类

同收入一样,按资金性质分类,财政总预算会计支出可以分为政府财政总预算资金支出和其他财政资金支出。政府财政总预算资金支出,即纳入总预算管理的财政资金的支出,包括一般公共预算本级支出、政府性基金预算本级支出、国有资本经营预算本级支出、转移性支出、债务性支出等。

其他财政资金支出,是财政部门管理的总预算资金以外的财政资金支出,包括财政专户管理资金支出、专用基金支出等。

2. 按支出去向分类

支出给本级,即本级预算支出,包括一般公共预算本级支出、政府性基金预算本级支出及国有资本经营预算本级支出。

支出用于给上下级,即转移性支出,包括补助支出、上解支出、调出资金、地区间援助支出等。

支出用于还债,即债务性支出,包括债务还本支出和债务转贷支出。

支出给外部,可分为其他财政资金支出,包括财政专户管理资金支出和专用基金支出。

(二)财政总预算会计支出的管理

根据《财政总预算会计制度》规定,本级预算支出一般应按实际支付的金额入账,年末

可采用权责发生制将国库集中支付结余列支入账,从本级预算支出中提取的专用基金,按实际提取金额列支;转移性支出按财政体制规定或实际发生的金额入账;其他财政支出按照实际支付的金额入账;债务性支出按实际转贷或实际偿还的金额入账。对收回当年已列支款项,应冲销当年支出,收回以前年度已列支款项,除另有规定外,应冲销当年支出。

地方各级财政除国库集中支付结余外,不得采用权责发生制列支。权责发生制列支仅限于年末采用。

财政预算财政总预算会计应加强支出管理,遵守财经制度,科学预测和调度资金,严格按照批准的年度预算和用款计划列支支出;应严格审核拨付申请,不办理无预算、无用款计划或超预算、超计划的支出;强化预算约束,严格按照预算规定的支出用途使用资金,合理安排支出进度。

## 第三节 本级预算收入的核算

本级预算收入包括一般公共预算本级收入、政府性基金预算本级收入和国有资本经营预算本级收入。

### 一、一般公共预算本级收入的核算

一般公共预算本级收入是指政府财政筹集的纳入本级一般公共预算管理的税收收入和非税收入。一般公共预算是将以税收为主的财政收入,用于保障改善民生,推动经济发展维持国家机构正常运转等的预算。非税收入反映各级政府及所属部门依法利用行政权力、政府信誉、国有资产或提供特定公共服务征收、收取、提取的除税收和政府债务收入以外的财政收入。

一般公共预算本级收入通过税务、海关、财政等部门征收,通过国库进行收纳、划分和留解。

本科目根据《政府收支分类科目》中规定进行明细核算,即税收收入按税种类别作为明细科目,即增值税、消费税、企业所得税等;非税收入包括专项收入、行政事业性收费收入、罚没收入、国有资本经营收入、政府住房基金收入等。本科目借方登记一般公共预算本级收入增加额,平时贷方余额反映一般公共预算本级收入的累计金额。

本科目主要账务处理如下。

1. 收到款项时,根据国库报来的“收入日报表”所列一般公共预算本级收入金额,借记“国库存款”等科目,贷记“一般公共预算本级收入”科目。

2. 年终转账时,贷方余额全部纳入“一般公共预算结转结余”,借记“一般公共预算本级收入”科目,贷记“一般公共预算结转结余”科目,结转后本科目无余额。

**【例 7-1】** 某市财政局收到国库报送的预算收入日报表,上列一般公共预算本级收入的国有企业增值税收入 400 000 元,国有资本经营收入 100 000 元,该财政局应编制分录如下:

借:国库存款 500 000

　　贷:一般公共预算本级收入—税收收入 400 000

　　　　　　　　　　　　　　—非税收入 100 000

年末该财政局将收入结转时，

借：一般公共预算本级收入 500 000

　　贷：一般公共预算结转结余 500 000

## 二、政府性基金预算本级收入的核算

政府性基金预算本级收入是来自政府财政筹集的纳入本级政府性基金预算管理的非税收入。政府性基金预算是对依照法律法规、行政法规的规定在一定期间内向特定对象征收或筹集的资金，专项用于特定公共事业发展的收支预算。

根据《政府收支分类科目》规定，政府性基金预算本级收入可分为铁路建设基金收入、民航发展基金收入、港口建设费收入、旅游发展基金收入等，按分类进行明细核算。本科目贷方登记增加额，平时贷方余额反映政府性基金预算本级收入的累计数，期末结转后无余额。本科目主要账务处理如下。

1. 收到款项时，根据国库报来的当日预算收入日报表所列政府性基金预算本级收入数，借记“国库存款”等科目，贷记“政府性基金预算本级收入”科目。

2. 年终转账时，本科目贷方余额转入“政府性基金预算结转结余”科目，借记“政府性基金预算本级收入”科目，结转后无余额。

## 三、国有资本经营预算本级收入的核算

国有资本经营预算本级收入是指政府财政筹集的纳入本级国有资本经营预算管理的非税收入。国有资本经营预算是政府以所有者身份依法取得国有资本收益，并对其进行分配而发生的各项收支预算。

根据《政府收支分类科目》规定国有资本经营预算收入包括利润收入、股利股息收入、产权转让收入、清算收入等，本科目根据该分类设置明细科目。该科目贷方登记收入增加额，平时贷方余额反映国有资本经营预算本级收入的累计数，年终结转后无余额。其主要账务处理如下。

1. 收到款项时，根据国库报来当日预算收入日报表所列国有资本经营预算本级收入金额，借记“国库存款”等科目，贷记“国有资本经营预算本级收入”科目。

2. 年终转账时，借记“国有资本经营预算本级收入”科目，贷记“国有资本经营预算结转结余”科目，结转后本科目无余额。

**【例 7-2】** 某市财政局收到国库报送当日预算收入日报表，表上列有纳入国有资本经营预算本级收入合计 900 000 元。其中国有参股企业分配股利收入 200 000 元，国有企业上缴利润 500 000 元，剩下为国有独资企业清算收入，该市财政局应编制会计分录如下：

借：国库存款—国有资本经营预算存款 900 000

　　贷：国有资本经营预算本级收入—股利收入 200 000

　　　　　　　　　　　　　　　　　—利润收入 500 000

　　　　　　　　　　　　　　　　　—清算收入 200 000

# 第四节 其他财政资金收入的核算

其他财政资金收入是指在财政预算资金以外，由政府财政部门管理的其他财政性资金所取得的收入。包括财政专户管理资金收入和专用基金收入。

## 一、财政专户管理资金收入的核算

财政专户管理资金收入是指政府财政纳入财政专户管理的教育收费等资金收入。由财政部门专户进行管理。根据《政府收支分类科目》规定，纳入财政专户管理的资金收入，包括高中以上学费、住宿费、高校委托培训费等。

同时，根据管理需要，按部门或单位等进行明细核算。本科目借方登记财政专户管理资金收入减少额，贷方登记增加额，平时贷方余额反映本科目累计数。年末结转后无余额。本科目主要账户处理如下：

1. 收到财政专户管理资金时，按实际收到的金额，借记“其他财政存款”科目，贷记“财政专户管理资金收入”科目。

2. 年度终了，本科目贷方余额全数转入“财政专户管理资金结余”科目，结转后无余额。

**【例 7-3】** 某市财政局设置的财政专户收到某高校委托培训费 20 万元，款项已达，该市财政局应编制会计分录为如下：

借：其他财政存款 200 000

　　贷：财政专户管理资金收入 200 000

## 二、专用基金收入的核算

专用基金收入指政府财政按照法律法规和国务院、财政部规定设立或取得的粮食风险基金等专用基金收入。专用基金是政府财政部门按规定设置或取得，并单独管理的资金。粮食风险基金是国家为保证粮食生产稳定性，维护粮食市场价格，每年从财政预算划拨出的一定数额的专门用于补贴粮农、粮油储备的资金。

本科目按专用基金种类进行明细核算。贷方记录本科目增加额，借方登记减少额或退回额。平时贷方余额反映本科目累计数。年终结转后无余额。本科目主要账务处理如下。

1. 通过预算支出安排取得专用基金收入转入财政专户的，按实际收到的金额，借记“其他财政存款”科目，贷记本科目；同时借记“一般公共预算本级支出”等科目，贷记“国库存款”“补助收入”等科目。

2. 发生退回专用基金收入时，借记“专用基金收入”科目，贷记“其他财政存款”科目。

3. 通过预算支出安排取得专用基金收入仍存在国库的，借记“一般公共预算本级支出”等科目，贷记“专用基金收入”科目。

4. 年度终了，本科目贷方余额全数转入“专用基金结余”科目，结转后，本科目无余额。

**【例 7-4】** 某市财政局通过预算支出安排取得粮食风险基金 400 万元，转入财政粮食风险基金专户，该市财政局应编制分录如下：

借:其他财政存款 4 000 000
　　贷:专用基金收入 4 000 000
借:一般公共预算本级支出 4 000 000
　　贷:国库存款 4 000 000

## 第五节　转移性收入的核算

转移性收入是指在各级政府财政之间进行资金调拨以及在本级政府财政不同类型资金之间调剂所形成的收入。包括政府间调拨援助、上下级政府财政之间的调拨,本级政府财政不同类型之间的调拨。

根据《财政总预算会计制度》相关规定,用“补助收入”“上解收入”科目核算上下级政府财政之间的调拨;“地区间援助收入”科目核算地区间政府的调拨援助;用“调入资金”“动用预算稳定调节基金”科目核算本级政府财政不同类型之间的调拨。

### 一、补助收入的核算

补助收入是指上级政府财政按财政体制规定或因专项需要补助给本级政府财政的款项,包括税收返还、转移支付等。

本科目借方登记减少或退回的补助款,贷方登记收到补助款增加额,平时贷方余额反映收到的补助收入累计数,期末结转后无余额。“补助收入”科目按资金的不同性质设置“一般公共预算补助收入”“政府性基金预算补助收入”等明细科目。主要账务处理如下。

1. 收到上级政府财政拨入的补助款项时,借记“国库存款”科目或“其他财政存款”科目等,贷记“补助收入”科目。

2. 年度当中因专项需要收到上级政府补助给本级政府的款项时,专项转移支付资金实行特设专户管理的,政府财政应根据上级政府财政下达的预算文件确认补助收入。收到资金时,借记“其他财政存款”科目,贷记“与上级往来”科目,年度终了,根据专项转移支付资金预算相关文件,借记“与上级往来”科目,贷记“补助收入”科目。

3. 从“与上级往来”科目转入本科目时,借记“与上级往来”科目,贷记“补助收入”科目。

4. 有主权外债业务的财政部门,贷款由本级政府财政同级部门(单位)使用,且贷款的最终还款责任由上级政府履行的,本级政府财政收到贷款款项时,借记“其他财政存款”科目,贷记本科目;外方将贷款款项直接支付给用款单位或供应商时,借记“一般公共预算本级支出”科目,贷记“补助收入”科目。

5. 年终与上级政府财政结算时,根据相关预算文件,按尚未收到的补助款金额,借记“与上级往来”科目,贷记本科目。核减或退还补助收入时,借记“补助收入”科目,贷记“国库存款”“与上级往来”等科目。

6. 年终结转时,本科目贷方余额根据不同资金性质分别转入对应的结转结余科目,即借记“补助收入”科目,贷记“一般公共预算结转结余”“政府性基金预算结转结余”等科目。结转后,本科目无余额。

【例7-5】 某市财政局收到国库传来每日预算收入表，表上列示收到上级政府财政拨来一般公共预算补助款和政府性基金预算补助款分别为7 000 000元和6 000 000元，该市财政局应编制会计分录如下：

借：国库存款 13 000 000

贷：补助收入——一般公共预算补助收入 7 000 000

—政府性基金预算补助收入 6 000 000

【例7-6】 假设某市财政局年末补助收入贷方余额为3 000万元，其中一般公共预算补助款为2 000万元，政府性基金预算补助款为1 000万元，该财政局年终因结转编制的会计分录如下：

借：补助收入——一般公共预算补助收入 20 000 000

—政府性基金预算补助收入 10 000 000

贷：一般公共预算结转结余 20 000 000

政府性基金预算结转结余 10 000 000

## 二、上解收入的核算

上解收入是指按照财政体制规定由下级政府财政上交给本级政府财政的款项。上解收入包括体制上解款和专项上解款。

本科目借方登记上解收入减少额，贷方登记增加额，平时贷方余额反映上解收入累计数，期末结转后无余额。上解收入按不同资金性质设置"一般公共预算上解收入""政府性基金预算上解收入"等明细科目，还应当按照上解地区进行明细核算。其主要账务处理如下。

1. 收到下级政府财政的上解款项时，借记"国库存款"等科目，贷记"上解收入"科目。

2. 年终与下级政府财政结算时，根据相关文件，按照尚未收到的上解款金额，借记"与下级往来"科目，贷记"上解收入"科目。

3. 核减或退还上解收入时，借记"上解收入"科目，贷记"国库存款""与下级往来"等科目。

年度终了，根据不同资金性质将本科目贷方余额结转至对应结转结余科目，即借记"上解收入"科目，贷记"一般公共预算结转结余""政府性基金预算结转结余"等科目。结转后无余额。

## 三、地区间援助收入的核算

地区间援助收入是指受援方政府财政收到援助方政府财政转来的可统筹使用的各类援助、捐赠等资金收入。

本科目借方登记减少额，贷方登记增加额，平时贷方余额反映地区间援助收入的累计数，年终结转后无余额。本科目按援助地区及管理需要进行相应的明细核算。其主要账务处理如下。

1. 收到援助方政府财政转来的资金时，按实际收到的金额，借记"国库存款"科目，贷记"地区间援助收入"科目。

2. 年度终了，本科目贷方余额结转至“一般公共预算结转结余”科目，结转后“地区间援助收入”科目无余额。

**【例 7-7】** 某市财政局收到国库报送的当日预算收入日报表，列示收到 B 市政府财政转来援助款项 80 万元，该市财政局应编制会计分录如下：

借：国库存款 800 000

　　贷：地区间援助收入—B 市财政局 800 000

## 四、调入资金的核算

调入资金是指政府财政为平衡某类预算收支，从其他类型预算资金及其他渠道调入的资金。例如调取一般公共预算资金、政府性基金预算资金、国有资本经营预算资金或其他渠道资金，来平衡一般公共预算或政府性基金预算等。

本科目按不同资金性质设置“一般公共预算调入资金”“政府性基金预算调入资金”等明细科目。借方登记减少额，贷方登记调入资金增加额，平时贷方余额反映调入资金累计数。年终结转后无余额。调入资金的主要账务处理如下。

1. 从其他类型预算资金或其他渠道调入一般公共预算时，按实际调入的资金金额，借记“调出资金—政府性基金预算调出资金”“调出资金—国有资本经营预算调出资金”“国库存款”等科目，贷记“调入资金——一般公共预算调入资金”科目。

2. 从其他类型预算资金或其他渠道调入政府性基金预算时，按实际调入的金额，借记“调出资金——一般公共预算调出资金”“国库存款”等科目，贷记“调入资金—政府性基金预算调入资金”科目。

3. 年终结转时，该科目贷方余额分别转入对应的结转结余科目，借记“调入资金”科目，贷记“一般公共预算结转结余”“政府性基金预算结转结余”等科目。结转后无余额。

**【例 7-8】** 某市财政局为平衡一般公共预算，从政府性基金预算中的结余调入 300 万元，该市财政局应编制会计分录如下：

借：调出资金—政府性基金预算调出资金 3 000 000

　　贷：调入资金——一般公共预算调入资金 3 000 000

## 五、动用预算稳定调节基金的核算

动用预算稳定调节基金是指政府财政为弥补本年度预算资金的不足，调用的预算稳定调节基金。预算稳定调节基金是政府财政设置的用于弥补以后年度预算资金不足的储备资金。

本科目借方登记减少额，贷方登记增加额，平时贷方余额反映动用预算稳定调节基金的累计数。年终结转后无余额。本科目主要账务处理如下。

1. 动用预算稳定调节基金时，按实际调用的数额，借记“预算稳定调节基金”科目，贷记“动用预算稳定调节基金”科目。

2. 年终结转时，本科目贷方余额全部转入“一般公共预算结转结余”科目。结转后无余额。

# 第六节 债务性收入的核算

债务性收入是指政府财政根据法律法规等规定，通过举债的方式筹集资金所取得的收入。

## 一、债务性收入的管理

《中华人民共和国预算法》第三十四条和第三十五条对政府举债进行了相应规范。

（一）中央政府层级

对中央一般公共预算中拒接的债务实行余额管理，余额的限额由全国人民代表大会批准，应保持合理的结构。国务院财政部门负责对中央政府债务统一管理。举债方式主要包括发行国债、向外国政府、国际金融组织借款等。

（二）地方政府层级

经国务院批准的省、自治区和直辖市的预算必需的建设投资部分资金，可以在国务院确定的限额内，通过发行地方政府债券筹集资金。其规模由国务院报全国人民代表大会或全国人民代表大会常务委员会批准。举借的债务应有偿还计划，只能用于公益性资本支出，不得用于经常性支出。

除法律另有规定外，地方政府及其所属部门不得以任何方式举借债务，不得为任何单位或个人的债务以任何方式提供担保。

升级政府发行地方政府债券，包括地方政府一般债券和地方政府专项债券。

财政总预算会计核算的债务性收入包括债务收入和债务转贷收入。

## 二、债务收入的核算

债务收入是指政府财政根据法律、国务院法规规定，以发行债券及向外国政府和国际金融组织借款等方式筹集的纳入预算管理的资金收入。

根据《政府收支分类科目》中“债务收入”科目的分类设置明细科目，并区分一般债务收入和专项债务收入。本科目借方登记债务收入冲减数或减少额，贷方登记增加额，平时贷方余额反映债务收入的累计数，年终结转后无余额。债务收入的主要账务处理如下。

1. 省级以上政府财政收到政府债券发行收入时，按照实际收到的金额，借记“国库存款”科目，按政府债券实际发行额，贷记“债务收入”科目，差额借（贷）记有关支出类科目；同时根据债务管理部门传来的债券发行相关资料，按到期应付的政府债券本金金额，借记“待偿债净资产—应付短期政府债券/应付长期政府债券”科目，贷记“应付短期政府债券”“应付长期政府债券”等科目。

2. 政府财政向外国政府或国际金融组织等机构借款时，按借入的金额，借记“国库存款”“其他财政存款”等科目，贷记“债务收入”科目；同时根据债务管理部门转来的相关资料，按实际承担的债务金额，借记“待偿债净资产—借入款项”科目，贷记“借入款项”科目。

3. 本级政府财政借入主权外债，且由外方将贷款资金直接支付给用款单位或供应商时，应根据3种情况分别处理。

（1）“本级还，同级用”。本级政府财政承担还款责任，但由本级政府财政同级部门（单位）使用贷款资金。本级政府财政根据贷款支付的相关资料，借记“一般公共预算本级支出”科目，贷记“债务收入”科目；同时根据债务管理部门传来相关资料，按实际承担的债务金额，借记“待偿债净资产—借入款项”科目，贷记“借入款项”科目。

（2）“本级还，下级用”。本级政府财政承担还款责任，但下级政府财政统计部门（单位）使用贷款资金。本级政府财政根据贷款资金支付的相关资料和预算指标文件，借记“补助支出”科目，贷记“债务收入”科目；同时，根据债务管理部门转来的相关资料，按实际承担的债务金额，借记“待偿债净资产—借入款项”科目，贷记“借入款项”科目。

（3）“下级还，下级用”。即下级政府财政承担还款责任，贷款资金由下级政府财政同级部门（单位）使用的。因此，本级政府财政按贷款资金支付的相关资料，借记“债务转贷支出”科目，贷记“债务收入”科目；同时根据债务管理部门提供的相关资料，按实际承担的债务金额，借记“待偿债净资产—借入款项”科目，贷记“借入款项”科目；同时，借记“应收主权外债转贷款”科目，贷记“资产基金—应收主权外债转贷款”科目。

4. 年度终了时，本科目“专项债务收入”明细科目的贷方余额应按对应的政府性基金种类分别转入“政府性基金预算结转结余”对应明细科目，借记“债务收入—专项债务收入”科目，贷记“政府性基金预算结转结余”科目；本科目其他明细科目的贷方余额全部转入“一般公共预算结转结余”科目，借记“债务收入”其他明细科目，贷记“一般公共预算结转结余”科目。本科目结转后无余额。

**【例7-9】** 20X1年1月1日某省财政厅计划发行5年期的政府专项债券，面值10亿元，利率5%，发行费用为发行额的0.5%，实际收到发行收入9.95亿元。该省财政厅应编制会计分录如下：

借：国库存款 995 000 000
　　政府性基金预算本级支出 5 000 000
　　贷：债务收入—专项债务收入 1 000 000 000

同时：

借：待偿债净资产—应付长期政府债券 1 000 000 000
　　贷：应付长期政府债券 1 000 000 000

**【例7-10】** 某省财政厅向某外国政府借款折合人民币6亿元，外方政府将贷款资金直接支付给下级政府财政同意使用的A单位，该笔债务由下级政府财政承担还款责任，则该省财政厅应编制会计分录为：

借：债务转贷支出 600 000 000
　　贷：债务收入——般债务收入 600 000 000

同时：

借：待偿债净资产—借入款项 600 000 000
　　贷：借入款项—应付本金 600 000 000

还需编制会计分录：

借：应收主权外债转贷款 600 000 000
　　贷：资产基金—应收主权外债转贷款 600 000 000

## 三、债务转贷收入的核算

债务转贷收入指本级政府财政收到上级政府财政转贷的债务收入。省级以下政府财政不得以发行地方债券等方式举借外债，职能通过上级政府财政代理发行债券，以转贷方式举借债务。债务转贷收入包括地方政府债券转贷收入和主权外债转贷收入。

本科目设置“地方政府一般债务转贷收入”“地方政府专项债务转贷收入”明细科目，一般债务转贷收入纳入一般公共预算管理，专项债务转贷收入纳入政府性基金预算管理。本科目借方登记债务转贷收入减少额，贷方登记增加额，平时贷方余额反映债务转贷收入累计数，期末结转后无余额。债务转贷收入的主要账务处理如下。

1. 省级以下政府财政收到地方政府债券转贷收入时，按实际收到的金额，借记“国库存款”科目，贷记本科目；同时根据债务管理部门传来的相关资料，按到期应偿还转贷款本金金额，借记“待偿债净资产—应付地方政府债券转贷款”科目，贷记“应付地方政府债券转贷款”科目。

2. 本级政府财政收到主权外债转贷资金时，借记“其他财政存款”科目，贷记“债务转贷收入”科目；同时根据债务管理部门转来的相关资料，按实际承担的债务金额，借记“待偿债净资产—应付主权外债转贷款”科目，贷记“应付主权外债转贷款”科目。

3. 从上级政府财政借入主权外债转贷款，并且外方将贷款资金直接支付给用款单位或供应商时，同样根据以下 3 种情况分别处理。

(1)“本级还，本级用”。即本级政府财政承担还款责任，贷款资金由本级政府财政同级部门(单位)使用。本级政府财政根据贷款资金支付的相关资料，借记“一般公共预算本级支出”科目，贷记“债务转贷收入”科目；同时根据债务管理部门转来的相关资料，按实际承担债务金额，借记“待偿债净资产—应付主权外债转贷款”科目，贷记“应付主权外债转贷款”科目。

(2)“本级还，下级用”。即本级政府财政承担还款责任，由下级政府财政同级部门(单位)使用贷款资金。本级政府财政应根据贷款资金支付相关资料及预算文件，借记“补助支出”科目，贷记“债务转贷收入”科目；同时依据债务管理部门转来的相关资料，按实际承担债务金额，借记“待偿债净资产—应付主权外债转贷款”科目，贷记“应付主权外债转贷款”科目。

(3)“下级还，下级用”。即由下级政府财政承担还款责任，同时下级政府财政同级部门(单位)使用贷款资金。本级政府财政根据转贷资金支付相关资料，借记“债务转贷支出”科目，贷记本科目；同时根据债务管理部门转来的相关资料，按实际承担的债务金额，借记“待偿债净资产—应付主权外债转贷款”科目，贷记“应付主权外债转贷款”科目；同时，借记“应收主权外债转贷款”科目，贷记“资产基金—应收主权外债转贷款”科目。

下级政府财政据贷款资金支付相关资料，借记“一般公共预算本级支出”科目，贷记“债务转贷收入”科目；根据债务管理部门转来的相关资料，按照实际承担的债务金额，借记“待偿债净资产—应付主权外债转贷款”科目，贷记“应付主权外债转贷款”科目。

4. 年度终了，明细科目“地方政府一般债务转贷收入”贷方余额全部转入“一般公共预算结转结余”科目；明细科目“地方政府专项债务转贷收入”的贷方余额按对应的政府性基金类别分别转入“政府性基金预算结转结余”相应明细科目。结转后本科目无余额。

【例7-11】 某市财政局从上级政府财政借入主权外债转贷款5亿元,且由外方将贷款资金直接支付给用款单位。由下级政府财政承担还款责任,贷款金额由下级政府财政同级部门使用资金为2亿元,该市财政局应编制会计分录如下:

借:债务转贷支出 200 000 000

贷:债务转贷收入 200 000 000

借:待偿债净资产—应付主权外债转贷款 200 000 000

贷:应付主权外债转贷款—应付本金 200 000 000

同时:

借:应收主权外债转贷款—应付本金 200 000 000

贷:资产基金—应收主权外债转贷款 200 000 000

【例7-12】 假设某市财政局年终“债务转贷收入”的两个明细科目“地方政府一般债务转贷收入”和“地方政府专项债务转贷收入”贷方余额分别为7亿元和8亿元,该市财政局应编制会计分录如下:

借:债务转贷收入—地方政府一般债务转贷收入 700 000 000

—地方政府专项债务转贷收入 800 000 000

贷:一般公共预算结转结余 700 000 000

政府性基金预算结转结余 800 000 000

## 第七节　本级预算支出的核算

本级预算支出是指政府财政管理的由本级政府使用的纳入预算管理的各项支出。包括:一般公共预算本级支出、政府性基金预算本级支出和国有资本经营预算本级支出。本节支出主要按支出去向分类进行分别核算。

### 一、一般公共预算本级支出的核算

一般公共预算本级支出是指政府财政管理的由本级政府使用的列入一般公共预算的支出。一般公共预算是用于保障和改善民生、推动经济社会发展、维护国家安全、维持国家机构正常运转等的支出。

在国库集中收付制度下,支出的拨付须在国库单一账户体系中进行,包括:财政直接支付、财政授权支付和实拨资金的方式。

根据《政府收支分类科目》中支出功能分类,本科目分为一般公共服务支出、外交支出、国防支出、公共安全支出、教育支出、科学技术支出、文化旅游体育与传媒支出、社会保障和就业支出、卫生健康支出等。本科目按该分类设置明细科目,同时根据管理需要,按支出经济分类科目、部门等进行明细核算。按经济性质分类,可分为工资福利支出、资本性支出、商品和服务支出和其他支出。

本科目借方登记发生的支出,贷方登记支出转销数,平时借方余额反映一般公共预算本级支出的累计数,期末结转后无余额。根据会计制度要求,本科目日常支付时按实际支付的数额入账,采用收付实现制,年末对形成的一般公共预算国库集中支付结余,按应付数额确认支出,采用权责发生制。本科目主要账务处理如下。

1. 发生一般公共预算本级支出时,按实际支付的数额,借记“一般公共预算本级支出”科目,贷记“国库存款”“其他财政存款”等科目。

2. 年度终了,对纳入国库集中支付管理的、当年未支付需结转下一年度支付的款项,即形成的一般公共预算国库集中支付结余,按权责发生制确认支出,借记“一般公共预算本级支出”科目,贷记“应付国库集中支付结余”科目。

3. 年度终了,本科目借方余额应全部转入“一般公共预算结转结余”科目,结转后本科目无余额。

**【例 7-13】** 某市财政局以财政授权方式拨付教育局当月基本经费 300 万元,款项已到达教育局零余额账户,该市财政局应编制会计分录如下:

借:一般公共预算本级支出—教育支出 3 000 000

贷:国库存款 3 000 000

## 二、政府性基金预算本级支出的核算

政府性基金预算本级支出指政府财政管理的由本级政府使用的列入政府性基金预算的支出。政府性基金预算是用于特定公共事业发展的支出,应根据基金项目收入情况和实际需要安排支出,做到以收定支。

本科目应按《政府收支分类项目》中支出功能分类科目设置明细科目。按支出功能分类可分为科学技术支出、文化旅游体育与传媒支出、节能环保支出、城乡社区支出、交通运输支出等。同时还需根据管理需要,按支出经济分类科目、部门等进行明细核算。

本科目日常的支出在支付时采用收付实现制,按实际支付金额入账;年末对形成的政府性预算国库集中支付结余,采用权责发生制按应付数额确认支出。本科目借方登记增加的支出数额,平时借方余额反映政府性基金预算本级支出累计数,年终结转后无余额。本科目主要账务处理如下。

1. 实际发生政府性基金预算本级支出时,按实际支付金额,借记“政府性基金预算本级支出”科目,贷记“国库存款”科目。

2. 年度终了,对纳入国库集中支付管理的、当年未支需结转下一年度支付的款项,即形成的政府性基金预算国库集中支付结余,按权责发生制确认支出,借记“政府性基金预算本级支出”科目,贷记“应付国库集中支付结余”科目。

3. 年度终了,本科目借方余额全数转入“政府性基金预算结转结余”科目。结转后,本科目无余额。

**【例 7-14】** 某政府财政拨付旅游局旅游发展基金 400 万元,已开凭证,该政府财政应编制会计分录如下:

借:政府性基金预算本级支出—文化旅游体育与传媒支出 4 000 000

贷:国库存款 4 000 000

## 三、国有资本经营预算本级支出的核算

国有资本经营预算本级支出是指政府财政管理的由本级政府使用的列入国有资本经

营预算的支出。即将取得的国有资本经营预算收入运用到国有企业的发展和其他事务中。

本科目根据《政府收支分类科目》中支出功能分类科目设置明细科目。包括社会保障、就业支出及国有资本经营预算支出等。另根据管理需要,按支出经济分类科目、部门设置二级明细科目。本科目的支出同样分别按两种基础确认,日常采用收付实现制,按实际支付数额入账,年末对形成的相对应国库集中支付结余,按权责发生制,以应付数额确认支出。

本科目借方登记发生的支出增加数,贷方登记减少数,平时借方余额反映国有资本经营预算本级支出的累计数,期末结转后无余额。本科目主要账务处理如下。

1. 发生国有资本经营预算本级支出时,按实际支出金额,借记"国有资本经营预算本级支出"科目,贷记"国库存款"科目。

2. 年度终了,对纳入国库集中支付管理的当年未支需结转下一年度支付的款项,即国有资本经营预算国库集中支付结余,按权责发生制确认支出时,借记"国有资本经营预算本级支出"科目,贷记"应付国库集中支付结余"科目。

3. 年度终了,本科目借方余额全数转入"国有资本经营预算结转结余"科目。结转后本科目无余额。

**【例 7-15】** 某政府财政向某国有企业拨付国有资本经营预算资金 100 万元,该政府财政应编制会计分录如下:

借:国有资本经营预算本级支出 1 000 000

　　贷:国库存款 1 000 000

## 第八节　其他财政资金支出的核算

其他财政资金支出是指在政府财政预算资金以外,用财政部门管理的其他财政性资金安排的支出。包括财政专户管理资金支出与专用基金支出。

### 一、财政专户管理资金支出的核算

财政专户管理资金支出是指政府财政用纳入财政专户管理的教育收费等资金安排的支出。目前主要核算教育收费。

本科目按《政府收支分类科目》中支出功能分类科目设置相应明细科目。根据管理需要,按支出经济分类科目、部门等设置二级明细科目。本科目按财政专户管理要求,缴入财政专户统一管理,通过财政专户核拨支出。本科目平时借方余额反映财政专户管理资金支出的累计数,期末结转后无余额。本科目主要账务处理如下。

1. 发生财政专户管理资金支出时,按实际支付金额,借记"财政专户管理资金支出"科目,贷记"其他财政存款"等科目。

2. 年度终了,本科目借方余额全部转入"财政专户管理资金结余"科目。结转后,本科目无余额。

**【例 7-16】** 某省财政厅从财政专户管理资金向 A 高校核拨教育经费 300 万元。该财政厅应编制会计分录如下:

借:财政专户管理资金支出—教育支出 3 000 000

贷:其他财政存款 3 000 000

## 二、专用基金支出的核算

专用基金支出是指政府财政用专用基金收入安排的支出。专用基金是政府财政按规定设置或取得的单独管理的资金,目前主要是粮食风险基金。

本科目借方登记专用基金支出的支出数,平时借方余额反映该支出累计数,期末结转后本科目无余额。“专用基金支出”科目根据专用基金的种类设置明细科目。根据管理需要,按部门等级设置二级明细科目。本科目主要账务处理如下。

发生专用基金支出时,按实际支付金额,借记“专用基金支出”科目,贷记“其他财政存款”等有关科目。退回专用基金支出时,做相反的会计分录。年度终了,本科目借方余额全数转入“专用基金结余”科目,借记“专用基金结余”科目。结转后,本科目无余额。

**【例 7-17】** 某省财政厅运用粮食风险基金向某粮食局拨付粮油储备费用的补贴款 90 万元,该财政厅应编制会计分录如下:

借:专用基金支出—粮食风险基金 900 000

贷:其他财政存款 900 000

# 第九节 转移性支出的核算

转移性支出是指在各级政府财政之间进行资金调拨以及在本级政府财政不同类型资金之间调剂所形成的支出,包括地区间政府之间调拨援助、上下级政府财政之间的调拨,本级政府财政不同类型之间的调剂。

根据《财政总预算会计制度》相关规定,用“补助支出”“上解支出”科目核算下级政府财政之间的调拨;“地区间援助支出”科目核算地区间政府的调拨援助;用“调出资金”“安排预算稳定调节基金”科日核算本级政府财政不同类型之间的调剂。

## 一、补助支出的核算

补助支出是指本级政府财政按财政体制规定或因专项需要补助给下级政府财政的款项,包括对下级的税收返还、转移支付等。本级政府的补助支出可以与下级政府财政的补助收入相对应。

本科目按资金的不同性质设置“一般公共预算补助支出”“政府性基金预算补助支出”等明细科目,同时按补助地区设置二级明细科目。本科目平时借方余额反映补助支出累计数,期末结转后无余额。根据会计制度规定,本科目日常补助,采用收付实现制,按实际支付的数额确认支出,年度终了,根据权责发生制按应补助数额确认支出。本科目主要账务处理如下。

1. 日常以税收返还等形式发生补助支出时,按实际支付金额,借记“补助支出”科目,贷记“国库存款”“其他财政存款”“与下级往来”等科目。

2. 专项转移支付资金实行专户管理的,本级政府财政按预算文件确认补助支出,借记“补助支出”科目,贷记“国库存款”“与下级往来”等科目。

3. 有主权外债业务的,本级政府财政承担还款责任,资金由下级政府财政同级部门使用,本级政府财政在支付时,借记“补助支出”科目,贷记“其他财政存款”科目;外方将贷款资金直接支付给用款单位或供应商时,借记“补助支出”科目,贷记“债务收入”“债务转贷收入”等科目;同时根据债务管理部门转来的相关资料,按照实际支付的金额,借记“待偿债净资产”科目,贷记“借入款项”“应付主权外债转贷款”等科目。

4. 年末与下级政府财政结算时,按尚未拨付的补助金额,借记“补助支出”科目,贷记“与下级往来”科目。

5. 退还或核减补助支出时,借记“国库存款”“与下级往来”等科目,贷记“补助支出”科目。

6. 年度终了,本科目借方余额根据不同资金性质分别转入对应的结转结余科目,结转后,本科目无余额。

**【例 7-18】** 某市级政府财政向下级政府财政拨付一般公共预算补助资金 500 000 元,专项转移支付资金 900 000 元,该市财政应编制会计分录如下:

借:补助支出 1 400 000

　　贷:国库存款 500 000

　　　　与下级往来 900 000

## 二、上解支出的核算

上解支出是指按照财政体制规定由本级政府财政上交给上级政府财政的款项。包括体制上解款和专项上解款。

本科目按照不同资金性质设置“一般公共预算上解支出”“政府性基金预算上解支出”等明细科目。即体制上解款对应的科目为“一般公共预算上解支出”,专项上解款对应“政府性基金预算上解支出”科目。日常上解时,采用收付实现制按实际支付数额确认支出,而年终时,采用权责发生制,按应上解数额确认支出。本科目平时借方余额反映上解支出的累计数,期末结转后无余额。本科目主要账务处理如下。

1. 发生上解支出时,按实际上交的金额,借记“上解支出”科目,贷记“国库存款”“与上级往来”等科目。

2. 年终与上级政府财政结算时,按照尚未支付的上解金额,借记“上解支出”科目,贷记“与上级往来”科目。

3. 退还或核减上解支出时,借记“国库存款”“与上级往来”等科目,贷记“上解支出”科目。

4. 年度终了,本科目借方余额根据不同资金性质分别转入对应的“一般公共预算结转结余”“政府性基金预算结转结余”等科目。结转后,本科目无余额。

**【例 7-19】** 某市级政府财政经批准给上级财政部门上解一般公共预算款 8 000 000 元,该市财政应编制会计分录如下:

借:上解支出 8 000 000

　　贷:国库存款 8 000 000

## 三、地区间援助支出的核算

地区间援助支出是指援助方政府财政安排用于受援方政府财政统筹使用的各类援助、捐赠等资金支出。即本级政府财政援助其他地区政府财政。

本科目按受援地区及管理需要进行相应明细核算。本科目平时借方余额反映地区间援助支出累计数,期末结转后无余额。主要账务处理如下。

1. 发生地区间援助支出时,按实际支付的金额,借记"地区间援助支出"科目,贷记"国库存款"科目。

2. 年度终了,本科目借方余额全数转入"一般公共预算结转结余"科目,结转后,本科目无余额。

**【例 7-20】** 某市财政局根据援助安排向对口支援 A 政府财政支付援助款 100 万元,该市财政局应编制会计分录如下:

借:地区间援助支出—A 政府财政 1 000 000

　　贷:国库存款 1 000 000

## 四、调出资金的核算

调出资金是指政府财政为平衡预算收支、从某类资金向其他类型预算调出的资金。即用一般公共预算、政府性基金预算、国有资本经营预算基金或其他渠道平衡一般公共预算或政府性基金预算资金。调入资金是某类预算资金的增加,调出资金是某类预算资金或其他财政资金的减少,调入资金和调出资金是对应关系。

本科目设置"一般公共预算调出资金""政府性基金预算调出资金"和"国有资本经营预算调出资金"等明细科目。调出资金科目平时借方余额反映其累计数,期末结转后无余额。主要账务处理如下。

1. 从一般公共预算调出资金时,按实际调出的金额,借记"调出资金——一般公共预算调出资金"科日,贷记"调入资金"相关明细科目。

2. 从政府性基金预算调出资金时,按调出的实际金额,借记"调出资金—政府性基金预算调出资金"科目,贷记"调入资金"相关明细科目。

3. 从国有资本经营预算调出资金时,按调出的实际金额,借记"调出资金—国有资本经营预算调出资金"科目,贷记"调入资金"相关明细科目。

4. 年度终了,本科目借方余额分别转入相应的结转结余科目,结转后,本科目无余额。

**【例 7-21】** 某市财政局为平衡一般公共预算,从政府性基金预算结余中调出资金 90 万元,该市财政局应编制会计分录如下:

借:调出资金—政府性基金预算调出资金 900 000

　　贷:调入资金——一般公共预算调入资金 900 000

## 五、安排预算稳定调节基金的核算

安排预算稳定调节基金是政府财政按照有关规定安排的预算稳定调节基金。预算稳定调节基金主要是用一般公共预算弥补以后年度预算资金不足的储备资金。

本科目平时借方余额反映安排预算稳定调节基金的累计数。年终结转后无余额。本科目一般账务处理如下。

1. 使用一般公共预算结余等补充预算稳定调节基金时,按实际安排的金额,借记“安排预算稳定调节基金”科目,贷记“预算稳定调节基金”科目。

2. 年度终了,本科目借方余额全数转入“一般公共预算结转结余”科目,结转后,本科目无余额。

**【例 7-22】** 某市财政局根据预算执行情况,用一般公共预算结余补充预算稳定调节基金 300 万元,该市财政局应编制会计分录如下:

借:安排预算稳定调节基金 3 000 000

　　贷:预算稳定调节基金 3 000 000

假设该市年度终了,安排预算稳定调节基金科目借方余额为 700 万元。年终转账时,市财政局应编制会计分录如下:

借:一般公共预算结转结余 7 000 000

　　贷:安排预算稳定调节基金 7 000 000

## 第十节　债务性支出的核算

债务性支出是指政府财政偿还本级政府承担的债务的本金或向下级政府财政转贷形成的支出,包括债务还本支出及债务转贷支出。在前一章债务性收入部分阐述了《中华人民共和国预算法》对政府举债进行了相应的规范,包括不同层级的举债方式及资金形式。

### 一、债务还本支出的核算

债务还本支出是指政府财政偿还本级政府承担的债务本金支出。

本科目按《政府收支分类科目》中“债务还本支出”规定设置明细科目,即中央政府国内债务还本支出、中央政府国外债务还本支出、地方政府一般债务还本支出等。本科目需区分一般债务还本支出和专项债务还本支出。本科目只核算偿还本金的支出,支付债务利息的支出以“一般公共预算本级支出”等科目核算。债务还本支出平时借方余额反映本级政府财政债务还本支出的累计数。期末结转后无余额。主要账务处理如下。

1. 偿还本级政府财政承担的国内债务、主权外债等债务本金时,借记“债务还本支出”科目,贷记“国库存款”“其他财政存款”等科目;根据债务管理部门相关资料,按实际偿还的本金金额,借记“应付短期政府债券”“应付长期政府债券”“借入款项”“应付地方政府债券转贷款”“应付主权外债转贷款”等科目,贷记“待偿债净资产”科目。

2. 年度终了,“专项债务还本支出”明细科目的借方余额按对应的政府性基金种类分别转入“政府性基金预算结转结余”相应明细科目;其他明细科目的借方余额全数转入“一般公共预算结转结余”科目。结转后,本科目无余额。

**【例 7-23】** 某省财政厅发行的地方政府长期债券到期,通过国库拨付资金偿还债务本金 15 亿元,该市财政厅应编制会计的分录如下:

借:债务还本支出—地方政府一般债务还本支出 1 500 000 000

贷:国库存款 1 500 000 000

借:应付长期政府债券 1 500 000 000

贷:待偿债净资产 1 500 000 000

## 二、债务转贷支出的核算

债务转贷支出是指本级政府财政向下级政府财政转贷形成的债务支出。省级以下政府只能通过省级政府财政发行债券以转贷方式向下级政府财政支付债务资金。

本科目下设“地方政府一般债务转贷支出”“地方政府专项债务转贷支出”明细科目,按转贷地区设置二级明细科目。本科目平时借方余额反映政府财政债务转贷支出累计数。期末结转后无余额。主要账务处理如下。

1. 本级政府财政向下级转贷地方政府债券资金时,借记本科目,贷记“国库存款”科目;根据债务管理部门相关资料,按到期应收回的转贷款本金金额,借记“应收地方政府债券转贷款”科目,贷记“资产基金—应收地方政府债券转贷款”科目。

2. 转贷主权外债资金,由下级政府财政承担还款责任的,按下面处理。

(1)本级政府财政支付转贷资金时,借记“债务转贷支出”科目,贷记“其他财政存款”科目;根据债务管理部门转来的资料,按实际持有的金额,借记“应收主权外债转贷款”科目,贷记“资产基金—应收主权外债转贷款”科目。

(2)外方直接支付给用款单位或供应商时,本级政府财政根据转贷资金支付相关资料,借记本科目,贷记“债务收入”“债务转贷收入”科目;根据债务管理部门相关资料,按实际持有的债权金额,借记“应收主权外债转贷款”科目,贷记“资产基金—应收主权外债转贷款”科目;同时,借记“待偿债净资产”科目,贷记“借入款项”“应付主权外债转贷款”等科目。

(3)年度终了,“地方政府一般债务转贷支出”明细科目的借方余额全数转入“一般公共预算结转结余”科目,本科目下“地方政府专项债务转贷支出”明细科目的借方余额全数转入“政府性基金预算结转结余”科目。结转后,本科目无余额。

**【例 7-24】** 某省级政府财政向市级政府财政转贷地方政府一般债券转贷资金 500 000 000 元,应编制会计分录如下:

借:债务转贷支出—地方政府一般债务转贷支出 500 000 000

贷:国库存款 500 000 000

借:应收地方政府债券转贷款—本金 500 000 000

贷:资产资金—应收地方政府债券转贷款 500 000 000

表 7-1 为财政总预算会计收入与支出类科目对应关系。

**表 7-1 财政总预算会计收入与支出类科目对应关系**

| 类别 | 收入类科目 | 支出类科目 | 资金性质 |
|---|---|---|---|
| 本级预算收入/支出 | 一般公共预算本级收入 | 一般公共预算本级支出 | 一般公共预算 |
| | 政府性基金预算本级收入 | 政府性基金预算本级支出 | 政府性基金预算 |
| | 国有资本经营预算本级收入 | 国有资本经营预算本级支出 | 国有资本经营预算 |

**表 7-1(续)**

| 类别 | 收入类科目 | 支出类科目 | 资金性质 |
| --- | --- | --- | --- |
| 转移性收入/支出 | 补助收入<br>——一般公共预算补助收入<br>—政府性基金预算补助收入 | 补助支出<br>——一般公共预算补助支出<br>—政府性基金预算补助支出 | 一般公共预算<br>政府性基金预算 |
| | 地区间援助收入 | 地区间援助支出 | 一般公共预算 |
| | 调入资金<br>——一般公共预算调入资金<br>—政府性基金预算调入资金 | 调出资金<br>——一般公共预算调出资金<br>—政府性基金预算调出资金<br>—国有资本经营预算调出资金 | 一般公共预算<br>政府性基金预算<br>国有资本经营预算 |
| | 动用预算稳定调节基金 | 安排预算稳定调节基金 | 一般公共预算 |
| 债务性收入/支出 | 债务收入<br>——一般债务收入<br>—专项债务收入 | 债务还本支出<br>——一般债务还本支出<br>—专项债务还本支出 | 一般公共预算<br>政府性基金预算 |
| | 债务转贷收入<br>—地方政府一般债务转贷收入<br>—地方政府专项债务转贷收入 | 债务转贷支出<br>—地方政府一般债务转贷支出<br>—地方政府专项债务转贷支出 | 一般公共预算<br>政府性基金预算 |
| 其他财政资金收入/支出 | 财政专户管理资金收入 | 财政专户管理资金支出 | 其他财政资金 |
| | 专用基金收入 | 专用基金支出 | 其他财政资金 |

# 第八章　财政总预算会计报告

## 第一节　财政总预算会计报告概述

### 一、财政总预算会计报告

财政总预算会计报告是反映政府财政一个预算年度收支执行结果的会计报告。其目的在于向报告使用者提供政府预算执行情况相关信息，衡量政府财政资金使用情况，有利于报告使用者进行管理和监督，为进行决策和以后年度编制年度预算提供依据。

### 二、财政总预算会计报表的分类

财政总预算会计报表可根据以下情形进行分类。

1. 按编制时间可分为月报、旬报和年报。三种报表表式和内容不完全一致。一般公共预算执行情况表、政府性基金预算执行情况表、国有资本经营预算执行情况表应按月、旬、年度编制。财政专户管理资金收支情况表和专用基金收支情况表应按月、年度编制；资产负债表和附注应至少按年度编制；收入支出表应按月、年度编制。

2. 按经济内容分可以分为资产负债表、预算执行情况表、专用基金收支情况表、公共财政收支决算表、公共财政转移支付决算表、政府性基金收支决算表、国有资本经营收支决算表、预算执行情况说明书和其他附表等。

3. 按编制单位可分为本级报表和汇总报表。汇总报表是上级政府财政根据本级政府和经审查后的下级政府会计报表汇总后进行编制，以反映整体的预算执行情况和财务状况。

### 三、预算会计报表的编制要求

政府财政单位编制预算会计报表时应遵循以下要求。

(一)真实性原则

财政总预算会计应提供登记完整核对无误的会计信息编制完整和真实的会计报表，做到数据真实可靠、计算准确，不得弄虚作假，虚列支出，做到账表一致。

(二)及时性原则

因为预算会计报表对报表使用者决策和以后年度编制预算有重要的参考意义，因此财政总预算会计报表应做到编报及时、报送及时。各级财政应严格按照规定时间完成编报和报送。

(三)一致性原则

财政总预算会计应按照规定的格式、种类、内容等填列报表,以保证口径一致便于分析和汇总。

## 第二节　年终清理结算和年终结账

财政总预算会计按月根据《会计基础工作规范》要求进行会计结账。政府财政部门年末进行收支结转,年终清理结算和年终结账是编制年度会计报表的前提。

### 一、年终清理结算

年终清理是预算执行单位和各级财政部门对全年各项预算收支进行清算和核对,各部门应及时进行相关工作。其目的在于核实收支数字,划清年度收支,结清往来款项,并分析和总结预算管理情况。

年终清理结算主要包括核对年度预算,清理本年预算收支,组织征收部门和国家金库进行年度对账,清理核对当年拨款支出,核实股权、债权债务,清理往来款项和进行年终财政结算。

(一)核对年度预算

预算数据是办理收支结算的依据,也是进行会计核算、执行预算的依据。因此各级财政总预算会计应配合预算管理部门把本级政府财政总预算指标与上、下级政府财政总预算、本级各单位部门预算数核对,及时办理转移支付和调整,在年度终了前核对完毕。本年预算调整和上划下划,一般截至11月底;各项预算拨款,一般截至12月25日。

(二)清理本年预算收支

属于本年的预算收入应认真清理,年终前应如数缴入国库。在本年预算内支领列报的款项,非特殊原因,应在年终前办理完毕。属于应列入本年的专用基金收入和基金预算收入,应进行催收,及时缴入国库或指定银行财政专户。

(三)组织征收部门和国家金库进行年度对账

年度终了,应按照国库制度相应规定,将所收款项及时列入当年决算,并编制收入对账单与征收机关、财政部门进行核对,保证收入一致。

(四)清理核对当年拨款支出

各级财政总预算会计应将本级各单位的拨款支出与预算单位的拨款收入进行核对。属于预拨下年度的经费,不得列入当年预算支出;属于应收回的拨款,应及时收回并冲减预算支出;属于单位正常周转占用的,可继续作为预算支出。

(五)核实股权、债权债务

财政总预算会计应将股权投资、应收股利、借入借出款项、应付应收转贷款、应付政府债券等余额与相关债权债务管理部门进行核对,做到账实相符,账账相符,记录不一致的及时查明原因,进行按规定调整。

(六)清理往来款项

认真清理暂收、暂付等往来款项,在年度终了前收回或归还,做到有借有还,应转作收入或支出的款项,及时转入本年相关收支账。

(七)进行年终财政结算

财政预算管理部门要在年终清理的基础上,按相关要求于次年元月底前结清上下级政府财政转移支付收支和往来款项。

## 二、年终结账

财政总预算会计年终清理结算后,按年终转账、结清旧账和记入新账顺序办理年终结账。

(一)年终转账

首先计算出各科目12月份合计数与全年累计数,结出12月末余额,编制余额表试算是否平衡。再根据收支余额填制记账凭证,将收支分别转入"一般公共预算结转结余""政府性基金预算结转结余""国有资本经营预算结转结余""财政专户管理资金结余"和"专用基金结余"等科目冲销。通过年终转账,各收支账户年末余额为零,各结转结余账户年末余额为滚存结余。

(二)结清旧账

在进行年终转账后,可开始结清旧账。先按分类结出各类账户借方、贷方全年合计数,对年终由余额的账户,在"摘要"栏注明"结转下年"字样,表示旧账结束转入新账。

(三)记入新账

根据转账后本年度的总账和明细账账户余额编制资产负债表和相关明细表,将表内列示各科目余额直接记入新年度有关总账和明细账"年初余额"栏内,在"摘要"栏注明"上年结转"字样,区别新年度发生数。

# 第三节 资产负债表

## 一、资产负债表的结构

资产负债表是反映政府财政在某一特定时期财务状况的报表,是财政总预算会计报表体系的重要组成部分,能提供在该特定时期各级政府能控制的资产、承担的负债和所有的净资产相关会计信息。资产负债表表首标题部分包括报表名称、编制单位、编制时间与单位等内容,根据资产、负债与净资产分项列示,以资产等于负债加净资产平衡,数字栏包括"期初余额"和"期末余额"两栏,其基本格式如表8-1所示。

**表 8-1　资产负债表**

会财政 01 表

编制单位：　　　　　　　____年____月____日　　　　　　　　　　　　单位：元

| 资产 | 期初余额 | 期末余额 | 负债和净资产 | 年初余额 | 期末余额 |
|---|---|---|---|---|---|
| 流动资产： | | | 流动负债： | | |
| 国库存款 | | | 应付短期政府债券 | | |
| 国库现金管理存款 | | | 应付利息 | | |
| 其他财政存款 | | | 应付国库集中支付结余 | | |
| 有价证券 | | | 与上级往来 | | |
| 在途款 | | | 其他应付款 | | |
| 预拨经费 | | | 应付代管资金 | | |
| 借出款项 | | | 一年内到期的非流动负债 | | |
| 应收股利 | | | 流动负债合计 | | |
| 应收利息 | | | 非流动负债： | | |
| 与下级往来 | | | 应付长期政府债券 | | |
| 其他应收款 | | | 借入款项 | | |
| 流动资产合计 | | | 应付地方政府债券转贷款 | | |
| 非流动资产： | | | 应付主权外债转贷款 | | |
| 应收地方政府债券转贷款 | | | 其他负债 | | |
| 应收主权外债转贷款 | | | 非流动负债合计 | | |
| 股权投资 | | | 负债合计 | | |
| 待发国债 | | | 净资产： | | |
| 非流动资产合计 | | | 一般公共预算结转结余 | | |
| | | | 政府性基金预算结转结余 | | |
| | | | 国有资本经营预算结转结余 | | |
| | | | 财政专户管理资金结余 | | |
| | | | 专用基金结余 | | |
| | | | 预算稳定调节基金 | | |
| | | | 预算周转金 | | |
| | | | 资产基金 | | |
| | | | 减：待偿债净资产 | | |
| | | | 净资产合计 | | |
| 资产总计 | | | 负债和净资产总计 | | |

## 二、资产负债表的编制

(一)“年初余额”栏的填报

资产负债表的“年初余额”栏内数字金额应根据上年年末资产负债表对应“期末余额”栏的数字填列,即上年年末资产负债表的“期末余额”为本年度资产负债表“年初余额”。

(二)“期末余额”栏的填报

资产负债表的“期末余额”栏的数额根据资产类、负债类与净资产类项目分别说明。

1. 资产类

(1)“国库存款”项目,根据“国库存款”科目期末余额填列,反映政府财政期末在国库单一账户存放的款项金额。

(2)“国库现金管理存款”项目,根据“国库现金管理存款”科目期末余额填列,反映政府财政期末持有的国库现金管理业务存款的金额。

(3)“其他财政存款”项目,根据“其他财政存款”科目期末余额填列,反映政府财政期末持有其他财政存款的金额。

(4)“有价证券”项目,根据“有价证券”科目期末余额填列,反映政府财政期末持有有价证券的金额。

(5)“在途款”项目,根据“在途款”科目期末余额填列,反映政府财政期末持有在途款的金额。

(6)“预拨经费”项目,根据“预拨经费”科目期末余额填列,反映政府财政期末尚待收回或尚未转列支出的预拨经费金额。

(7)“借出款项”项目,根据“借出款项”科目期末余额填列,反映政府财政期末尚未收回的借予预算单位款项的金额。

(8)“应收股利”项目,根据“应收股利”科目期末余额填列,反映期末政府财政尚未收回的现金股利金额。

(9)“应收利息”项目,根据“应收主权外债转贷款”和“应收地方政府债券转贷款”科目下“应收利息”明细科目期末余额合计数填列,反映期末政府财政尚未收回的应收利息金额。

(10)“与下级往来”项目,根据“与下级往来”科目期末余额填列,期末余额如在贷方则以“-”号填列,正数反映下级政府财政欠本级政府财政款项金额;负数反映本级政府财政欠下级政府财政的款项金额。

(11)“其他应收款”项目,根据“其他应收款”科目期末余额填列,反映期末政府财政尚未收回其他应收款的金额。

(12)“应收地方政府债券转贷款”项目,根据“应收地方政府债券转贷款”科目下“应收本金”明细科目期末余额填列,反映政府财政期末尚未收回的地方政府债券转贷款本金的金额。

(13)“应收主权外债转贷款”项目,根据“应收主权外债转贷款”科目下的“应收本金”明细科目期末余额填列,反映期末政府财政尚未收回的主权外债转贷款的本金金额。

(14)“股权投资”项目,根据“股权投资”科目期末余额填列,反映政府期末持有股权投资的金额。

(15)“待发国债”项目,根据“待发国债”科目期末余额填列,反映期末中央政府财政尚未使用的国债发行额度。

2. 负债类项目

(1)“应付短期政府债券”项目,根据“应付短期政府债券”科目下“应付本金”明细科目期末余额填列,反映期末政府财政尚未偿还的发行期限不超过1年(含1年)的政府债券本金的金额。

(2)“应付利息”项目,根据“应付短期政府债券”、分期付息到期还本的“应付长期政府债券”“应付主权外债转贷款”“应付地方政府债券转贷款”和“借入款项”科目下“应付利息”明细科目期末余额计算填列,反映政府财政期末尚未支付的应付利息金额。

(3)“应付国库集中支付结余”项目,根据“应付国库集中支付结余”科目期末余额填列,反映期末政府财政尚未支付的国库集中支付结余金额。

(4)“与上级往来”项目,根据“与上级往来”科目期末余额填列,期末余额如在借方则以“-”号填列,正数反映期末本级政府财政欠上级政府财政款项的金额,负数反映上级政府财政欠本级政府财政款项的金额。

(5)“其他应付款”项目,根据“其他应付款”科目期末余额填列,反映政府财政期末尚未支付其他应付款的金额。

(6)“应付代管资金”项目,根据“应付代管资金”科目期末余额填列,反映期末政府财政尚未支付代管资金的金额。

(7)“一年内到期的非流动负债”项目,根据“应付长期政府债券”“应付地方政府债券转贷款”“应付主权外债转贷款”“其他负债”和“借入款项”等科目期末余额填列,反映期末政府财政1年以内(含1年)到偿还期的非流动负债金额。

(8)“应付长期政府债券”项目,根据“应付长期政府债券”科目期末余额填列,反映期末政府财政负担的偿还期限超过1年的长期政府债券本金金额以及到期一次还本付息的应付利息金额。

(9)“借入款项”项目,根据“借入款项”科目下“应付本金”明细科目期末余额填列,反映期末政府财政偿还期限超过1年的借入款项本金金额。

(10)“应付地方政府债券转贷款”项目,根据“应付地方政府债券转贷款”科目下“应付本金”明细科目期末余额填列,反映政府财政期末承担的偿还期限超过1年的地方政府债券转贷款本金金额。

(11)“应付主权外债转贷款”项目,根据“应付主权外债转贷款”科目下“应付本金”明细科目期末余额填列,反映期末政府财政偿还期限超过1年的主权外债转贷款的本金金额。

(12)“其他负债”项目,根据“其他负债”科目期末余额填列,反映期末政府财政偿还期限超过1年的其他负债金额。

3. 净资产类项目

(1)“一般公共预算结转结余”项目,根据“一般公共预算结转结余”科目期末余额填列,反映期末政府财政滚存的一般公共预算结转的金额。

(2)“政府性基金预算结转结余”项目,根据“政府性基金预算结转结余”科目期末余额填列,反映期末政府财政滚存的政府性基金预算结转结余的金额。

(3)“国有资本经营预算结转结余”项目,根据“国有资本经营预算结转结余”科目期末余额填列,反映期末政府财政滚存的国有资本经营预算结转结余的金额。

(4)“财政专户管理资金结余”项目,根据“财政专户管理资金结余”科目期末余额填列,反映期末政府财政滚存的财政专户管理资金结余的金额。

(5)“专用基金结余”项目,根据“专用基金结余”科目期末余额填列,反映期末政府财政滚存专用基金结余的金额。

(6)“预算稳定调节基金”项目,根据“预算稳定调节基金”科目期末余额填列,反映期末政府财政预算稳定调节基金的余额。

(7)“预算周转金”项目,根据“预算周转金”科目期末余额填列,反映期末政府财政预算周转金余额。

(8)“资产基金”项目,根据“资产基金”科目期末余额填列,反映期末政府财政持有应收主权外债转贷款、应收地方政府债券转贷款、应收股利和股权投资等在净资产中占用的金额。

(9)“待偿债净资产”项目,根据“待偿债净资产”科目期末余填列,期末余额在借方则以“-”号填列,反映期末政府财政因承担应付政府债券、应付地方政府债券转贷款、应付主权外债转贷款、借入款项和其他负债等负债需在净资产中冲减的金额。

## 第四节 收入支出表

### 一、收入支出表的结构

收入支出表是反映政府财政在某一会计期间各类财政资金收支结转结余情况的报表。收入支出表是财政总预算会计报表的重要组成部分,可以提供一定时期内财政收支、结转结余情况的会计信息,反映预算执行情况最终结果。

收入支出表表首标题包括报表名称、编号、编制单位、时期和金额单位。本表根据资金性质以收入、支出和结转结余构成分类并分项列示。月报表由“本月数”和“本年累计数”两栏数字组成,年报表由“上年数”和“本年数”两栏组成。月报表具体格式如表8-2所示。

**表8-2 收入支出表**

会财政02表

编制单位: ____年____月 单位:元

| 项目 | 一般公共预算 | | 政府性基金预算 | | 国有资本经营预算 | | 财政专户管理资金 | | 专用基金 | |
|---|---|---|---|---|---|---|---|---|---|---|
| | 本月数 | 本年累计数 | 本月数 | 本年累计数 | 本月数 | 本年累计数 | 本月数 | 本年累计数 | 本月数 | 本年累计数 |
| 年初结转结余 | | | | | | | | | | |
| 收入合计 | | | | | | | | | | |
| 本级收入 | | | | | | | | | | |

表 8-2(续)

| 项目 | 一般公共预算 | | 政府性基金预算 | | 国有资本经营预算 | | 财政专户管理资金 | | 专用基金 | |
|---|---|---|---|---|---|---|---|---|---|---|
| | 本月数 | 本年累计数 | 本月数 | 本年累计数 | 本月数 | 本年累计数 | 本月数 | 本年累计数 | 本月数 | 本年累计数 |
| 其中:来自预算安排的收入 | — | — | — | — | — | — | — | — | | |
| 补助收入 | | | | | — | — | — | — | — | — |
| 上解收入 | | | | | — | — | — | — | — | — |
| 地区间援助收入 | | | — | — | — | — | — | — | — | — |
| 债务收入 | | | | | — | — | — | — | — | — |
| 债务转贷收入 | | | | | — | — | — | — | — | — |
| 动用预算稳定调节基金 | | | — | — | — | — | — | — | — | — |
| 调入资金 | | | | | — | — | — | — | — | — |
| 支出合计 | | | | | | | | | | |
| 本级支出 | | | | | | | | | | |
| 其中:权责发生制列支 | | | | | | | — | — | — | — |
| 预算安排专用基金的支出 | | | — | — | — | — | — | — | — | — |
| 补助支出 | | | | | — | — | — | — | — | — |
| 上解支出 | | | | | — | — | — | — | — | — |
| 地区间援助支出 | | | — | — | — | — | — | — | — | — |
| 债务还本支出 | | | | | — | — | — | — | — | — |
| 债务转贷支出 | | | | | — | — | — | — | — | — |
| 安排预算稳定调节基金 | | | — | — | — | — | — | — | — | — |
| 调出资金 | | | | | | | — | — | — | — |
| 结余转出 | | | — | — | — | — | — | — | — | — |
| 其中:增设预算周转金 | | | — | — | — | — | — | — | — | — |
| 年末结转结余 | | | | | | | | | | |

注:表中有"-"的部分不必填列。

## 二、收入支出表的编制

(一)"本月数"栏或"上年数"栏

编制收入支出月度报表"本月数"栏反映各项目本月实际发生数。若编制年度收入支出表,则为"上年数"栏,反映上年度各项目实际发生数。

（二）“本年累计数”栏或“本年数”栏

编制月度收入支出表“本年累计数”栏反映各项目自年初到报告期末累计实际发生数；编制年度收入支出表“本年数”栏则反映本年度各项目实际发生数。

（三）月报表“本月数”栏各项目的填报

1. 收入类项目

（1）“收入合计”项目，根据一般公共预算、政府性基金预算、国有资本经营预算、专用基金和财政专户管理资金分别填列。一般公共预算的“收入合计”根据归属于一般公共预算的“本级收入”“债务收入”“上解收入”“地区间援助收入”“债务转贷收入”“动用预算稳定调节基金”“补助收入”和“调入资金”各项目金额合计填列；政府性基金预算“收入合计”根据属于政府性基金预算的“本级收入”“债务收入”“补助收入”“债务转贷收入”“上解收入”和“调入资金”各项目金额合计填列；国有资本经营预算“收入合计”根据属于国有资本经营预算“本级收入”项目金额填列；专用基金“收入合计”项目根据属于专用基金的“本级收入”项目金额填列；财政专户管理资金“收入合计”项目根据属于财政专户管理资金“本级收入”项目的金额填列，“收入合计”项目反映政府财政本期取得的各类资金的收入合计金额。

（2）“本级收入”项目，同样根据所属预算不同分别填列。属于一般公共预算的“本级收入”根据“一般公共预算本级收入”科目本期发生额填列；政府性基金预算“本级收入”项目根据“政府性基金预算本级收入”科目本期发生额填列；国有资本经营预算的“本级收入”根据“国有资本经营预算本级收入”科目本期发生额填列；财政专户管理资金“本级收入”项目根据“财政专户管理资金收入”科目本期发生额填列；专用基金“本级收入”项目根据“专用基金收入”科目本期发生额填列。本项目反映政府财政本期取得的各类资金本级收入的金额。

（3）“补助收入”项目，根据所属预算不同分别填列。一般公共预算“补助收入”项目根据“补助收入”科目下“一般公共预算补助收入”明细科目的本期发生额填列，政府性基金预算“补助收入”项目根据“补助收入”科目下“政府性基金预算补助收入”明细科目本期发生额填列。本项目反映政府财政本期取得各类资金补助收入的金额。

（4）“上解收入”项目，一般公共预算“上解收入”项目根据“上解收入”科目下“一般公共预算上解收入”明细科目本期发生额填列，政府性基金预算“上解收入”项目根据“上解收入”科目下“政府性基金预算上解收入”明细科目本期发生额填列。本项目反映本期政府财政取得的各类资金上解收入金额。

（5）“地区间援助收入”项目，根据“地区间援助收入”科目本期发生额填列，反映本期政府财政取得地区间援助收入的金额。

（6）“债务收入”项目，属于一般公共预算“债务收入”的根据“债务收入”科目下除“专项债务收入”以外其他明细科目本期发生额填列，政府性基金预算“债务收入”根据“债务收入”科目下“专项债务收入”明细科目本期发生额填列。本项目反映本期政府财政取得债务收入的金额。

（7）“债务转贷收入”项目，一般公共预算“债务转贷收入”部分根据“债务转贷收入”科目下“地方政府一般债务转贷收入”明细科目本期发生额填列，政府性基金预算“债务转贷收入”根据“债务转贷收入”科目下“地方政府专项债务转贷收入”明细科目本期发生额填列。本项目反映本期政府财政取得债务转贷收入的金额。

（8）“动用预算稳定调节基金”项目，根据“动用预算稳定调节基金”科目本期发生额填列,反映本期政府财政调用预算稳定调节基金的金额。

(9)“调入资金”项目,一般公共预算“调入资金”根据“调入资金”科目下“一般公共预算调入资金”明细科目本期发生额填列,政府性基金预算“调入资金”根据“调入资金”科目下“政府性基金预算调入资金”明细科目本期发生额填列;本项目反映本期政府财政取得调入资金金额。

2. 支出类项目

(1)“支出合计”项目,根据预算不同分别填列。一般公共预算“支出合计”根据属于一般公共预算的“本级支出”“地区间援助支出”“补助支出”“上解支出”“债务转贷支出”“债务还本支出”“安排预算稳定调节基金”和“调出资金”各项目金额合计填列;政府性基金预算“支出合计”根据属于政府性基金预算的“本级支出”“债务还本支出”“补助支出”“债务转贷支出”“上解支出”和“调出资金”各项目金额合计填列;国有资本经营预算的“支出合计”根据属于国有资本经营预算“本级支出”和“调出资金”项目金额合计填列;财政专户管理资金的“支出合计”根据属于财政专户管理资金“本级支出”项目金额填列;专用基金的“支出合计”根据专用基金的“本级支出”项目金额填列。本项目反映本期政府财政发生的各类资金支出合计金额。

(2)“补助支出”项目,一般公共预算“补助支出”根据“补助支出”科目下“一般公共预算补助支出”明细科目本期发生额填列;政府性基金预算“补助支出”根据“补助支出”科目下“政府性基金预算补助支出”明细科目本期发生额填列。本项目反映本期政府财政发生的各类资金补助支出金额。

(3)“上解支出”项目,一般公共预算“上解支出”根据“上解支出”科目下“一般公共预算上解支出”明细科目本期发生额填列;政府性基金预算“上解支出”根据“上解支出”科目下“政府性基金预算上解支出”明细科目本期发生额填列。本项目反映本期政府财政发生的各类资金上解支出金额。

(4)“地区间援助支出”项目,根据“地区间援助支出”科目本期发生额填列,反映本期政府财政发生的地区间援助支出金额。

(5)“债务还本支出”项目,一般公共预算的“债务还本支出”根据“债务还本支出”科目下除“专项债务还本支出”外其他明细科目本期发生额填列;政府性基金预算“债务还本支出”根据“债务还本支出”科目下“专项债务还本支出”明细科目本期发生额填列。本项目反映本期政府财政发生的债务还本支出金额。

(6)“债务转贷支出”项目,一般公共预算的“债务转贷支出”根据“债务转贷支出”科目下“地方政府一般债务转贷支出”明细科目本期发生额填列;政府性基金预算“债务转贷支出”根据“债务转贷支出”科目下“地方政府专项债务转贷支出”明细科目的本期发生额填列。本项目反映本期政府财政发生的债务转贷支出金额。

(7)“安排预算稳定调节基金”项目,根据“安排预算稳定调节基金”科目本期发生额填列,反映本期政府财政安排的预算稳定调节基金金额。

(8)“调出资金”项目,一般公共预算的“调出资金”根据“调出资金”科目下“一般公共预算调出资金”明细科目本期发生额填列;政府性基金预算“调出资金”根据“调出资金”科目下“政府性基金预算调出资金”明细科目本期发生额填列;国有资本经营预算的“调出资金”根据“国有资本经营预算调出资金”明细科目本期发生额填列。本项目反映本期政府财政发生的各类资金调出资金金额。

(9)“增设预算周转金”项目,根据“预算周转金”科目本期贷方发生额填列,反映本期政府财政设置和补充预算周转金的金额。

3. 结转结余类项目

(1)“年初结转结余”项目,属于一般公共预算的根据“一般公共预算结转结余”科目年初余额填列;属于政府性基金预算的根据“政府性基金预算结转结余”科目年初余额填列;属于国有资本经营预算的根据“国有资本经营预算结转结余”科目年初余额填列;属于财政专户管理资金的根据“财政专户管理资金结余”科目年初余额填列;属于专用基金的根据“专用基金结余”科目的年初余额填列。本项目反映本年初政府财政各类资金的结转结余金额。

(2)“年末结转结余”项目,属于一般公共预算的根据“一般公共预算结转结余”科目年末余额填列;属于政府性基金预算的根据“政府性基金预算结转结余”科目年末余额填列;属于国有资本经营预算的根据“国有资本经营预算结转结余”科目年末余额填列;属于财政专户管理资金的根据“财政专户管理资金结余”科目的年末余额填列;属于专用基金的根据“专用基金结余”科目的年末余额填列。本项目反映本年末政府财政各类资金的结转结余金额。

## 第五节　预算执行情况表与收支情况表

### 一、预算执行情况表

预算执行情况表是反映政府财政年度预算收支执行情况的报表,根据预算来源不同可分为一般公共预算执行情况表、政府性基金预算执行情况表和国有资本经营预算执行情况表。

(一)一般公共预算执行情况表

1. 一般公共预算执行情况表的结构

一般公共预算执行情况表反映政府财政在某一会计期间一般公共预算收支执行情况的报表。

本表表首标题包括报表名称、编号、编制单位、时期和金额单位。本表内容根据《政府收支分类科目》中一般公共预算收支科目进行列示,具体格式如表 8-3 所示。

**表 8-3　一般公共预算执行情况表**

会财政 03-1 表

编制单位:　　　　____年____月____旬　　　　单位:元

| 项目 | 本月(旬)数 | 本年(月)累计数 |
|---|---|---|
| 一般公共预算本级收入 | | |
| 101 税收收入 | | |
| 10101 增值税 | | |

表 8-3(续)

| 项目 | 本月(旬)数 | 本年(月)累计数 |
|---|---|---|
| 1010101 国内增值税 | | |
| …… | | |
| | | |
| 一般公共预算本级支出 | | |
| 201 一般公共服务支出 | | |
| 20101 人大事务 | | |
| 2010101 行政运行 | | |
| …… | | |

2. 一般公共预算执行情况表的填列

(1)“一般公共预算本级收入”项目及各明细项目,根据“一般公共预算本级收入”科目及各明细科目的本期发生额填列。

(2)“一般公共预算本级支出”项目及各明细项目,根据“一般公共预算本级支出”科目及各明细科目本期发生额填列。

(二)政府性基金预算执行情况表

1. 政府性基金预算执行情况表的结构

政府性基金预算执行情况表反映政府财政在某一会计期间政府性基金预算收支执行情况的报表。

本表表首标题包括报表名称、编号、编制单位、时期和金额单位。本表内容根据《政府收支分类科目》中政府性基金预算收支科目进行列示,具体格式如表 8-4 所示。

表 8-4 政府性基金预算执行情况表

会财政 03-2 表

编制单位: ____年____月____旬 单位:元

| 项目 | 本月(旬)数 | 本年(月)累计数 |
|---|---|---|
| 政府性基金预算本级收入 | | |
| 10301 政府性基金收入 | | |
| 1030102 农网还贷资金收入 | | |
| 103010201 中央农网还贷资金收入 | | |
| …… | | |
| | | |
| 政府性基金预算本级支出 | | |
| 206 科学技术支出 | | |
| 20610 核电站乏燃料处理处置基金支出 | | |
| 2061001 乏燃料运输 | | |
| …… | | |

2. 政府性基金预算执行情况表的填列

(1)"政府性基金预算本级收入"项目及各明细项目,根据"政府性基金预算本级收入"科目及各明细科目本期发生额填列。

(2)"政府性基金预算本级支出"项目及各明细项目,根据"政府性基金预算本级支出"科目及各明细科目的本期发生额填列。

(三)国有资本经营预算执行情况表

1. 国有资本经营预算执行情况表的结构

国有资本经营预算执行情况表反映政府财政在某一会计期间国有资本经营预算收支执行情况的报表。

本表表首标题包括报表名称、编号、编制单位、时期和金额单位。本表内容根据《政府收支分类科目》中国有资本经营预算收支科目进行列示,具体格式如表 8-5 所示。

**表 8-5 国有资本经营预算执行情况表**

会财政 03-3 表

编制单位: ____年____月____旬 单位:元

| 项目 | 本月(旬)数 | 本年(月)累计数 |
|---|---|---|
| 国有资本经营预算本级收入 | | |
| 10306 国有资本经营收入 | | |
| 1030601 利润收入 | | |
| 103060103 烟草企业利润收入 | | |
| …… | | |
| | | |
| 国有资本经营预算本级支出 | | |
| 208 社会保障和就业支出 | | |
| 20804 补充全国社会保障基金 | | |
| 2080451 国有资本经营预算补充社保基金支出 | | |
| …… | | |

2. 国有资本经营预算执行情况表的编制

(1)"国有资本经营预算本级收入"项目和各明细项目,根据"国有资本经营预算本级收入"科目和各明细科目本期发生额填列。

(2)"国有资本经营预算本级支出"项目与各明细项目,根据"国有资本经营预算本级支出"科目与各明细科目本期发生额填列。

## 二、收支情况表

收支情况表主要包括财政专户管理资金收支情况表和专用基金收支情况表。

（一）财政专户管理资金收支情况表

1. 财政专户管理资金收支情况表结构

财政专户管理资金收支情况表是反映政府财政在某一会计期间纳入财政专户管理的资金全部收支情况的报表。

本表表首标题包括报表名称、编号、编制单位、时期和金额单位。本表内容根据《政府收支分类科目》相关科目列示，具体格式如表 8-6 所示。

**表 8-6　财政专户管理资金收支情况表**

会财政 04 表

编制单位：　　　　____年____月　　　　单位：元

| 项目 | 本月数 | 本年累计数 |
|---|---|---|
| 财政专户管理资金收入 | | |
| | | |
| | | |
| | | |
| | | |
| | | |
| 财政专户管理资金支出 | | |
| | | |
| | | |
| | | |
| | | |
| | | |

2. 财政专户管理资金收支情况表的编制

（1）“财政专户管理资金收入”项目与各明细项目，根据“财政专户管理资金收入”科目与各明细科目本期发生额填列。

（2）“财政专户管理资金支出”项目和各明细项目，根据“财政专户管理资金支出”科目和各明细科目的本期发生额填列。

（二）专用基金收支情况表

1. 专用基金收支情况表的结构

专用基金收支情况表是反映政府财政在某一会计期间专用基金全部收支情况的报表。

本表表首标题包括报表名称、编号、编制单位、时期和金额单位。本表内容按不同专用基金类型列示，具体格式如表 8-7 所示。

表 8-7 专用基金收支情况表

会财政 05 表

编制单位：　　　　　____年____月　　　　　　单位:元

| 项目 | 本月数 | 本年累计数 |
| --- | --- | --- |
| 专用基金收入 | | |
| 粮食风险基金 | | |
| …… | | |
| | | |
| | | |
| 专用基金支出 | | |
| 粮食风险基金 | | |
| …… | | |

2. 专用基金资金收支情况表的编制

(1)“专用基金收入”项目及各明细项目,根据“专用基金收入”科目和各明细科目的本期发生额填列。

(2)“专用基金支出”项目和各明细项目,根据“专用基金支出”科目和各明细科目的本期发生额填列。

# 第六节 会计报表附注与决算

## 一、会计报表附注

会计报表附注是指对会计报表中列示项目的文字描述、明细资料或在会计报表中未能列示项目的说明,即包括已列示项目描述和未列示项目的说明。《财政总预算会计制度》规定财政总预算会计报表附注应当至少披露下列内容。

1. 遵循《财政总预算会计制度》的声明。
2. 本级政府财政预算执行情况和财务状况的说明。
3. 列示的重要项目的进一步说明,包括主要构成、增减变动情况等。
4. 或有负债情况的说明。
5. 有助于理解和分析会计报表需说明的其他事项。

## 二、政府决算报告

政府决算报告是政府财政部门编制综合反映政府年度预算收支执行结果的报告。

(一)决算草案

《财政总预算会计制度》规定财政总预算会计应参与或具体负责组织决算草案编审工

作,具体从以下七个方面进行。

1. 参与组织制定决算草案编审办法。根据上级政府财政统一要求和本行政区域预算管理需要,提出年终收支清理、数字口径和决算审查等具体要求,对财政结算及结余处理等制定管理办法。

2. 按上级政府财政要求,结合本行政区域具体情况制定本行政区域政府财政总决算统一表格格式。

3. 办理全年各项收支、往来款项和预拨款项等会计对账和结账工作。

4. 向下级政府财政布置和指导决算草案编审相关工作,督促及时汇总报送。

5. 审核及汇总所属财政部门总决算草案,向上级政府财政报送。

6. 编制决算说明和决算分析报告,向上级政府财政汇报工作情况,进行相关文件归档工作。

7. 及时将汇总编制的本级决算草案报本级政府审定。政府财政按上级政府财政相关要求,将经本级人民政府审定决算草案逐级报送备案。

(二)决算报告

《政府会计准则》规定,各级政府财政部门应编制以收付实现制为基础的政府决算报告,以向决算报告使用者提供与政府预算执行情况信息,综合反映政府年度预算收支执行结果。政府决算报告具体内容包括决算报表、决算编制说明和决算分析报告等。

1. 决算报表

政府决算报表是反映政府年度预算执行情况信息的表格,包括一般公共预算收入决算表、政府性基金预算收入决算表和国有资本经营预算收入决算表等。

2. 决算编制说明

决算编制说明是对决算报表数据进行说明,包括一般公共预算收支决算情况说明、政府性基金收支决算情况说明、国有资本经营收支决算说明和债务余额情况说明等。

3. 决算分析报告

决算分析报告是总结年度财政预算管理工作的报告,对该年度预算管理工作进行绩效评价、分析问题,提出下年度管理工作计划等。

# 第三部分　行政事业单位会计

# 第九章　行政事业单位会计概述

## 第一节　行政单位会计的概念

行政单位会计以国家各级权力机关、行政机关、审判机关、检察机关以及各党派和政协机关为主体,以国家预算资金的取得、使用和结果为客体,对国家预算资金款项进行核算和监督的一种经济行为,在一定程度上发挥着提高社会效益的作用。

### 一、行政单位及其特点

(一)行政单位分类

行政单位是进行国家行政管理、组织经济建设和文化建设、维护社会公共秩序的单位,主要包括国家权力机关、行政机关、司法机关、检察机关以及政党组织等,行政单位人员为国家行政编制,所需资金是由政府预算拨付。

1. 国家立法机关。通常指各级人民代表大会及其常务委员会,包括全国人民代表大会及其常务委员会和地方各级人民代表大会及其常务委员会。

2. 国家执法机关。通常指各级人民政府及其所属各机构和部门,包括中央人民政府及其所属各部门和地方各级人民政府及其所属各部门,如发展与改革委员会、外交部、国防部、教育部、科学技术部、工业和信息化部、公安部、民政部、财政部、水利部、交通部、人力资源和社会保障部、住房和城乡建设部、省财政厅、省公安厅、市财政局、市公安局等。

3. 国家政治协商机关。通常指中国人民政治协商会议全国和各级地方委员会。

4. 各级司法机关。通常指行使国家审判职能和检察职能的机关,包括各级人民法院和各级人民检察院。

5. 政党组织、各民主党派和工商联的各级机关。通常指中国共产党各级机关、以及各民主党派、共青团、妇联和工会等组织。

(二)行政单位特征

行政单位的职责是完成国家赋予的各项行政管理任务,包括对经济进行调节,对社会起到管理监督作用,以及履行公共服务。行政单位虽然不直接参与物质生产,但能为社会再生产创造良好的环境,提供有效的服务和保障,是保证国家机器正常运行的不可或缺的组成部分。

1. 行政单位的存在是以满足社会公共需要为前提的,属于公共部门。行政单位为社会公众提供的服务,属于公共物品。公民在消费行政单位提供的服务时,不具有排他性。当公民消费企业的商品时,具有排他性。

2. 行政单位属于非物质生产部门,行政单位为公民提供的服务不具有排他性,主要是为满足社会公共需要。

3. 行政单位不以营利为目的,提供的服务一般不收取费用或只收取工本费。

4. 行政单位为完成日常业务活动所需资金均来源于财政拨付,并按照预算取得和使用。

## 二、行政单位会计及其特点

行政单位会计是指以各级行政单位为核算对象,以货币为主要计量单位,反映和监督各级行政机关为实行政务管理进行预算的执行情况及其结果的专业会计。行政单位会计是政府会计制度中的重要组成部分,需要按照指定用途经财务部门或上级主管部门批准有计划地分配和使用资金。其预算资金的执行情况、资金收支运行情况反映了行政事业单位受托责任的履行情况,能够帮助会计信息使用者进行管理、监督和决策。行政事业单位会计信息的使用者包括人民代表政府及其有关部门、行政单位自身以及其他利益相关者。

行政单位会计具有如下主要特点。

1. 行政单位会计的主体是各级各类行政单位,行政单位的业务活动目标是行使政府职能,向社会公众提供服务。

2. 其经济业务活动范围有特定限制,资金来源较为单一,不需要进行成本核算,所以其会计核算较为简单。

3. 行政单位会计以收付实现制为记账基础,会计核算数需要与预算数保持一致,充分反映单位预算执行情况。

4. 行政单位会计受预算制度较大影响,充分体现预算刚性,行政单位按照有关规定要求,应当严格执行部门预算,合理安排各项资金,不得超预算安排支出。

# 第二节　事业单位会计的概念

## 一、事业单位及其特点

事业单位是政府为社会提供公益服务而设置的各级各类的组织,通常以成本价格或者低于成本的价格为社会公众提供相关服务,所需资金来源由财政补助和服务收费两部分组成,大多数事业单位有其主管的行政单位,需要进行预算管理,其预算的编报和审批与行政单位类似。

(一)事业单位分类

1. 学校,包括由各级人民政府举办的中小学校以及高等学校,如成都市龙江路小学、成都市第七中学、四川大学等。

2. 医院,包括各级各类公立医院和由政府举办的基层医疗卫生机构,如四川大学华西医院、成都市芳草社区卫生服务中心等。

3. 文化事业单位,包括各级各类公共图书馆、文化馆、纪念馆以及剧场、剧团等,如四川省图书馆等。

4. 文物事业单位，包括各级各类公共博物馆、博物院，如故宫博物院、四川博物馆等。

5. 科学事业单位，包括各级政府举办的各级各类科学院、研究院、研究所，如中国科学院、四川科技馆等。

6. 广播电视事业单位，包括各级政府举办的广播台、电视台，如中央广播电视总台、四川广播电视台等。

7. 体育事业单位，包括各级政府举办的体育馆、体育场，如四川省体育馆、成都体育中心等。

（二）事业单位特点

1. 事业单位区别于行政单位，通常为行政单位的下属机构，不具有行政职能，不从事社会管理工作。

2. 事业单位区别于社会组织，开展业务资金来源需要纳入政府预算。

3. 事业单位区别于营利性企业，其具有公益属性，不以营利为目的，不从事生产经营活动，以实现社会效益为首要目标。

4. 事业单位资金来源多样，部分资金来源于财政拨款，部分来源于服务收费，还可以从上级部门、下属单位及有关出资者处取得资金。

## 二、事业单位会计及其特点

事业单位会计是适用于各级各类事业单位财务活动的一门专业会计。事业单位会计核算的目标是向会计信息使用者提供与事业单位财务状况、事业成果、预算执行等有关的会计信息，反映事业单位受托责任的履行情况，从而帮助会计信息使用者进行社会管理，做出正确经济决策。

事业单位会计有以下特点。

1. 事业单位会计的主体是各级各类事业单位，是事业单位为其自身发生的经济业务进行会计核算和监督的一种经济活动。

2. 事业单位会计同样需要保证预算和会计决算的可比性，采用的会计核算方法需要与相应的预算编制方法一致，真实反映预算执行情况。

3. 事业单位会计需要同时反映出单位财务状况和预算执行情况，采用双分录的会计处理方法，在为涉及预算执行情况变化的经济业务或事项编制相应分录的同时，也为涉及财务状况变化的相同经济业务或事项编制相应的会计分录，保障实现事业单位会计的双重目标。

4. 事业单位会计核算存在个体差异，有些事业单位有经营收入和经营支出的核算内容，有些事业单位有长期股权投资的核算内容，有些事业单位有长期借款的核算内容。事业单位会计的大多数核算方法与行政单位会计相似，部分核算方法与企业会计相似，但还有部分核算方法为政府会计制度中单独要求的特有的核算方法。

# 第三节 行政事业单位会计账户

## 一、行政事业单位会计科目设置要求

会计科目是对会计要素按照其经济类型或者用途进行的科学分类，是设置会计账户，归集、核算各项经济业务或事项的依据，是做好会计核算工作的基本前提。所以为规范行政事业单位的会计核算，保证会计信息质量，各级各类行政和事业单位需要按照《中华人民共和国会计法》《中华人民共和国预算法》《政府会计准则——基本准则》以及《政府会计制度》等法律、行政法规和规章来设置和使用会计科目，统一进行会计核算。

（一）行政事业单位会计科目设置

行政事业单位会计科目表如表 9-1 所示。

**表 9-1 行政事业单位会计科目表**

| 序号 | 科目编号 | 科目名称 |
|---|---|---|
| 一、财务会计科目 | | |
| （一）资产类 | | |
| 1 | 1001 | 库存现金 |
| 2 | 1002 | 银行存款 |
| 3 | 1011 | 零余额账户用款额度 |
| 4 | 1021 | 其他货币资金 |
| 5 | 1101 | 短期投资 |
| 6 | 1201 | 财政应返还额度 |
| 7 | 1211 | 应收票据 |
| 8 | 1212 | 应收账款 |
| 9 | 1214 | 预付账款 |
| 10 | 1215 | 应收股利 |
| 11 | 1216 | 应收利息 |
| 12 | 1218 | 其他应收款 |
| 13 | 1219 | 坏账准备 |
| 14 | 1301 | 在途物品 |
| 15 | 1302 | 库存物品 |
| 16 | 1303 | 加工物品 |
| 17 | 1401 | 待摊费用 |

**表 9-1**(续 1)

| 序号 | 科目编号 | 科目名称 |
| --- | --- | --- |
| 18 | 1501 | 长期股权投资 |
| 19 | 1502 | 长期债券投资 |
| 20 | 1601 | 固定资产 |
| 21 | 1602 | 固定资产累计折旧 |
| 22 | 1611 | 工程物资 |
| 23 | 1613 | 在建工程 |
| 24 | 1701 | 无形资产 |
| 25 | 1702 | 无形资产累计摊销 |
| 26 | 1703 | 研发支出 |
| 27 | 1801 | 公共基础设施 |
| 28 | 1802 | 公共基础设施累计折旧(摊销) |
| 29 | 1811 | 政府储备物资 |
| 30 | 1821 | 文物文化资产 |
| 31 | 1831 | 保障性住房 |
| 32 | 1832 | 保障性住房累计折旧 |
| 33 | 1891 | 受托代理资产 |
| 34 | 1901 | 长期待摊费用 |
| 35 | 1902 | 待处理财产损益 |
| (二)负债类 | | |
| 36 | 2001 | 短期借款 |
| 37 | 2101 | 应交增值税 |
| 38 | 2102 | 其他应交税费 |
| 39 | 2103 | 应缴财政款 |
| 40 | 2201 | 应付职工薪酬 |
| 41 | 2301 | 应付票据 |
| 42 | 2302 | 应付账款 |
| 43 | 2303 | 应付政府补贴款 |
| 44 | 2304 | 应付利息 |
| 45 | 2305 | 预收账款 |
| 46 | 2307 | 其他应付款 |
| 47 | 2401 | 预提费用 |
| 48 | 2501 | 长期借款 |
| 49 | 2502 | 长期应付款 |

表 9-1(续 2)

| 序号 | 科目编号 | 科目名称 |
|---|---|---|
| 50 | 2601 | 预计负债 |
| 51 | 2901 | 受托代理负债 |
| | | (三)净资产类 |
| 52 | 3001 | 累计盈余 |
| 53 | 3101 | 专用基金 |
| 54 | 3201 | 权益法调整 |
| 55 | 3301 | 本期盈余 |
| 56 | 3302 | 本年盈余分配 |
| 57 | 3401 | 无偿调拨净资产 |
| 58 | 3501 | 以前年度盈余调整 |
| | | (四)收入类 |
| 59 | 4001 | 财政拨款收入 |
| 60 | 4101 | 事业收入 |
| 61 | 4201 | 上级补助收入 |
| 62 | 4301 | 附属单位上缴收入 |
| 63 | 4401 | 经营收入 |
| 64 | 4601 | 非同级财政拨款收入 |
| 65 | 4602 | 投资收益 |
| 66 | 4603 | 捐赠收入 |
| 67 | 4604 | 利息收入 |
| 68 | 4605 | 租金收入 |
| 69 | 4609 | 其他收入 |
| | | (五)费用类 |
| 70 | 5001 | 业务活动费用 |
| 71 | 5101 | 单位管理费用 |
| 72 | 5201 | 经营费用 |
| 73 | 5301 | 资产处置费用 |
| 74 | 5401 | 上缴上级费用 |
| 75 | 5501 | 对附属单位补助费用 |
| 76 | 5801 | 所得税费用 |
| 77 | 5901 | 其他费用 |

表 9-1(续 3)

| 序号 | 科目编号 | 科目名称 |
|---|---|---|
| 二、预算会计科目 | | |
| (一)预算收入类 | | |
| 1 | 6001 | 财政拨款预算收入 |
| 2 | 6101 | 事业预算收入 |
| 3 | 6201 | 上级补助预算收入 |
| 4 | 6301 | 附属单位上缴预算收入 |
| 5 | 6401 | 经营预算收入 |
| 6 | 6501 | 债务预算收入 |
| 7 | 6601 | 非同级财政拨款预算收入 |
| 8 | 6602 | 投资预算收益 |
| 9 | 6609 | 其他预算收入 |
| (二)预算支出类 | | |
| 10 | 7101 | 行政支出 |
| 11 | 7201 | 事业支出 |
| 12 | 7301 | 经营支出 |
| 13 | 7401 | 上缴上级支出 |
| 14 | 7501 | 对附属单位补助支出 |
| 15 | 7601 | 投资支出 |
| 16 | 7701 | 债务还本支出 |
| 17 | 7901 | 其他支出 |
| (三)预算结余类 | | |
| 18 | 8001 | 资金结存 |
| 19 | 8101 | 财政拨款结转 |
| 20 | 8102 | 财政拨款结余 |
| 21 | 8201 | 非财政拨款结转 |
| 22 | 8202 | 非财政拨款结余 |
| 23 | 8301 | 专用结余 |
| 24 | 8401 | 经营结余 |
| 25 | 8501 | 其他结余 |
| 26 | 8701 | 非财政拨款结余分配 |

(二)行政事业单位会计科目的使用要求

1. 行政事业单位应当按照《政府会计制度》的规定,设置和使用会计科目,在不影响会计处理和编制报表的前提下，可以根据实际情况自行增设或减少某些会计科目。

2. 行政事业单位在填制会计凭证、登记会计账簿时，应当填列会计科目的名称，或者同时填列会计科目的名称和其编号，不得只填列会计科目编号而不填列会计科目名称。

3. 行政事业单位设置明细科目或进行明细核算的时候，除遵循本制度规定外，还应当满足权责发生制政府部门财务报告和政府综合财务报告编制的其他需要。

## 二、行政事业单位会计凭证

（一）原始凭证

原始凭证是经济业务发生时取得的书面证明，是会计事项唯一合法的凭证，是登记会计明细账的依据。各级各类行政事业单位会计采用的原始凭证主要有收入款项凭证、实物资产凭证、银行凭证、预算拨款凭证、各种相关税票、往来结算凭证以及其他能够证明会计事项已经实现的凭证或文件。

（二）记账凭证

记账凭证是由会计人员依据审核过的原始凭证填列的，作为会计账簿登记依据的凭证主要可分类为专用记账凭证和通用记账凭证，其中通用记账凭证在行政单位中使用更为普遍，事业单位则更多使用专用记账凭证进行记账。凭证的编制应严格按照统一的规定和要求执行，各项内容必须填列齐全，经复核后记账凭证需要有制证人的签名或盖章。记账凭证必须附有原始凭证，并根据原始凭证清晰、工整地填列。记账凭证应按照会计事项发生日期为顺序制账和整理。

各级各类行政事业单位记账凭证发生错误时，不得采用挖补、涂抹、刮擦或使用化学药水等方式进行更改，发现未登记账簿的记账凭证错误时，可以将原记账凭证作废后重新编制，发现已经登记账簿的记账凭证错误，则应采用“红字冲账法”或“补充登记法”进行更正。

## 三、行政事业单位会计账簿

会计账簿是会计核算的重要组成部分，以记账凭证为主要依据，以序时、分类、系统和全面的账页格式组成，可以连续地记录行政事业单位资金运动和结果。账簿按用途可以分为序时账簿、分类账簿和备查账簿。行政事业单位应设置序时账簿和分类账簿，行政单位和事业单位会计账簿使用类别和格式基本相同。序时账簿包括现金日记账和银行存款日记账，一般采用三栏订本式，可以避免账页的抽换和散失，涉及外币收支业务的事业单位还应分别按照人民币和各种外币设置现金日记账和银行存款日记账进行明细核算。分类账簿包括总分类账和明细分类账，总分类账核算资产、负债、净资产及收入、支出、结余的总体情况，明细分类账则对总分类账有关科目进行明细核算。总分类账和明细分类账的格式一般都为三栏式，明细分类账核算财产物资时可用数量金额式，核算费用时可用多栏式。

账簿必须按照编定的页数续记载，不得隔页、跳行，如不慎发生隔页、跳行，应划线注销并由记账人员签名或盖章。登记账簿要及时准确，书写工整清晰，保证日清月结。账簿记录如发生错误，也不能挖补、涂抹、刮擦或用化学药水更改，应视情况采用“划线更正法”更正，或根据“红字冲账法”“补充更正法”更正后的记账凭证重新填列。

# 第十章 行政事业单位资产的管理与核算

## 第一节 行政事业单位资产概述

### 一、资产的定义

行政单位的资产是指行政单位占有或使用的、能以货币计量的经济资源。其包括各种财产、债权和其他权利，如现金、银行存款、有价证券、暂付款、库存材料和固定资产等。事业单位资产是事业单位占有或使用的能以货币计量的经济资源，包括各种财产、债券和其他权利。

### 二、资产的特征

1. 具有为单位服务的潜能或某些特定权利，单位能自主地运用其进行经济活动，并承担由此产生的各种风险。

2. 具有价值，可以用货币来计量。

3. 资产必须通过已发生的交易或事项为事业单位所取得。事业单位对其拥有所有权，或者在一定时期一定条件下拥有其使用权。

4. 作为资产，其存在形态有有形的(如存货等)，也有无形的(如专利权等)。

### 三、资产的分类

行政事业单位要进行正常的经济活动，需要有一定数量的、各种形式的资产。为了正确地核算各种资产，通常将全部资产按流动性及存在形态分为流动资产、对外投资、固定资产和无形资产。

(一)流动资产

流动资产是指可以在一年内变现或者耗用的资产，包括现金、各种存款、应收及预付款项、存货等。在事业单位的日常经济活动中，需要有一定数量的现金和各种存款，以便于发放工资、购置零星物品、支付某些费用等；在与其他经济单位和个人的经济往来中，由于结算方式中其他方面的原因会形成延期收款或预付款项的信用行为，而发生应收及预付款项；为满足经济活动的正常进行，还必须经常储备一定数量的材料物资和产品等存货。由此可见,现金及银行存款、应收及预付款项、存货等流动资产,是事业单位开展经济活动的重要条件。

(二)对外投资、固定资产和无形资产

这些资产变现或耗用的期限一般在一年以上,所以亦称其为长期资产或非流动资产。在事业单位的日常经济活动中,为了合理地控制现款余额,提高经济资源的使用效益,或者出于扩大规模、控制其他经济单位的目的等,可以用存款或其他资产对外进行投资;为了进行正常的经济活动,必须拥有一定数量的房屋建筑物、设备、仪器、仪表等固定资产;有些事业单位在正当的经济活动中,会形成一些没有实物形态,但能够给单位带来经济利益的无形资产。可见,对外投资、固定资产和无形资产也是事业单位开展经济活动的重要条件。

为了有效地管理和运用各项资产,准确及时地掌握各项资产的增减变化及其结存情况,财会部门应当会同资产管理部门对各项资产进行分类核算,反映和监督各类资产的变化,并在资产负债表中分项目予以反映。

## 第二节　流动资产的管理与核算

政府会计制度下行政事业单位使用的政府财务会计资产类科目共有27个,与原行政事业单位会计制度资产类科目相比较,部分会计科目进行了拆分或合并,同时新增了两个科目,资产的总体核算内容与原制度相比基本没有发生大的变化。对于纳入行政事业单位部门预算管理的资金的流入、流出、调整和滚存等情况的经济业务事项,发生预付账款及其他应收款实际报销业务,取得、建造、摊销等各类资产时发生调拨、转赠、处置资产时,财务会计在做资产核算业务时,预算会计也要做与之相应的平行账务处理。

### 一、货币资金的管理与核算

行政事业单位的货币资金包括现金、银行存款和零余额账户用款额度。

(一)现金的管理与核算

1. 现金的管理

(1)行政单位现金管理

①遵守现金使用范围。

按照国家现金管理制度规定,可以在以下范围内使用现金:支付给个人的工资、津贴;支付给个人的劳动报酬;根据国家规定,颁发给个人的各种奖金;各种劳保福利费用以及对个人的其他支出;向个人收购农副产品和其他物资的价款;出差人员必须随身携带的差旅费;结算起点以下的零星支出;中国人民银行确定需要支付现金的其他支出。

②遵守库存现金限额管理。

为了保证现金的安全,规范现金管理,同时又能保证开户单位的现金正常使用,按照《现金管理暂行条例》及实施细则规定,库存现金限额由开户银行和开户单位根据具体情况商定,凡在银行开户的单位,银行根据实际需要核定3~5天的日常零星开支数额作为该单位的库存现金限额。边远地区和交通不便地区的开户单位,其库存现金限额的核定天数可以适当放宽在5天以上,但最多不得超过15天的日常零星开支的需求量。

各单位实行收支两条线,不准“坐支”现金。所谓“坐支”现金是指企业行政单位和机关、团体、部队从本单位的现金收入中直接用于现金支出。各单位现金收入应于当日送存银行,如当日确有困难,由开户单位确定送存时间,如遇特殊情况需要坐支现金,应该在现金日记账上如实反映坐支情况,并同时报告开户银行,便于银行对坐支金额进行监督和管理。各单位送存现金和提取现金,必须注明送存现金的来源和支取的用途,且不得私设“小金库”。

(2)事业单位现金管理

现金是事业单位流动性最强的流动资产,它不受任何契约的限制,使用方便,但不能随保留时间的推移而增值。因此,事业单位的库存现金应以满足日常零星开支为限,切实加强管理,并坚持以下管理原则:

①设置专人管理现金。事业单位的现金收付业务,应由专职或兼职的出纳员办理,出纳、会计分开,钱账分管,责任分明。

②严格遵守库存现金限额。为了便于事业单位支付日常零星开支,开户银行要对事业单位核定一个库存现金限额。核定时一般以事业单位 3~5 天的零星开支所需的现金量为依据。边远地区和交通不便地区的事业单位库存现金限额,可以多于 5 天,但不得超过 15 天的日常零星开支。超过库存现金限额的现金应于当日业务终了前送存开户银行核定。

③严格遵守现金使用范围。根据国务院发布的《现金管理暂行条例》规定范围内使用。

④严格现金收付手续。出纳人员在工作中要坚持原则,一丝不苟,严格以经过审核无误的合法凭证为依据,办理现金收付款业务。支付现金后,应在原始凭证上加盖“现金付讫”戳记,以防止凭证重复报销,不能以借据抵顶现金。凡属现金收入业务,应给对方开出正式合法的收据,严密手续,防止漏洞。

⑤不准坐支现金。事业单位支付现金,应从事业单位库存现金限额内支付或者从开户银行提取,不得从本单位的现金收入中直接支付,即坐支。因特殊情况需坐支的,应事先报经开户银行审查批准,由开户银行核定坐支范围和限额。事业单位若经批准坐支现金,应当定期向开户银行报送坐支的金额使用情况。

⑥做到日清月结,保证账款相符。现金收付要及时入账,每日清点库款;主管会计人员应定期或不定期地对实际结存,以及对有关部门的备用金进行核对与检查,做到日清月结、账款相符。任何有现金收支的部门都不得以借据或白条抵顶现金。

2. 现金的核算

(1)行政单位现金的核算

行政单位在执行预算的过程中,为了办理日常零星的经费开支,需要保存一定数量的现金。现金的管理与核算,是行政单位会计的一项经常性的管理核算业务。行政单位会计为核算库存现金的增减结存情况应设置“现金”账户。该账户借方反映库存现金的增加数,贷方反映库存现金的减少数,如期末为借方余额,反映行政单位库存现金数额。

用现金收付的各种原始凭证,均由出纳人员每日按业务发生的顺序按日连续编号,并根据原始凭证逐笔登记“现金日记账”。每日终了,计算当日现金收入合计数、现金支出合计数和结余数,并将结余数与实际库存数核对,做到账款相符,并编制“库存现金日报表”。有外币现金的行政单位,应分别设置人民币、各种外币“现金日记账”进行明细核算。

**【例 10-1】** 某行政单位职员王五预借差旅费 1 500 元,编制会计分录如下:

借:暂付款—王五 1 500

贷:库存现金 1 500

接上题,王五出差回来,报销差旅费 1 300 元,退回余款 200 元,编制会计分录如下:

借:经费支出 1 300

库存现金 200

贷:暂付款—王五 1 500

**【例 10-2】** 某行政单位用现金 1 000 元应急购买办公用品一批,编制会计分录如下:

借:经费支出 1 000

贷:现金 1 000

**【例 10-3】** 某行政单位开出现金支票,从银行提取备用金 500 元,编制会计分录如下:

借:现金 500

贷:银行存款 500

(2)事业单位现金的核算

应设置"库存现金"科目核算事业单位的现金。收到现金,借记本科目,贷记有关科目;支出现金,借记有关科目,贷记本科目。本科目借方余额反映库存现金数额。

事业单位应设置"现金日记账",出纳人员根据原始凭证逐笔顺序登记。每日业务结束,应计算当日现金收入合计数、现金支出合计数和结余数,并将结余数与实际库存数核对,做到账款相符,并编制"库存现金日报表"。现金收入业务较多,单独设有收款部门的单位,收款部门的收款员应将每天所收现金连同收款收据副联编制"现金收入日报表",送会计部门的出纳员核收;或者将所收现金直接送存开户银行后,将收款收据副联、"现金收入日报表"和向银行送存现金的凭证一并交会计部门的会计员核收记账。

从银行等金融机构提取现金,按照实际提取的金额,借记"库存现金"科目,贷记"银行存款"科目。根据规定从单位零余额账户提取现金,按照实际提取的金额,借记"库存现金"科目,贷记"零余额账户用款额度"科目。因提供服务、物品或者其他事项收到现金,按照实际收到的金额,借记"库存现金"科目,贷记"事业收入""应收账款"等相关科目。涉及增值税业务的,相关账务处理参见"应交增值税"科目。

**【例 10-4】** 某卫生中心从银行提取现金 3 000 元,编制会计分录如下:

借:库存现金 3 000

贷:银行存款 3 000

**【例 10-5】** 某市实行国库集中支付制度,该市某卫生中心根据规定从单位零余额账户提取现金 1 000 元,编制会计分录如下:

借:库存现金 1 000

贷:零余额账户用款额度 1 000

**【例 10-6】** 某卫生中心杨某出差 2 月 15 日预借差旅费 1 500 元。2 月 20 日归来后报销差旅费 700 元,余款 800 元归还。

2 月 15 日编制会计分录为:

借:其他应收款—杨某 1 500

贷:库存现金 1 500

2 月 20 日编制会计分录为:

借:业务活动费 700

库存现金 800

贷:其他应收款—杨某 1 500

为了加强对现金出纳保管工作的监督,防止盗窃和营私舞弊,保护现金安全完整,必须建立并认真执行现金清查制度。库存现金的清查包括出纳人员每日的清查核对和清查小组定期或不定期的清查。现金清查的主要手段是实地盘点。清查小组盘点现金时,出纳人员必须在场,盘点后将实存数与账存数核对,并编制"库存现金盘点报告表",列明实存、账存和溢缺金额。如有溢缺,应查明原因,并及时请领导审批。

发生现金溢缺,在未查明原因之前,应根据"库存现金盘点报告表"调整账务。现金短缺时,借记"其他应收款—现金短款"科目,贷记"现金"科目;属于现金溢余的金额,借记"现金"科目,贷记"其他应付款—现金长款"科目。在查明原因并报经领导审批后,如因工作失误造成的现金短缺,由责任人赔偿,收回现金时,借记"现金"科目,贷记"其他应收款现金短款";如果是属于正常误差而产生的短缺,经批准可列入"事业支出—其他费用"等。对于溢余的现金,如属错收的,应退回;如属无主款,经领导审批冲减有关支出或费用或上交主管部门,不能以余款抵补短缺款。

(二)银行存款的管理和核算

国家规定,一切企、事业单位和行政机关的货币资金,除了保留少量的备用现金外,都必须存入国家银行。各单位之间的经济往来,除国家规定的现金收付范围外,其他一切商品交易、劳务供应和资金调拨等结算,必须通过银行办理转账结算。转账结算,就是单位之间的款项收付,不动用现金,而通过银行从付款单位的银行账户直接划转到收款单位的银行账户的货币资金结算方式。

1. 银行存款的管理

(1)行政单位银行存款的管理

为了保证行政单位银行存款日记账与开户银行对行政单位银行存款的记录相互一致,行政单位应定期与开户银行对账,至少每月核对一次。当行政单位与银行之间发生未达账时,需通过编制银行存款余额调节表,使双方的账面余额一致。

(2)事业单位银行存款的管理

根据《银行账户管理办法》的规定,事业单位根据其需要可在银行开立基本存款账户、一般存款账户、临时存款账户和专用存款账户。基本存款账户是存款人办理日常转账结算和现金收付的账户,存款人的工资、奖金等现金的支取,只能通过基本存款户办理;一般存款户是存款人在基本存款账户以外银行借款转存,与基本存款户的存款人不在同一地点的附属非独立核算单位开立的账户,存款人可以通过一般存款户办理转账结算和现金结存,但不能办理现金支取;临时存款户是存款人因临时经营活动需要设立的账户,存款人可以通过临时存款户办理转账结算和根据国家现金管理的规定办理现金收付;专用存款户是存款人因特定用途需要开立的账户。

事业单位开立基本存款账户,应填制开户申请书,提供国家有关部门批复设立本事业单位的有关证件,送交盖有本事业单位印章的印鉴卡片,经银行审核同意,并凭中国人民银行当地分支机构核发的开户许可证开立账户;事业单位申请开立一般存款账户、临时存款账户和专用存款账户,应填制开户申请书,提供有关的证明文件,送交盖有该事业单位印章的印鉴卡片,经银行审核同意后开立账户。

事业单位必须严格按照国家有关规定开设银行存款账户,据以办理有关存款、取款以及转账业务。事业单位使用银行账户要特别注意以下几个问题:

①事业单位的各项收支,由单位财务部门统一管理。事业单位内部各部门取得的事业收入、经营收入等,都要纳入单位财务部门的统一监管之下,并且原则上应由单位财务部门开立账户,单位所属非独立核算部门不得另设账户。

②事业单位要本着相对集中、利于管理的原则开立账户,防止和杜绝开立账户过多、过滥的现象。

③事业单位必须在国家有关部门正式批准的银行或非银行金融机构,开立账户及办理有关存款、取款和转账结算业务。

④为了维护正常的经济、金融秩序,适应社会主义市场经济发展的需要,事业单位应加强银行存款户的管理。事业单位应由财务部门统一在银行开户。

⑤一个事业单位只能选择一家银行的一个分支机构开立一个基本存款账户,不得在多家银行分支机构开立基本存款账户;也不得因开户银行严格执行银行结算纪律而转移基本存款户。

⑥事业单位不得在同一家银行的几个分支机构开立一般存款户。

⑦事业单位只能办理本身的业务活动,不得出租、出借和转让账户。

⑧事业单位财会人员不得签发空头支票和远期支票,不得套取银行信用。

事业单位在银行开户后,即可根据不同情况,选用支票、汇兑、委托收款、银行汇票、银行本票、商业汇票和托收承付等不同的结算办法,通过银行与其他单位办理转账结算。

2. 银行存款的核算

(1)行政单位银行存款的核算

行政单位会计为核算银行存款的增减情况,应设置“银行存款”账户。该账户借方反映银行存款的增加数,贷方反映银行存款的减少数,期末借方余额反映银行存款的实有数。有外币存款的行政单位,应在本账户下分别按人民币和各种外币设置“银行存款日记账”进行明细核算。

**【例 10-6】** 某行政单位收到上级主管部门转拨来的预算经费 150 000 元,编制会计分录如下:

借:银行存款 150 000

　　贷:拨入经费 150 000

**【例 10-7】** 某行政单位购入 10 台电脑,价款共计 45 000 元,以转账支票支付,编制会计分录如下:

借:固定资产 45 000

　　贷:银行存款 45 000

(2)事业单位银行存款的核算

银行存款是事业单位存放在银行及其他金融机构的货币资金。为了核算事业单位存入银行的各种存款的收付及结存情况,事业单位财务会计应设置“银行存款”(资产类)科目,借方登记款项的存入及转入等,贷方登记款项的支出、提取、转出及汇出等,期末借方余额反映事业单位实际存在银行的款项。

事业单位每天都可能发生通过银行进行的结算业务,为了及时掌握银行存款的收支和结存情况,事业单位应按开户银行、存款种类等,分别设置“银行存款日记账”进行银行存款的序时核算。“银行存款日记账”的格式基本上与“现金日记账”相同,只是多设置了“结算凭证号”一栏,均采用三栏式账页。“银行存款日记账”应由出纳人员根据收付款凭证,按照发生业务的顺序逐笔登记,每日终了结出余额。

将款项存入银行或者其他金融机构,按照实际存入的金额,借记"银行存款"科目,贷记"库存现金""应收账款""事业收入""经营收入""利息收入"和"其他收入"等相关科目。涉及增值税业务的,相关账务处理参见"应交增值税"科目。从银行等金融机构提取现金。按照实际提取的金额,借记"库存现金"科目,贷记"银行存款"科目。

以银行存款支付相关费用,按照实际支付的金额,借记"业务活动费用""单位管理费用""其他费用"等相关科目,贷记"银行存款"科目。涉及增值税业务的,相关账务处理参见"应交增值税"科目。

**【例 10-8】** 某卫生中心提供医疗服务,现医疗收入 20 000 元,款项存入银行,编制会计分录如下:

借:银行存款 20 000

　　贷:事业收入 20 000

**【例 10-9】** 某事业单位收到银行存款利息 2 000,编制会计分录如下:

借:银行存款 2 000

　　贷:利息收入 2 000

**【例 10-10】** 某卫生中心从银行提取现金 2 000 元用于日常业务支出,编制会计分录如下:

借:库存现金 2 000

　　贷:银行存款 2 000

**【例 10-11】** 某小学支付本月电费 3 590 元,以银行存款支付,编制会计分录如下:

借:业务活动费用 3 590

　　贷:银行存款 3 590

(三)零余额账户用款额度核算

预算单位零余额账户是由财政部门为本部门和预算单位在商业银行开设的账户。预算单位零余额账户用于财政授权支付。该账户每日发生的支付,于当日营业终了前由代理银行在财政部批准的用款额度内与国库单一账户清算;营业中单笔支付额超过 5 000 万元人民币的(含 5 000 万元),应及时与国库单一账户清算。

为核算行政事业单位财政授权支付方式下的资金收付业务,应设置"零余额账户用款额度"科目。该科目借方核算财政核定给预算单位的用款额度和因特殊原因退回账户的额度资金,贷方核算预算单位支用的额度和年终未用的注销额度,账户每日资金结算后无余额。

行政事业单位收到代理银行盖章的《财政授权支付用款额度到账通知书》,与每月用款计划核对后记账,借记"零余额账户用款额度"科目,贷记"拨入经费财政授权支付"科目。

行政事业单位从零余额账户转账支付使用时,借记"经费支出""库存材料"等科目,贷记"零余额账户用款额度"科目。行政事业单位从零余额账户中提取现金和支用时,借记"现金"科目,贷记"零余额账户用款额度"科目。

**【例 10-12】** 某行政单位收到《财政授权支付用款额度到账通知书》确定授权支付额度为 10 000 元,编制会计分录如下:

借:零余额账户用款额度 10 000

　　贷:拨入经费—财政授权支付 10 000

【例 10-13】 某行政单位开出转账支票，从零余额账户中支付劳务费 8 000 元，编制会计分录如下：

借：经费开支 8 000

贷：零余额账户用款额度 8 000

【例 10-14】 某行政单位开出现金支票，从零余额账户中提现支付劳务费 2 000 元备用，编制会计分录如下：

借：现金 2 000

贷：零余额账户用款额度 2 000

## 二、应收、预付及暂付账款管理和核算

（一）行政单位暂付款的核算

暂付款是行政单位在业务活动中与其他单位、所属单位或本单位职工发生的临时性待结算款项。暂付款按实际发生数额记账。行政单位在管理暂付款时应掌握以下原则：

1. 从严掌握，严格控制规模。

在日常业务中，对可能发生的暂付款业务必须严格审批，从严控制规模，防止出现因暂付款数额庞大而影响正常经费开支的问题。对于各项暂付款项，按预算，根据借款入的借款收据，经有关机关审批，并进行办理。对于不符合规定的，会计部门应当拒付。

2. 注意资金收回，及时结算。

经办人对于临时性的借款和欠款，要根据实际情况及时进行催收和结算，防止出现借款不结算长期挂账的现象。借款人办事结束后，在规定日期结算报销，如有余款应同时交回，以后需要时，另行办理手续。尚未办理结算清账的，原则上不得再借。年终，借款原则上应全部结清，不得跨年挂账；暂付给所属报账单位的备用金，根据实际需要，核定定额加以控制，平时报销后再给予补充。年终，原则上全部结清收回备用金，下年另行处理。

3. 定期清算，杜绝长期挂账。

每年终了前，要对所有暂付款进行一次全面彻底清查。

行政单位会计为核算发生的各项待结算款项，应设置“暂付款”账户。该账户属于资产类账户，借方登记暂付款的增加数，贷方登记结算收回或核销转列支出数，借方余额表示尚待结算的暂付款累计数。发生应收暂付款项时，借记“暂付款”，贷记“银行存款”“现金”等账户；收回或核销时，借记“银行存款”“现金”“材料”等有关账户，贷记“暂付款”账户。该账户应按债务单位或个人名称设置明细账，有些支出项目实行政府采购并需要单位自筹配套资金时，应在该账户下设“政府采购款”明细账户进行明细分类核算。

【例 10-15】 某行政单位为购买设备，用银行存款预付设备款 10 000 元，编制会计分录如下：

借：暂付款 10 000

贷：银行存款 10 000

接上题，该行政单位购买的办公设备，实际开支为 15 000 元，用银行存款补足余额，编制会计分录如下：

借：固定资产 15 000

贷：银行存款 10 000

暂付款 10 000

**【例 10-16】** 某行政单位所属 A 单位急需资金,该行政单位从银行存款中借出 10 000 元给甲单位,编制会计分录如下:

借:暂付款 10 000

贷:银行存款 10 000

(二)事业单位应收及预付账款管理

应收及预付账款是事业单位在专业业务活动及其辅助活动之外开展非独立核算经营活动所发生的应收及预付款项。事业单位的应收及预付账款包括应收票据、应收账款及预付账款。应收票据、应收账款及预付账款是事业单位流动资产的重要组成部分。

1. 应收应收及预付账款管理

事业单位应加强对应收票据、应收账款及预付账款的管理,即应做到:

①严格控制各种应收、预付款项的额度。

②按照提供劳务或有偿服务的合同协议,指定专人做好结算和催收工作,制订工作计划,按期足额回收,防止可能的意外和损失的发生。

③对各种应收、预付款项,应督促有关经办人员或单位,及时办理结账和结报手续。

④对各种应收、预付款项,应按照购货或劳务合同的规定,按单位名称分科目设置有关的明细账,详细记载。

⑤通过加强对应收、预付账款的管理,加速资金的周转,提高资金的使用效益。

2. 应收及预付账款核算

(1)应收票据的核算

应收票据是核算事业单位因从事经营活动销售产品而收到的商业汇票。支票、银行汇票和银行本票具有较强的兑付能力,单位收到此类票据后存入银行,可直接计入“银行存款”账户,一般不通过“应收票据”账户核算。“应收票据”账户只用来核算采用商业汇票结算方式而收到的承兑汇票(包括商业承兑汇票和银行承兑汇票)。

应收票据按是否计息划分,可分为带息票据和不带息票据。带息票据是指注明利率及付息日期的票据。短期票据可在票据到期时一次付息。不带息票据是指到期只按面额支付,无须支付利息的票据。

事业单位为组织应收票据的核算设置了“应收票据”科目。“应收票据”核算事业单位因从事经营活动销售产品而收到的商业汇票,包括商业承兑汇票和银行承兑汇票。事业单位收到应收票据,借记“应收票据”,贷记“经营收入”等有关科目。应收票据到期收回的票面金额,借记“银行存款”科日,贷记“应收票据”科目。本科目借方余额为应收票据未到期数额。

单位持未到期的应收票据向银行贴现,应按实际收到的金额(扣除贴现息后的净额),借记“银行存款””等科目;按贴现息部分,借记“经营支出”科目;按应收票据的票面金额,贷记“应收票据”科目。

事业单位应设置“应收票据备查簿”,逐笔登记每一应收票据的种类、号数和出票日期、票面金额、付款人、承兑人、背书人的姓名或单位名称、到期日、收款日和收回金额等。

**【例 10-17】** 某事业单位销售一批产品给 A 公司,货已发出,价款为 10 000 元,增值税税款为 1 700 元。收到 A 公司一张两个月到期的商业承兑汇票,面值为 11 700 元,编制会计分录如下:

借:应收票据 11 700

贷:经营收入 10 000

应交税金—应交增值税(销项税)1 700

该票据在两个月后到期,收回款项 11 700 元,存入银行,编制会计分录如下:

借:银行存款 11 700

贷:应收票据 11 700

单位持有的应收票据在到期前,如果出现资金短缺,可以持未到期的银行承兑汇票向其开户银行申请贴现,以便获得所需的资金。"应收票据贴现"就是指票据持有人将未到期的票据在背书后送交银行,银行受理后从票据到期值中扣除按银行贴现率计算确定的贴息,然后将余款付给持票人,作为银行对企业的短期贷款。

票据贴现实质上是单位融资的一种形式,银行要按照一定的利率从票据价值中扣除自借款日起至票据到期日止的贴现利息。背书的应收票据是此项借款的担保品。应收票据的背书是指持票人在票据背面签字,签字人称为背书人,背书人对票据的到期付款负连带责任。银行贴现折扣的利息称银行贴息,银行贴现时所用利率称为贴现率。票据价值就是票据的到期价值,不带息票据的到期值为票据的面值,带息票据的到期值为票据到期时的本金利息。应收票据的贴现要计算贴现息和贴现净额,并据以登记有关账户。相关公式如下:

$$贴现息=票据到期值\times贴现率\times贴现期$$

$$贴现净额=票据到期值-贴现息$$

**【例 10-18】** 某事业单位销售一批产品给 B 公司,货已发出,货款为 30 000 元,增值税税款为 5 100 元。收到 B 公司一张 3 个月到期的商业承兑汇票,面值为 35 100 元。该事业单位 60 天后持票据到银行贴现,贴现率为 8%,编制会计分录如下:

借:应收票据 35 100

贷:经营收入 30 000

应交税金应交—增值税 5 100

贴现时,贴现息=35 100×8%×30/360=234(元)

贴现净额=35 100-234=34 866(元)

编制会计分录为:

借:银行存款 34 866

经营支出 234

贷:应收票据 35 100

(2)应收账款的核算

应收账款是事业单位因提供劳务、开展有偿服务及销售产品等业务形成的应向客户收取的款项。应收账款是事业单位的债权,也是事业单位流动资产的重要组成部分。

一般而言,事业单位赊销商品或提供劳务等,应按买卖成交时的实际金额入账。但如果应收账款有现金折扣时,要考虑折扣因素。

所谓现金折扣,是指为了鼓励客户在预定付款期内尽早付款,而给予的一种现金折扣优惠。现金折扣条件通常表示为 2/10(10 天内付款,给予 2%的现金折扣) 1/20(20 天内付款,给予 1%的现金折扣),N/30(30 天内付款,不给予折扣)。在此情况下,事业单位应收账款的实际数额会随客户的付款时间而异。例如:一笔 10 000 元的赊销款项,规定折扣条件为2/10、1/20、N/30。假设客户10天内付款,应收账款的实收金额为9 800元;在第10~20天内付款,实收金额为9 900元;在第20~30天付款,实收金额为10 000元。可见,客户付款的时间不同,应收账款实收金额也不同。在存在现金折扣的情况下,应收账款入账金额的确定有两种方法:一是总价法。总价法是将未扣减现金折扣的价款数额作为实际售价,据以确定应收账款的入账金额。这种方法是将现金折扣理解为鼓励客户提前付款而获得的经济利益。销售方给予客户的现金折扣,从融资角度上看,属于一种财务费用。总价法可以较好地反映销售的总过程,但在客户可能享受现金折扣的情况下,会引起高估应收账款和销售收入。二是净价法。净价法是将扣减现金折扣后的金额作为实际售价,据以确定应收账款的入账金额。这种方法把客户取得现金折扣视为正常现象,认为一般客户都会提前付款,而将由于客户未提前付款所不能享受的现金折扣,视为提供信贷获得的收入,冲减事业单位的事业支出或经营支出。净价法可弥补总价法的不足,但操作较麻烦。我国会计实务中,采用的是总价法。

事业单位为组织应收账款的核算设置了"应收账款"科目。"应收账款"核算事业单位因提供劳务、开展有偿服务及销售产品等业务应收取的款项。发生应收账款时,借记"应收账款",贷记"经营收入""其他收入"等科目;收到款项时,借记"银行存款"科目,贷记"应收账款"。"应收账款"借方余额反映待结算应收账款的累计数。"应收账款"应按债务单位或个人名称设置明细账。

**【例10-19】** 某事业单位7月2日向C公司销售一批产品,货已按合同要求发出,价款为10 000元,增值税税款为1 700元,货款尚未收到,编制会计分录如下:

借:应收账款 11 700

　　贷:经营收入 10 000

　　　　应交税金—应交增值税(销项税)1 700

**【例10-20】** 某事业单位属于一般纳税人7月3日销售新产品一批,价款为4 000元,增值税款680元,由于成批销售,给予购货方10%的商业折扣,编制会计分录如下:

借:应收账款 4 212

　　贷:经营收入 3 600

应交税金—应交增值税(销项税)612

**【例10-21】** 某事业单位3月4日向A公司提供劳务取得收入20 000元,规定的现金折扣条件是:2/10、1/15、N/30。3月10日收到A公司款项19 600元,编制会计分录如下:

借:应收账款 20 000

　　贷:经营收入 20 000

3月10日收到款项时:

借:银行存款 19 600

　　经营支出 400

　　贷:应收账款 20 000

(3)其他应收款的核算

其他应收款是事业单位除应收票据、应收账款、预付账款以外的其他应收、暂付款项。其包括:借出款、定额备用金、应向职工收取的各种垫付款项等。

事业单位对各种其他应收款仍应履行规定的手续,及时催收催报,积极组织核算,以防此类资产发生损失。事业单位其他应收款还应做到:严格控制,即要掌握少量、短期、必需、安全的原则。对各种其他应收款项,要认真审查,防止造成呆账;健全手续,即要建立其他应收款的责任制,制定相应的审批制度,完善审批手续;建立健全单位内部备用金领用和报销管理制度,反映和监督各种垫付款及其他支付的合法性;及时清理,即要经常检查回收情况,督促经办人员及时结算清理,不得长期挂账;对单位发生的损失要分清经济责任,应由个人承担的必须向责任人收取,应向保险公司或其他单位索赔的要及时办理索赔及时清算。

另外,事业单位为了使频繁的日常小额零星支出摆脱常规的逐级审批逐项签发支票的烦琐手续,对有关报销单位一些零星开支、零星采购或小额差旅费用等业务需用的现金,可建立定额备用金制度加以控制。定额备用金由会计部门根据实际情况核定,拨出一笔固定数额现金,并规定使用范围,指定专人经管。支付零用现金时,由指定的负责人签字同意的定额备用金,一般通过“其他应收款”账户进行核算。

为了核算、反映其他应收款项的增减变化情况和结算情况,应设置“其他应收款(资产类)账户。发生其他各种应收款项时,借记“其他应收款”,贷记有关账户;新回各种款项时,借记有关科目,贷记“其他应收款”。本账户借方余额为尚未结算的收款项。“其他应收款”账户应按其他应收款的项目和债务人设置明细账。

**【例 10-22】** 某事业单位职工杨某因公出差预借差旅费 2 000 元。出差回来报销差旅费 1 850 元,交回现金 150 元,编制会计分录如下:

借:其他应收款—杨某 2 000

　　贷:库存现金 2 000

报销时:

借:事业支出 1 850

库存现金 150

　　贷:其他应收款 2 000

## 三、存货的管理与核算

行政事业单位存货是指行政单位购买的专用物资材料,以及达不到固定资产标准的工具、器具、低值易耗品等。但是,并不是所有的行政单位都需要设置存货科目,进行存货的核算。因为行政单位的业务规模不同,消耗货物或材料的品种多少、数量大小、价值高低也不同,只有那些消耗材料的品种多、数量大、价值高的行政单位才设置材料科目才进行货物的核算,而对那些消耗货物或材料的品种少、数量小、价值低的行政单位一般不设置材料科目,而将其购入和耗用的材料直接列作支出。

行政事业单位也并不是将所有购入的材料都通过材料科目进行核算,通常将一些一次购进量少、价值低的随时购买随时消耗的材料物资也直接列作支出,不通过材料科目核算。

行政事业单位的货物一般包括以下内容:原材料:指使用以后即消耗或改变原有形态的各种物资。如原料、燃料、实验材料、改装使用的元件、零配件等;低值易耗品:指因价值低、易损耗等原因而不作固定资产管理的劳动资料。如仪器、仪表、工具、量具、器皿、一般用品和劳动保护用品等;办公用品类:指行政单位在办公活动中使用的各种物料,如纸张、笔墨等。

(一)存货的管理

行政事业单位的货物管理部门应及时采购业务活动所需的各种货物，做好货物的入库、保管、领用出库等工作，财务部门应及时组织材料的会计核算。行政事业单位的财务部门和货物管理部门应密切配合做好货物的日常管理工作。行政事业单位的业务规模和性质不同，对货物管理的方式和要求应有所不同。材料品种多、数量大、价值较高的行政单位，应对货物进行详细划分，明细核算；货物品种少、数量小、价值较低的行政单位，实行综合核算，可以对货物不划分细类。行政单位采购货物，必须严格按照批准的计划执行。

行政事业单位应建立健全货物的日常购买、验收、进出库、保管、领用等管理制度，明确责任，严格管理，保证材料的安全。为了加强货物管理，严密核算手续，各单位必须建立货物的入库、出库和保管制度。一切货物的采购、收发、保管、登记工作，应由专职的管理人员办理，货物收发业务较少的单位，也应指定专人兼管。财务部门对货物收、发等进行控制和监督。货物管理人员，对库存的货物应按照材料的类别和特点进行科学分类，妥善保管，有序存放保护材料的安全和完整。

行政事业单位的货物在购进时应先编制货物采购计划，事先由需求部门根据实际需要提出货物需求计划，并交货物保管部门，货物保管部门再根据需求计划和库存情况，汇总编制“货物采购计划”。货物采购计划可由用料部门、货物保管部门和财务部门联合审定，然后提交单位领导批准执行。

（二）货物的计价

购入货物，应以购价、运杂费作为材料入账价格，若为单位购入的自用货物，按实际支付的含税价格计算，若属于小规模纳税人的，其购进材料应按实际支付的含税价格计算；若属于一般纳税人的，其购进的材料非自用部分按不含税价格计算。

货物出库可以根据实际情况选择先进先出法或加权平均法确定其实际成本。

1. 先进先出法。

先进先出法是指以先购进的材料先发出消耗为假定前提，对发出货物进行计价的一种方法，即出库材料的价格按材料入库的顺序确定价格，先入库的先出库，依次类推。采用先进先出法，发出货物的成本是按照先购进先发出为原则计算确定的，所以期末材料的成本比较接近现行的市场价格。

2. 加权平均法。

加权平均法是指以本期某种货物的累计总金额除以本期某种货物的累计总数量，计算出本期某种货物的加权平均单价，并以此为标准确定本期发出某种货物成本和本期某种货物库存成本的一种方法。

其计算公式如下：

某种货物加权平均单价＝（月初结存货物总金额＋本月入库货物总金额）/（月初结存货物数量＋本月入库货物数量）

本期发出某种货物成本＝本期发出某种货物数量×某种货物加权平均单价

期末某种货物库存成本＝期末某种货物库存数量×某种货物加权平均单价

采用加权平均法，只在月末计算加权平均单价，比较简单，而且在市场价格上涨或下跌时所计算出来的单位成本平均化，对材料成本的分摊较为折中。

（三）存货的核算

1. 在途货物的核算

单位购入材料等物品，按照确定的物品采购成本的金额，借记“在途物品”科目，按照实际支付的金额，贷记“财政拨款收入”“零余额账户用款额度”“银行存款”等科目。涉及增值税业务的，相关账务处理参见“应交增值税”科目。

**【例 10-23】** ＊省＊事业单位购买一批疫情防控物资，物资采购成本 24 000 元，增值税 4 080 元，共计 28 080 元，由财政直接支付，编制会计分录如下：

借：在途物品 28 080

　　贷：财政拨款收 28 080

当所购材料等物品到达验收入库，按照确定的库存物品成本金额，借记“库存物品”科目，按照物品采购成本金额，贷记“在途物品”科目，按照使入库物品达到目前场所和状态所发生的其他支出，贷记“银行存款”等科目。

承例 10-23，＊省＊事业单位购买一批疫情防控物资到货，发生运输费用 300 元，由银行存款支付，编制会计分录如下：

借：库存物品 28 380

　　贷：在途物品 28 080

　　　　银行存款 300

2. 库存物品的核算

为核算单位在开展业务活动及其他活动中为耗用或出售而储存的各种材料、产品、包装物、低值易耗品，以及达不到固定资产标准的用具、装具、动植物等的成本，设置“库存物品”（1302）科目。本科目期末借方余额反映单位库存物品的实际成本。已完成的测绘、地质勘查、设计成果等的成本，也通过本科目核算。

“库存物品”科目应当按照库存物品的种类、规格、保管地点等进行明细核算。单位储存的低值易耗品、包装物较多的，可以在“库存物品”科目下按照“在库”“在用”“摊销”等进行明细核算。单位随买随用的零星办公用品，可以在购进时直接列作费用，不通过“库存物品”科目核算。

（1）库存物品购入

在取得的库存物品时，应当按照其取得时的成本入账。

①外购的库存物品验收入库，按照确定的成本，借记“库存物品”科目，贷记“财政拨款收入”“零余额账户用款额度”“银行存款”“应付账款”等科目。涉及增值税业务的，相关账务处理参见“应交增值税”科目。

**【例 10-24】** ＊省＊事业单位外购 10 箱办公用品，每箱 700 元（含税），共计 7 000 元，以银行存款支付，货物已验收入库，编制会计分录如下：

借：库存物品 7 000

　　贷：银行存款 7 000

②自制的库存物品加工完成并验收入库，按照确定的成本，借记“库存物品”科目，贷记“加工物品一自制物品”等科目。

**【例 10-25】** ＊省＊事业单位自制一批防护用具，加工完成并验收入库，加工成本共 11 256 元，物品验收入库，编制会计分录如下：

借：库存物品 11 256

　　贷：加工物品一自制物品 11 256

③委托外单位加工收回的库存物品验收入库，按照确定的成本，借记“库存物品”科目，贷记“加工物品—委托加工物品”等科目。

【例 10-26】 ＊省＊事业单位委托 A 企业加工 10 辆特制轮椅用于医疗服务，经计算，每辆轮椅计 12 400 元，物品验收入库，编制会计分录如下：

借：库存物品 124 000

贷：银行存款 124 000

④接受捐赠的库存物品验收入库，按照确定的成本，借记“库存物品”科目，按照发生的相关税费、运输费等，贷记“银行存款”等科目，按照其差额，贷记“捐赠收入”科目。接受捐赠的库存物品按照名义金额入账的，按照名义金额，借记“库存物品”科目，贷记“捐赠收入”科目；同时，按照发生的相关税费、运输费等，借记“其他费用”科目，贷记“银行存款”等科目。

【例 10-27】 ＊省＊事业单位接受 B 基金会捐赠专用器材一批，对方提供的发票显示器材价款 70 000 元、增值税 11 900 元，合计 81 900 元，器材已验收入库。发生运输费 6 000 元，以库存现金支付，编制会计分录如下：

借：库存物品 87 900

贷：捐赠收入 81 900

库存现金 6 000

（2）库存物品发出

库存物品在发出时，应该区分不同情况分别处理如下：

①单位开展业务活动等领用、按照规定自主出售发出或加工发出库存物品，按照领用、出售等发出物品的实际成本，借记“业务活动费用”“单位管理费用”“经营费用”“加工物品”等科目，贷记“库存物品”科目。

【例 10-28】 ＊省＊行政单位办公室领用文件夹 10 个，实际成本共 100 元，编制会计分录如下：

借：单位管理费用 100

贷：库存物品 100

②采用一次转销法摊销低值易耗品、包装物的，在首次领用时将其账面余额一次性摊销记入有关成本费用，借记有关科目，贷记“库存物品”科目。

【例 10-29】 ＊省＊事业单位一批货物实行一次转销法摊销，将其账面余额 1 800 元一次性摊销记入“业务活动费用”科目，编制会计分录如下：

借：业务活动费用 1 800

贷：库存物品 1 800

③采用五五摊销法摊销低值易耗品、包装物的，在首次领用时将其账面余额的 50%摊销记入有关成本费用，借记有关科目，贷记“库存物品”科目；使用完时，将剩余的账面余额转销记入有关成本费用，借记有关科目，贷记“库存物品”科目。

【例 10-30】 ＊省＊事业单位一批货物实行一次转销法摊销，将其账面余额 1 800 元一次性摊销记入“业务活动费用”科目，编制会计分录如下：

借：业务活动费用 900

贷：库存物品 900

④对外出售。经批准对外出售的库存物品（不含可自主出售的库存物品）发出时，按照库存物品的账面余额，借记“资产处置费用”科目，贷记“库存物品”料目；同时，按照收到的价款，借记银行存款"等科目，按照处置过程中发生的相关费用，贷记“银行存款”等科目；按

照其差额,贷记“应缴财政款”科目。

**【例 10-31】** 经批准,*省*事业单位将一批办公用品对外出售,库存物品账面余额7 260 元,收到价款 7 700 元,存入银行,发生搬运费 80 元,以库存现金支付,余款上缴财政,编制会计分录如下:

借:资产处置费用 7 260

　　贷:库存物品 7 260

借:银行存款 7 700

　　贷:库存现金 80

应缴财政款 7 620

⑤对外捐赠。经批准对外捐赠的库存物品发出时,按照库存物品的账面余额和对外捐赠过程中发生的归属于捐出方的相关费用合计数,借记“资产处置费用”科目,按照库存物品账面余额贷记“库存物品”“等科目,按照对外捐赠过程中发生的归属于出方的相关费用,贷记“银行存款“等科目。

**【例 10-32】** *省*事业单位对外捐赠一批物资,物资账面余额为 10 000,支付运输费用 200 元,以银行存款支付,编制会计分录如下:

借:资产处置费用 10 200

　　贷:库存物品 10 000

　　　　银行存款 200

(3)库存物品盘点

行政事业单位应当定期对库存物品进行清查盘点,每年至少盘点一次。对于发生的库存物品盘盈、盘亏或者报废、毁损、应当先记入“待处理财产损溢”科目,按照规定报经批准后及时进行后续账务处理。

①盘盈的库存物品,其成本按照有关凭证注明的金额确定;没有相关凭证但按照规定经过资产评估的,其成本按照评估价值确定;没有相关凭证也未经过评估的,其成本按照重置成本确定。如无法采用上述方法确定盘盈的库存物品成本的,按照名义金额入账。盘盈的库存物品,按照确定的入账成本,借记“库存物品”科目,贷记“待处理财产损溢”科目。

②盘亏或者毁损、报废的库存物品,按照待处理库存物品的账面余额、借记“待处理财产损溢”科目,贷记“库存物品”科目。属于增值税一般纳税人的单位,若因非正常原因导致的库存物品盘亏或毁损,还应当将与该库存物品相关的增值税进项税额转出、按照其增值税进项税额,借记“待处理财产损溢”科目,贷记“应交增值税—应交税金(进项税额转出)”科目。

**【例 10-33】** 年末,*省*事业单位对库存物品进行盘点,盘盈 10 件办公用具,同类物品市场价格每件 90 元,共计 900 元,编制会计分录如下:

借:库存物品 900

　　贷:待处理财产损溢 900

**【例 10-34】** 年末,*省*事业单位对库存物品进行盘点,盘亏笔记本 30 本,账面余额200 元,转入“待处理财产损溢”科目,编制会计分录如下:

借:待处理财产损溢 200

　　贷:库存物品 200

### 四、短期投资的核算

为核算事业单位按照规定取得的,持有时间不超过1年(含1年)的投资,设置“短期投资”(1101)科目。本科目期末借方反映事业单位持有短期投资的成本。本科目应当按照投资的种类等进行明细核算。

取得短期投资时,按照确定的投资成本,借记“短期投资”科目,贷记“银行存款”等科目;收到取得投资时实际支付价款中包含的已到付息期但尚未领取的利息、按照实际收到的金额,借记“银行存款”科目,贷记“短期投资”科目。收到短期投资持有期间的利息,按照实际收到的金额,借记“银行存款”科目,贷记“投资收益”科目。出售短期投资或到期收回短期投资本息,按照实际收到的金额,借记“银行存款”科目,按照出售或收回短期投资的账面余额,贷记“短期投资”科目,按照其差额,借记或贷记“投资收益”科目。涉及增值税业务的,相关账务处理参见“应交增值税”科目。

**【例 10-35】** *省*事业单位以结余资金在二级市场购买1年到期的国债券,面值80 000元,其中包含已到付息期但尚未领取的利息1 300元,支付手续费150元,共计801 450元,以银行存款支付,编制会计分录如下:

借:短期投资 801 450

　　贷:银行存款 801 450

承例10-35,收到实际支付价款中包含的已到付息期但尚未领取的利息1 300元,存入银行,编制会计分录如下:

借:银行存款 1 300

　　贷:短期投资 1 300

承例10-35,债券到期,收回本金80 000元,利息2 300元,存入银行,编制会计分录如下:

借:银行存款 82 300

　　贷:短期投资 80 000

　　　　投资收益 2 300

## 第三节　非流动资产的核算

### 一、固定资产的核算

(一)固定资产的概念及分类

固定资产是指使用年限在一年以上,单位价值在规定标准以上,并在使用过程中基本保持原来物质形态的资产,包括房屋及建筑物、专用设备、通用设备、文物和陈列品、图书和其他固定资产。行政事业单位的通用设备单价在500元以上、专用设备单价在800元以上,使用年限在1年以上的,都作为固定资产进行管理和核算。若单价虽然未达到规定标准,但使用时间在一年以上的大批同类物资,应作为固定资产核算。

根据行政事业单位固定资产按用途和形态的不同一般可分为以下几类。

1. 房屋及建筑物：指行政单位拥有后控制的房屋建筑及附属设施，主要包括办公用房、业务用房、后勤用房、生活用房、道路、场地、绿地、围墙、水井等。

2. 专用设备：指行政单位开展业务活动中使用的具有专门用途的设备，主要包括试验检测仪器、交通工具、电子设备等。

3. 通用设备：指各类通用设备，主要包括办公设备、被服装具等。

4. 文物和陈列品：指博物馆、展览馆、文物陈列馆等单位及其他行政单位所保管的文物、古董等。

5. 图书：指专业藏书机构储藏的各类图书，或行政单位同意储藏管理使用的图书。

6. 其他固定资产：指不包括在上述范围内，但符合固定资产标准的其他资产。

（二）固定资产的初始计量

1. 购入、调入的固定资产，按照实际支付的买价或调拨款、运杂费、安装费等记账。购置车辆时，按规定支付的车辆购置附加费计入购价之内。

2. 固定资产借款利息和有关费用以及外币借款的汇兑差额，在固定资产办理竣工之前发生的，应当计入固定资产价值；在竣工决算之后发生的，应当计入当期支出或费用。

3. 自制的固定资产，按开支的工、料、费记账。

4. 在原有固定资产基础上进行改建、扩建的固定资产，应按改建、扩建发生的支出减去改建、扩建过程中的变价收入后的净增加值，增记固定资产。

5. 融资租入的固定资产，按租赁协议确定的设备价款、运杂费、安装费等记账。它应当比照自有固定资产，按照同类固定资产的市场价格或根据所提供的有关凭证记账。接受固定资产时发生的相关费用，应当计入固定资产价值。

6. 接受捐赠的固定资产，按照同类固定资产的市场价格或根据所提供的有关凭据记账。接受固定资产时发生的相关费用，应当计入固定资产价值。

7. 盘盈的固定资产，按重置完全价值入账。

8. 已投入使用但尚未办理移交手续的固定资产，可先按估计价值入账，待确定实际价值后，再进行调整。

若已经入账的固定资产，除发生下列情况外，原则上不得任意变动：根据国家规定对固定资产价值重新估价；增加补充设备或改良装置的；将固定资产的一部分拆除的；根据实际价值调整原来暂估价值的；发现原来记录固定资产价值有错误的。

（三）固定资产的核算

“固定资产”属于资产类账户，借方登记固定资产的增加数，贷方登记固定资产的减少数，期末借方余额反映行政单位拥有的固定资产总值。其中需要注意的：

一是购入需要安装的固定资产，应当先行通过“在建工程”科目核算，安装完毕交付使用时再转入“固定资产”科目核算。

二是以借入、经营租赁租入方式获得的固定资产，不通过“固定资产”科目的核算，应当设置备查簿进行登记。

三是采用融资租入方式取得的固定资产，通过“固定资产”科目核算，并在“固定资产”科目下设置“融资租入固定资产”明细科目。

四是经批准在境外购买具有所有权的土地作为固定资产，应当在“固定资产”科目下设置“境外土地”明细科目，进行相应明细核算。

1.固定资产在取得时,应当按照成本进行初始计算

(1)购入不需要安装的固定资产验收合格时,按照确定的固定资产成本,借记"固定资产科目,贷记"财政拨款收入""零余额账户用款额度""应付账款""银行存款"等科目;购入需要安装的固定资产,在安装完毕交付使用前通过"在建工程"科目核算,安装完毕交付使用时再转入"固定资产"科目

**【例 10-36】** *省*事业单位购入 1 台试验设备(不需安装)。设备价款 9 000 元。增值税 200 元,运输 1 500 元,保险费 100 元,共计 10 800 元,以财政直接支付方式付,编制会计分录如下:

借:固定资产 10 800

　　贷:财政拨款收入　10 800

**【例 10-37】** *省*事业单位购入一台设备(需要安装)设备价款 9 000 元,增值税 200,运输费 1 500 元,保险费 100 元,共计 10 800 元,以银行存款付款;发生安装费 3 200 元,以零余额账户用款额度支付;安装完成验收后投入使用。

购入设备时,编制会计分录如下:

借:在建工程 10 800

　　贷:银行存款 10 800

支付安装费用时,编制会计分录如下:

借:在建工程 3 200

　　贷:零余额账户用款额度 3 200

交付使用时,编制会计分录如下:

借:固定资产 14 000

　　贷:在建工程 14 000

(2)当固定资产属于自行建造时,应按照在建工程成本,借记"固定资产"科目,贷记"在建工程"科目。但针对已交付使用但尚未办理竣工决算手续的固定资产按照估计价值入账,等待办理竣工决算后再按照实际成本调整原来的暂估价值。

**【例 10-38】** *省*事业单位自行建造一座办公楼,建造成本共计 54 387 600 元,完工后立即交付使用,编制会计分录如下:

借:固定资产 54 387 600

　　贷:在建工程 54 387 600

**【例 10-39】** *省*行政单位自行建造一座办公楼,尚未办理竣工决算手续,按照估计价 54 387 600 元入账。办理竣工决算后该大楼的实际成本为 54 388 000 元,再予以调整。

估价入账时,编制会计分录如下:

借:固定资产 54 387 600

　　贷:在建工程 54 387 600

调整时,编制会计分录如下:

借:固定资产 400

　　贷:在建工程 400

(3)融资租赁取得的固定资产,其成本按照租赁协议或者合同确定的租赁价款、相关税费以及固定资产交付使用前所发生的可归属于该项资产的运输费、途中保险费、安装调试费等确定。融资租入的固定资产,按照确定的成本,借记"固定资产"科目(不需安装)或

“在建工程”科目(需安装),按照租赁协议或者合同确定的租赁付款额,贷记“长期应付款”科目,按照支付的运输费、途中保险费、安装调试费等金额,贷记“财政拨款收入”“零余额账户用款额度”“银行存款”等科目。跨年度分期付款购入固定资产的账务处理参照融资租入固定资产的账务处理。

**【例 10-40】** *省*事业单位融资租入 5 台设备(不需安装)。合同规定的租赁价为40 000 元,以银行存款支付相关税费 2 500 元、运输费 1 000 元,共计 43 500 元;设备款分 4 年偿还,每年偿还 10 000 元,编制会计分录如下:

借:固定资产 43 500

　　贷:长期应付款 40 000

　　　　银行存款 3 500

(4)接受捐赠的固定资产,按照确定的固定资产成本,借记“固定资产”科目(不需安)或“在建工程”科目(需安装),按照发生的相关税费、运费等,贷记“银行存款”等科目,按照其差值,贷记“捐赠收入”科目。

**【例 10-41】** *省*事业单位接受捐赠的 10 台电脑,有关凭证注明电脑价款为50 000 元,发生运输费用 500 元,以库存现金支付,编制会计分录如下:

借:固定资产 50 500

　　贷:捐赠收入 50 000

　　　　库存现金 500

(5)无偿调入的固定资产,按照确定的固定资产成本,借记“固定资产”(不需安装)或"在建工程”科目(需安装),按照发生的相关税费、运输费,贷记“零余额账户用款额度”“银行存款等科目,按照其差额,贷记“无偿调拨净资产”科目。

2. 与固定资产有关的后续支出

(1)符合固定资产确认条件的后续支出。

通常情况下,将固定资产转入改建。扩建时,按照固定资产的账面价值,借记“在建工程"科目,按照固定资产已计提折旧,借记“固定资产累计折旧”科目,按照固定资产的账面余额,贷记“固定资产”科目。

**【例 10-42】** *省*事业单位对办公大楼进行扩建。该楼的固定资产账面余额为6 000 000,已计提折旧 1 800 000 元,转入“在建工程"科目,编制会计分录如下:

借:在建工程 4 200 000

　　固定资产累计折旧 1 800 000

　　贷:固定资产 6 000 000

(2)不符合固定资产确认条件的后续支出。

为保证固定资产正常使用发生的日常维修等支出,借记“业务活动费用”“单位管理费用”等科目,贷记“财政拨款收入”“零余额账户用款额度”“银行存款”等科目。

**【例 10-43】** *省*事业单位定期对所购设备进行日常维修,本月发生维修费用1 540 元,以零余额账户用款额度支付,编制会计分录如下:

借:业务活动费用 1 540

　　贷:零余额账户用款额度 1 540

3. 固定资产的处置

(1)经批准出售、转让固定资产。按照被出售、转让固定资产的账面价值,借记“资产处置费用”科目，按照固定资产已计提的折旧，借记“固定资产—累计折旧”科目，按照固定资产账面余额，贷记“固定资产”科目；同时，按照收到的价款，借记“银行存款”等科目，按照处置过程中发生的相关费用，贷记“银行贷款”等科目，按照其差额，贷记“应缴财政款”科目。

**【例 10-44】** ＊省＊行政单位对外转让 1 台设备。固定资产账面余项为 15 000 元，已计提折旧 13 000 元。收到价款 4 000 元存入银行，发生清理费用 300 元，以库存现金支付，编制会计分录如下：

借：资产处置费用 2 000

固定资产累计折旧 13 000

贷：固定资产 15 000

借：银行存款 4 000

贷：库存现金 300

应缴财政款 3 700

（2）报经批准对外捐赠固定资产，按照固定资产已计提的折旧，借记“固定资产累计折旧”科目，按照被处置固定资产账面余额，贷记“固定资产”科目，按照捐赠过程中发生的归属于捐出方的相关费用，贷记“银行存款”等科目，按照其差额，借记“资产处置费用”科目。

**【例 10-45】** 报经批准，＊省＊行政单位将其所购的 1 台设备对外捐赠，固定资产账面余额为 13 000 元，已计提折旧 3 000 元。发生清理费用 100 元，以库存现金支付，编制会计分录如下：

借：资产处置费用 10 100

固定资产累计折旧 3 000

贷：固定资产 13 000

库存现金 100

（3）报经批准无偿调出固定资产，按照固定资产已计提的折旧，借记“固定资产累计折旧”科目，按照被处置固定资产账面余额，贷记“固定资产”科目，按照其差额，借记“无偿调拨净资产”；同时，按照无偿调出过程中发生的归属于调出方的相关费用，借记“资产处置费用”科目，贷记“银行存款”等科目。

**【例 10-46】** 报经批准，＊省＊事业单位无偿调出设备 2 台，设备的账面余额为17 000 元，已计提折旧 3 000 元，发生清理费用 400 元，以库存现金支付，编制会计分录如下：

借：无偿调拨净资产 14 000

固定资产累计折旧 3 000

贷：固定资产 17 000

借：资产处置费用 400

贷：库存现金 400

4. 固定资产的清查盘点

行政事业单位应当定期对固定资产进行清查盘点，每年至少盘点一次。对于发生的固定资产盘盈、盘亏、毁损或报废，应当先记入“待处理财产损溢”科目，按照规定报经批准后及时进行后续账务处理。

（1）盘盈固定资产的核算。盘盈的固定资产，其成本按照有关凭证注明金额确定；没有相关凭证，也未经过评估的，其成本按重置成本确定；没有相关凭证，也未经过评估的，其成本按照重置成本确定。

(2)盘亏、毁损或报废的固定资产,按照待处理固定资产的账面价值,借记"待处理财产损溢"科目,按照已计提折旧,借记"固定资产累计折旧"科目,按照固定资产的账面,贷记"固定资产"科目。

**【例 10-47】** *省*事业单位定期盘点固定资产,盘盈 A 设备 1 台,按类似设备的市场价格估值 15 400 元。盘亏乙器械 2 件,乙器械的账面余额为 6 000 元,已计提折旧 2 000 元,编制会计分录如下:

借:固定资产 15 400

　　贷:待处理财产损溢 15 400

借:待处理财产损溢 4 000

　　固定资产累计折旧 2 000

　　贷:固定资产 6 000

5. 固定资产的折旧

为核算单位计提的固定资产累计折旧,设置"固定资产累计折旧"(1602)科目。本科目期末贷方余额反映单位计提的固定资产折旧累计数。本科目应当按照所对应固定资产的明细分类进行明细核算。按月计提固定资产折旧时,按照应计提折旧金额,借记"业务活动费用""单位管理费用""经营费用""加工物品""在建工程"等科目,贷记"固定资产累计折旧"科目。

**【例 10-48】**月末,*省*事业单位计提固定资产折旧,设备类折旧金额为 4 300 元,建筑类折旧金额为 7 600 元,共计 11 900 元,编制会计分录如下:

借:业务活动费用 11 900

　　贷:固定资产累计折旧—设备 4 300

　　　　　　　　　　　　—建筑 7 600

6. 固定资产的处置

经批准处置或处理固定资产时,按照所处置或处理固定资产的账面价值,借记"资产处置费用""无偿调拨净资产""待处理财产损溢"等科目,按照已计提折旧,借记"固定资产累计折旧"科目,按照固定资产的账面余额,贷记"固定资产"科目。

**【例 10-49】** *省*事业单位报废设备 1 台,固定资产账面余额为 20 000 元,已计提折旧 13 000 元,编制会计分录如下:

借:待处理财产损溢 7 000

　　固定资产累计折旧 13 000

　　贷:固定资产 20 000

## 二、无形资产的核算

(一)无形资产的概述

无形资产,是指不具有实物形态,能为使用者提供某种权利的资产,包括专利权、商标权、著作权、土地使用权、非专利技术、商誉以及其他财产权利。它不存在实物形态,它通常表现为单位所拥有的一种特殊权利,不像流动资产、固定资产那样有实实在在的实物表现形式。其次无形资产可以在较长的时期内发挥作用,可以在许多会计期间为单位提供较高的经济效益和社会效益。无形资产特别是专利权、非专利技术等这类无形资产运用于单位的生产和业务活动中,能够提高单位的业务水平和经济能力,给单位带来较高的经济效益和社会效益。通常无形资产可以被某家单位独家使用或控制,但并不一定能给持有者带来经济利益。有的无形资产可能无经济价值或具有很小的价值,有的则会被另外更有经济价值的无形资产淘汰。

由于无形资产带给所有者未来的经济效益具有很大的不确定性,因此出于谨慎原则,在无形资产价值的确定上,只有能够确认为取得无形资产而发生的支出,才能作为无形资产的成本入账;否则,即使行政事业单位确实拥有某项无形资产,也不能将其本金化,作为无形资产入账。

(二)无形资产的核算

1. 无形资产的取得

(1)外购的无形资产,按照确定的成本,借记"无形资产"科目,贷记"财政拨款收入""零余额账户用款额度""应付账款""银行存款"等科目。

**【例 10-50】** ＊省＊事业单位购入一项商标权,总价款为 12 000 元,以零余额账户用款额度支付,编制会计分录如下:

借:无形资产 12 000

　　贷:零余额账户用款额度 12 000

(2)委托软件公司开发软件,视同外购无形资产进行处理。按照合同中约定的预付金额,借记"预付账款"科目,贷记"财政拨款收入""零余额账户用款额度""银行存款"等科目。软件开发完成交付使用并支付剩余或全部软件开发费用时,按照软件开发费用总额、借记"无形资产"科目,按照相关预付账款金额,贷记"预付账款"科目,按照支付的剩余金额,贷记"财政拨款收入""零余额账户用款额度""银行存款"等科目。

**【例 10-51】** ＊省＊事业单位委托软件公司开发 oa 软件,目前现软件开发完成并交付使用。全部开发费用为 110 000 元,合同中约定预付开发费用 30 000 元,余款 80 000 元以银行存款支付,编制会计分录如下:

借:无形资产 110 000

　　贷:预付账款 30 000

　　　　银行存款 80 000

(3)自行研发形成的无形资产,按照研发项目进入开发阶段后至达到预定用途前所发生的支出总额,借记"无形资产"科目,贷记"研发支出—开发支出"科目。自行研发项目尚未进入开发阶段,或者确实无法区分研究阶段支出和开发阶段支出,但按照法律程序已申请取得无形资产的,按照依法取得时发生的注册费、聘请律师费等费用,借记"无形资产"科目,贷记"财政拨款收入"零余额账户用款额度""银行存款"等科目;按照依法取得前所发生的研究开发支出,借记"业务活动费用"等科目,贷记"研发支出"科目

**【例 10-52】** ＊省＊事业单位自行研发一个软件,由于无法区分研究阶段支出和开发阶段支出,按照依法取得时发生的注册费、聘请律师费等共 10 000 元记账,费用以零余额账户用款额度支付,编制会计分录如下:

借:无形资产 10 000

　　贷:零余额账户用款额度 10 000

(4)接受捐赠的无形资产,按照确定的无形资产成本,借记"无形资产"科目,按照发生的相关税费等,贷记"零余额账户用款额度""银行存款"等科目,按照其差额,贷记"捐赠收

入”科目。与接受捐赠的固定资产账目处理相似。

(5)无偿调入的无形资产,按照确定的无形资产成本,借记“无形资产”,按照发生的相关税费、运输费,贷记“零余额账户用款额度”“银行存款”等科目,按照其差额,贷记“无偿调拨净资产”科目。与无偿调入的固定资产账目处理相似。

2. 无形资产后续支出

(1)符合无形资产确认条件的后续支出

为增加无形资产的使用效能对其进行升级改造或扩展其功能时,如需暂对无形资产进行摊销的,按照无形资产的账面价值,借记“在建工程”科目,按照无形资产已摊销金额,借记“无形资产累计摊销”科目,按照无形资产的账面余额,贷记“无形资产”科目。

**【例 10-53】** ＊省＊行政单位自行研发的专利材料进行升级改造,需暂停对无形资产进行摊销,无形资产的账面余额为 11 000 元,无形资产累计摊销 4 000 元,编制会计分录如下:

借:在建工程 7 000

　无形资产累计摊销 4 000

　　贷:无形资产 11 000

(2)不符合无形资产确认条件的后续支出

为保证无形资产正常使用发生的日常维护等支出,借记“业务活动费用”“单位管理费用”等科目,贷记“财政拨款收入”“零余额账户用款额度”“银行存款”等科目。

**【例 10-54】** ＊省＊行政单位财务软件进行日常维护,向软件公司支付费用 900 元,以库存现金支付,编制会计分录如下:

借:业务活动费用 900

　　贷:库存现金 900

3. 处置无形资产

按照规定报经批准处置无形资产,应当区分不同情况分别处理,参照“固定资产”的科目相关规定进行账务处理。

4. 无形资产的清查盘点

每年至少进行一次盘点清查,产生的无形资产盘盈或盘亏,参照“固定资产”的科目相关规定进行账务处理。

5. 无形资产的摊销

为核算单位对使用年限有限的无形资产计提的累计推销,设置"无形资产累计摊销”科目,本科目期末贷方余额反映单位计提的无形资产摊销累计数。本科目应当对对应无形资产的明细分类进行明细核算。参照“固定资产”的科目相关规定进行账务处理。

**【例 10-55】** 月末,＊省＊事业单位对无形资产进行摊销,专利权摊销额为 400 元,商标权摊销额为 300 元,共计 700 元,记入“单位管理费用”科目,编制会计分录如下:

借:单位管理费用 700

　　贷:无形资产累计摊销—专利权 400

　　　　　　　　　　　—商标权 300

6. 处置无形资产时的核算

经批准处置无形资产时,按照所处置无形资产的账面价值,借记“资产处置费用”“无偿调拨净资产”“待处理财产损溢”等科目,按照已计提摊销,借记“无形资产累计摊销”科目,按照无形资产的账面余额,贷记“无形资产”科目。

## 三、长期股权投资的核算

为核算事业单位按照规定取得的持有时间超过 1 年(不含 1 年)的股权性质的投资,设置“长期股权投资”(1501)科目。本科目期末借方余额反映事业单位持有的长期股权投资的价值。本科目应当按照被投资单位和长期股权投资取得方式等进行明细核算。长期股权投资采用权益法核算的,还应当按照“成本”“损益调整”“其他权益变动”设置明细科目,进行明细核算。

长期股权投资在取得时,应当按照其实际成本作为初始投资成本。借记“长期股权投资”科目,按照支付的价款中包含的已宣告但尚未发放的现金股利,借记“应收股利”科目,按照实际支付的全部价款,贷记“银行存款”等科目。长期股权投资持有期间应按照成本法或权益法进行核算。

**【例 10-56】** ＊省＊事业单位以银行存款的方式购买 M 企业股票 1 000 股,每股市价 30 元,支付手续费 300 元,证券交易税 400 元,已宣告但尚未发放的现金股利 7 000 元,共计 37 700 元,以银行存款支付,编制会计分录如下:

借:长期股权投资—B 企业 30 700

应收股利 7 000

贷:银行存款 37 700

接上例,＊省＊事业单位收到 M 企业已宣告但尚未发放的现金股利 7 000 元,存入银行,编制会计分录如下:

借:银行存款 7 000

贷:应收股利 7 000

# 第十一章　行政事业单位负债的管理与核算

## 第一节　行政事业单位负债概述

### 一、行政单位负债的概述

行政单位负债是行政单位承担的能以货币计量,需要以资产偿付的债务。其包括应缴预算款、应缴财政专户款、暂付款等。行政单位的负债没有长期负债和短期负债的区分,所有的应付及暂存款项都叫暂存款。行政单位在履行或执行政府职能时,会收到一些应纳入政府预算管理,或者是不纳入政府预算管理,但要纳入财政预算外资金专户管理的财政性资金,这些应缴未缴的款项也构成了行政单位的负债。

行政单位负债的内容与组织会计核算设置的会计科目间的对应关系如表 11-1 所示。

**表 11-1　行政单位负债的内容与组织会计核算设置的会计科目间的对应关系**

| 资产内容 | 预算会计科目 |
| --- | --- |
| 应付及暂存款项 | 暂存款 |
| 应缴未缴款 | 应缴预算款 |
| | 应缴财政专户款 |

### 二、事业单位负债的概述

(一)事业单位负债的概念

事业单位负债是指事业单位所承担的能以货币计量,需要以资产或者劳务偿还的债务。负债是事业单位资产总额中属于债权人的那部分权益或利益,它反映事业单位对其债权人所应承担的全部经济责任。负债主要有以下特点:负债是指已经发生的,并在未来一定时期内必须偿付的经济义务,这种偿付可以用货币、物品、提供劳务、再负债等债权人所能接受的形式来实现;负债在一般情况下有确切的债权人和到期日;大部分负债是交易的结果,而这种交易一般是以契约、合同、协议,或法律约束为前提的;负债只有在偿还,或债权人放弃债权,或情况发生变化以后才能消失;负债是可以计量的,有确切的或可预计的金额。

事业单位的负债，包括借入款项、各种应付账款、预收账款、各种应缴款项等。

（二）事业单位负债的管理

事业单位应当对不同性质的负债分别管理，及时清理并按规定办理结算，保证各项负债在规定期内归还。负债管理主要应注意以下几个问题：

1. 要严格控制负债规模

事业单位是依靠自身业务优势为社会提供公共商品的社会组织，其主要任务是按照国家的计划和群众要求，发展社会事业。在社会主义市场经济条件下，国家虽然允许或鼓励一部分有条件的事业单位依法组织事业收入和经营收入，但必须在一定范围内进行，利用负债组织事业收入开展经营活动要慎之又慎，要严格控制负债规模。如果事业单位借款超过了一定的限度，经营效益又不佳，其借款归还实际上无法得到保证，既影响债权人的利益，又可能影响事业单位正常业务工作的开展。

2. 要及时清理债权债务，按规定办理有关结算二期

对往来款中属于负债性质的款项如借入款项、应付款项、预收款项和应缴款项，事业单位要及时组织清理，保证在规定的期限内及时进行偿还、缴纳和结算，不得长期挂账。

3. 事业单位的负债均以实际发生数计价入账

对已经发生而价款尚需确定的负债应当以合理预计价格入账，待实际价款正式确定后再按实际数额进行调整。

# 第二节　负债的核算

## 一、行政单位负债的核算

（一）暂存款的核算

暂存款是行政单位在业务活动中与其他单位或者个人发生的待结算款项。如临时借入资金、其他应付款项、押金及保证金等。另外，暂存款还包括接受其他单位委托代管的经费及单位内部有关机构的资产，如个人住房资金、工会经费等。

行政单位会计为核算日常发生的各种应付暂存款的增减变化情况，应设置“暂存款”科目。该科目属于负债类账户，贷方登记应付及暂存款的发生数，借方登记结算或退还应付及暂存款数。余额在贷方，反映尚未结算的暂存款数额。该科目应按债权单位或个人设置明细账。其具体使用方法如下：

1. 行政单位收到暂存款时，借记“银行存款”“现金”“材料”“经费支出”等科目，贷记“暂存款”科目。

2. 冲销或结算退还暂存款时，借记“暂存款”科目，贷记“银行存款”“现金”等科目。

**【例 11-1】**　＊行政单位向甲公司借入临时周转金 1 000 元，存入银行，编制会计分录如下：

借：银行存款 1 000

　　贷：暂存款 1 000

【例 11-2】 ＊行政单位向乙公司赊购材料 1 100 元，材料已验收入库，编制会计分录如下：

借：库存材料 1 100

　　贷：暂存款 1 100

【例 11-3】 ＊行政单位收到丙公司欲租用本单位固定资产而交来的押金 10 000 元，存入银行，编制会计分录如下：

借：银行存款 10 000

　　贷：暂存款 10 000

（二）应缴预算款

应缴预算款是指行政单位在业务活动中按规定取得的应缴财政预算的各种款项，主要包括：纳入预算管理的政府性基金、行政性收费、罚款、没收财物变价款、无主财物变价款、赃款和赃物变价款、其他应缴预算的资金等。行政单位取得的应缴预算款项应当按照规定及时、足额上缴国库。对于未达到缴款起点或需要定期清缴的，应及时存入银行存款账户。

行政单位会计为核算按规定取得并缴入政府预算的各种款项，应设置“应缴预算款”科目。该科目属于负债类账户，贷方登记收到的款项，借方登记上缴的款项，平时余额在贷方，表示应缴未缴数，年终，该科目应无余额。该科目应按应缴预算款的类别设明细科目，进行明细分类核算。行政单位收到应缴预算款项时，借记“银行存款”等科目，贷记“应缴预算款”科目；上缴时，借记“应缴预算款”科目，贷记“银行存款”等科目。

【例 11-4】 ＊行政单位根据有关规定收取行政性收费 1 000 元，款项存入银行，编制会计分录如下：

借：银行存款 1 000

　　贷：应缴预算款 1 000

【例 11-5】 ＊行政单位依法对某公司进行罚款，罚款收入 20 000 元，存入银行后上缴国库，编制会计分录如下：

借：银行存款 20 000

　　贷：应缴预算款 20 000

借：应缴预算款 20 000

　　贷：银行存款 20 000

（三）应缴财政专户款

应缴财政专户款是指行政单位按规定代收的应上缴财政专户的预算外资金。应缴财政专户的预算外资金范围及管理办法，按国务院和财政部规定办理。

预算外资金是指行政单位依据国家法律和具有法律效力的规章收取、提取和安排使用的未纳入国家预算管理的各种财政性资金。行政单位预算外资金主要包括以下内容：

1. 法律、法规规定的行政事业性收费、基金和凭借政府职权筹集的资金。

2. 国务院或省级人民政府及其财政、计划（物价）部门审批的项目和标准，收取和提取的各种行政事业性收费收入。

3. 主管部门从所属单位集中的管理费和其他资金。

4. 用于乡镇政府开支的乡自筹资金和乡统筹资金。

5. 其他未纳入预算管理的财政性资金。

预算外资金是国家财政性资金，不是部门和单位的自有资金，必须纳入财政管理。财政部门要在银行开设统一的专户,用于预算外资金收入和支出管理。部门和单位的预算外收入必须上缴财政专户,支出由同级财政按预算外资金收支计划和单位财务收支计划统筹安排,从财政专户中拨付,实施收支两条线管理。

收支两条线是指对单位的资金收入流向和支出流向进行隔离式管理的一种方式。这种方式要求单位的银行账户要分收入账户和支出账户,收入账户只收入不支出,支出账户只支出不收入。具体就是单位的收入账户只能组织收入,然后将收入转入财政部门的预算外资金账户,进行专项管理;单位使用预算外资金需提出申请,经财政部门审批后,从财政部门预算外资金专户返还到单位的支出账户,单位方可支配使用。收支两条线管理的核心是单位不得将预算外资金收入存入支出账户直接使用,也不得从收入账户直接支出资金。

行政单位会计为核算按规定代收的应上缴财政专户的预算外资金,应设置"应缴财政专户款"科目。该科目属于负债类账户,贷方登记应上缴财政专户的预算外资金的收入数,借方登记上缴财政专户数,平时余额在贷方,表示应缴未缴数。年终,该科目无余额。该科目按预算外资金类别设明细账,进行明细分类核算。行政单位收到应上缴财政专户的各项收入时,借记"银行存款"等科目,贷记"应缴财政专户款"科目;上缴专户时,做相反的会计分录;实行预算外资金结余上缴财政专户的单位定期结算预算外资金结余时,应按结余数借记"预算外资金收入"科目,贷记"应缴财政专户款"科目;实行按比例上缴财政专户的行政单位收到预算外资金收入时,应分别记入"应缴财政专户款"和"预算外资金收入"科目,即借记"银行存款"科目,贷记"预算外资金收入"科目。

行政单位预算外资金上缴同级财政专户的办法有三种,一是全额上缴财政专户;二是按比例上缴财政专户;三是收支相抵后的结余数上缴同级财政专户。由于预算外资金上缴财政专户的形式有三种,不同形式的会计核算方法不同,因此分别予以说明。

1. 实行全额上缴财政专户的单位,取得应缴财政专户的各项收入时,借记"银行存款"等科目,贷记"应缴财政专户款"科目;上缴财政专户时,借记"应缴财政专户款"科目,贷记"银行存款"科目;收到财政部门核拨的预算外资金时,借记"银行存款"科目,贷记"预算外资金收入"科目。

2. 实行按比例上缴财政专户的行政单位收到预算外资金收入时,应按确定的留解比例计算出应上解和应留用的数额,分别记入"应缴财政专户款"和"预算外资金收入"科目。收到时,借记"银行存款"或"现金"科目,按应上缴的数额贷记"应缴财政专户款"科目,按应留用的数额贷记"预算外资金收入"科目;上缴时,借记"应缴财政专户款"科目,贷记"银行存款"科目;收到财政部门核拨的预算外资金时,借记"银行存款"科目,贷记"预算外资金收入"科目。

3. 收支相抵后的结余数上缴同级财政专户办法的行政单位,平时收到预算外收入时,直接作为预算外资金收入处理,借记"银行存款"科目,贷记"预算外资金收入"科目;定期结算预算外资金结余时,应按结余数借记"预算外资金收入"科目,贷记"应缴财政专户款"科目;按预算外资金的收支结余数额上缴财政专户的,借记"应缴财政专户款"科目,贷记"银行存款"科目。收到财政部门核拨的预算外资金时,借记"银行存款"科目,贷记"预算外资金收入"科目。

**【例 11-6】** *行政单位的预算外资金采用全额上缴财政专户的办法。1 月 5 日,收到一笔应上缴财政专户的预算外资金 30 000 元,存入银行。1 月 20 日,将 30 000 元上缴财政专户。1 月 25 日,经同级财政部门审批同意后,从财政专户转回上缴的预算外资金

15 000 元。

1 月 5 日编制会计分录如下：

借:银行存款 30 000

贷:应缴财政专户款 30 000

1 月 20 日编制会计分录如下：

借:应缴财政专户款 30 000

贷:银行存款 30 000

1 月 25 日编制会计分录如下：

借:银行存款 15 000

贷:预算外资金收入 15 000

【例 11-7】 *行政单位的预算外资金采用比例上缴,财政部门核定该单位上缴比例为 60%。6 月 1 日,从外单位取得预算外资金 23 000 元,存入银行。6 月 25 日将 13 800 元上缴财政专户。

6 月 1 日编制会计分录如下：

借:银行存款 23 000

贷:应缴财政专户款 23 000

6 月 25 日编制会计分录如下：

借:应缴财政专户款 13 800

贷:银行存款 13 800

【例 11-8】 *行政单位的预算外资金采用结余上缴财政专户的办法。8 月 3 日,该行政单位取得预算外资金 5 000 元。8 月 31 日该单位预算外资金结余 2 000 元,并将结余数上缴财政专户。

8 月 3 日编制会计分录如下：

借:银行存款 5 000

贷:预算外资金收入 5 000

8 月 31 日编制会计分录如下：

借:预算外资金收入 2 000

贷:应缴财政专户款 2 000

借:应缴财政专户款 2 000

贷:银行存款 2 000

(四)应付工资

《行政事业单位工资和津贴补贴有关会计核算办法》规定,从 2006 年 7 月 1 日起,在《行政单位会计制度》和《事业单位会计制度》负债类科目下增设“应付工资(离退休费)”“应付地方(部门)津贴补贴”“应付其他个人收入”科目。“应付工资”科目核算向职工发放的工资或离退休费。工资是指行政单位按国家统一规定发放给在职人员的职务工资、级别工资、年终一次性奖金,事业单位按国家统一规定发放给在职人员的岗位工资、薪级工资、绩效工资,以及经国务院或人事部、财政部批准设立的津贴补贴。离退休费是指按国家统一规定发放给离退休人员的离休、退休费及经国务院或人事部、财政部批准设立的津贴补贴。

“应付地方津贴补贴”科目核算向职工发放的各类地方(部门)津贴补贴。地方(部门)

津贴补贴是指各地区各部门各单位出台的津贴补贴。

“应付其他个人收入”科目，核算向职工发放的其他个人收入。其他个人收入是指按国家规定发给个人除上述以外的其他收入，包括误餐费、夜餐费，出差人员伙食补助费、市内交通费，出国人员伙食费、公杂费、个人国外零用费，发放给个人的一次性奖励等。

以上科目按“在职人员”“离休人员”“退休人员”设二级科目进行明细核算。

单位发放工资（离退休费）、地方（部门）津贴补贴，及其他个人收入时，借记相关支出科目，贷记“应付工资（离退休费）”“应付地方（部门）津贴补贴”或“应付其他个人收入”科目。同时，借记“应付工资（离退休费）”“应付地方（部门）津贴补贴”或“应付其他个人收入”科目，贷记“银行存款”“拨入经费（财政直接支付）”“财政补助收入（财政直接支付）”“零余额账户用款额度”或“现金”等科目。

## 二、事业单位负债的核算

（一）借入款项

事业单位借入款项是指事业单位向财政部门、上级单位、金融机构或其他单位借入的有偿使用的各种款项。为了核算事业单位从财政部门、上级主管部门、金融机构借入的有偿使用的款项，事业单位会计应设置“借入款项”科目。该科目属于负债类账户，贷方登记借入款项的本金，借方登记偿还的借入款项本金，期末贷方余额反映尚未偿还的借入款项本金。该科目应按债权单位设置明细账，进行明细分类核算。

事业单位借入款项时，借记“银行存款”等科目，贷记“借入款项”科目；归还本金时，借记“借入款项”等科目，贷记“银行存款”科目；支付借款利息时，借记“事业支出”“经营支出”科目，贷记“银行存款”科目。

借入款的会计核算主要涉及三个方面：一是取得借款的会计核算；二是借款利息的会计核算；三是归还借款的会计核算。

1. 取得借款的会计核算：取得借款时，应按实际取得的金额，借记“银行存款”等科目，贷记“借入款项”科目。

2. 借款利息的会计核算：如果借入款项是为开展事业活动借入的，在支付借款利息时按实际支付数列入“事业支出—其他”科目；如果借入款项是为开展经营活动借入的，在支付借款利息时若是按期支付的（如按季或半年支付一次），或者在借款到期时连同本金一起归还，并且数额较大的，按照配比原则，应采用预提的方法，按月预提列入“经营支出—其他”科目。预提时，借记“经营支出—其他”科目，贷记“其他应付款”科目。

3. 归还借款的会计核算：借款到期归还本金时，按归还本金数借记“借入款项”等科目，贷记“银行存款”科目。

**【例 11-9】**　*小学 3 月份发生以下借入款项业务：(1)3 月 1 日，从银行借入为期三个月的短期借款 10 000 元，年利率为 10%，合同规定到期一次还本付息；(2) 到期还本付息。编制会计分录如下：

借：银行存款 10 000

　　贷：借入款项 10 000

借：借入款项 10 000

　　事业支出 1 000

贷:银行存款 11 000

(二)应付及预收款项

应付及预收款项是指事业单位在日常经营活动和其他活动中,因购进材料、商品或接受劳务供应等,未及时与其他单位和个人结算而形成的债务。事业单位应付及预收的主要内容包括应付票据、应付账款、预收账款、其他应付款等。

1. 应付票据的核算

应付票据是指事业单位购买商品或劳务时所开出、承兑的商业汇票,包括银行承兑汇票和商业承兑汇票。

为了核算事业单位对外发生债务时所开出、承兑的商业汇票,事业单位会计应设置"应付票据"科目。该科目属于负债类账户,贷方登记事业单位开出、承兑的商业汇票,借方登记商业汇票到期时的应付款,期末贷方余额,反映尚未到期付款的商业汇票。单位开出、承兑汇票或汇票抵付货款,借记"库存物资""应付账款"等科目,贷记"应付票据"科目;支付银行承兑汇票的手续费,借记有关支出或费用科目,贷记"银行存款"科目;收到银行支付本息通知时,借记"应付票据"科目和有关支出科目,贷记"银行存款"科目。

事业单位应设置"应付票据备查簿",详细登记每一应付票据的种类、号数、签发日期、到期日、票面金额、收款人姓名或单位名称,以及付款日期和金额等详细资料。应付票到期付清时,应在备查簿内逐笔注销。

**【例 11-10】** *事业单位购入一批材料,材料成本为 10 000 元,应交增值税税额为 1 700 元。单位开出期限为 6 个月带息商业承兑汇票一张,年利率为 6%,材料已验收入库编制会计分录如下:

借:库存物资 10 000

　应交税金—应交增值税(进项税额)1 700

　　贷:应付票据 11 700

**【例 11-11】** *事业单位 6 个月前签发金额为 11 700 元的商业承兑汇票现在到期按期付款付息编制会计分录如下:

借:应付票据 11 700

　经营支出 702

　　贷:银行存款 12 402

2. 应付账款的核算

应付账款是指事业单位因购买材料、物资和接受劳务供应而应付给供应单位的款项。应付账款主要是因商品交易或劳务供应而发生的,买卖双方在购销活动中由于取得物资与支付货款的时间不一致而产生的负债。

为了核算事业单位因购买材料、物资和接受劳务供应而应付给供应单位的款项,事业单位会计应设置"应付账款"科目。该科目属于负债类账户,贷方记应付账款发生数,借方记结算减少数,贷方余额反映应付而未付的款项。该科目应按照供应单位设置明细账,进行明细分类核算:

(1)单位购入材料、物资等已验收入库,但货款尚未支付时,应根据有关凭证,借记"材料"等有关科目,贷记"应付账款"科目。

(2)单位接受其他单位提供的劳务而发生的应付未付款项,应根据供应单位提供的发票账单,借记有关支出费用科目,贷记"应付账款"科目。

(3)单位偿付应付账款时,借记“应付账款”科目,贷记“银行存款”等科目。

(4)单位开出承兑商业汇票抵冲应付账款时,借记“应付账款”科目,贷记“应付票据”科目。

**【例 11-12】** *事业单位购入材料一批,增值税专用发票上注明材料价款为 30 000 元,增值税税额为 5 100 元。材料已验收入库,货款未付,编制会计分录如下:

借:库存物资 30 000

　应交税金—应交增值税(进项税额)5 100

　　贷:应付账款 35 100

3. 预收账款的核算

预收账款是指事业单位按照合同规定向购货单位或接受劳务单位预收的款项。事业单位有时在销售产品或提供劳务以前,按合同规定要向购货单位或接收劳务单位预收部分或全部款项。

预收款项需要事业单位在一定时间内以及交付货物或提供劳务来予以偿付。收到的款项是事业单位预收的账款,构成事业单位的一项负债。如预收货款、租金、报纸杂志订阅费用等。事业单位按照合同如期交货或提供劳务以后,预收账款才能转入收入,债务才得以解除。

为了核算事业单位按照合同规定向购货单位或接受劳务单位预收的款项,事业单位会计应设置“预收账款”账户。它属于负债类账户,贷方登记预收款数,借方登记转账结算或退款数,贷方余额为尚未结算的预收款数。该账户应按购买单位设置明细账,进行明细分类核算。

对预收账款业务较多的事业单位在预收账款时,借记“银行存款”或“现金”科目,贷记“预收账款”科目;货物销售实现或劳务兑现时,借记“预收账款”科目,贷记有关收入科目;退回多付的款项,借记“预收账款”科目,贷记“银行存款”或“现金”科目。预收账款业务不多的单位,也可将预收的款项直接记入“应收账款”科目的贷方,不设本科目。

**【例 11-13】** *事业单位对某公司提供劳务,按合同规定,预收对方单位货款 7 000 元,编制会计分录如下:

借:银行存款 7 000

　　贷:预收账款 7 000

接上例*事业单位向某公司提供劳务,劳务总金额是 9 000 元。

借:预收账款 7 000

　银行存款 2 000

　　贷:事业收入 9 000

4. 其他应付款的核算

其他应付款是指事业单位应付、暂收其他单位或个人的款项。如租入固定资产租金、存入保证金、应付统筹退休金、个人交存的住房公积金以及应付给投资者的款项,构成单位的一项负债。对这些应付、暂收款要定期进行清理和结算,以控制余额。

为了核算事业单位应付、暂收其他单位或个人的款项,事业单位会计应设置“其他应付款”科目。该科目属于负债类账户,贷方登记应付款发生数,借方登记结算退还数,贷方余额反映尚未结算的应付款数。该科目应按应付、暂收款项的类别或单位、个人设置明细账,进行明细分类核算。单位发生的各种应付、暂收款项,借记“银行存款”“事业支出”“经营支出”等科目,贷记“其他应付款”科目;支付时,借记“其他应付款”科目,贷记“银行存款”等科目。

【例 11-14】 ＊事业单位 3 月 2 日,租入一台机器,应支付租赁费 3 200 元 4 月 2 日支付租赁费。

3 月 2 日编制会计分录如下:

借:事业支出 3 200

贷:其他应付款 3 200

4 月 2 日编制会计分录如下:

借:其他应付款 3 200

贷:银行存款 3 200

(三)应缴预算款

应缴预算款是指事业单位按规定应当缴入政府预算的事业收入和其他收入,以及虽未列入预算但按规定应上缴财政的各项收入。其主要包括:事业单位代收的行政性收费收入、罚没收入、无主财物变价收入和其他预算管理规定应上缴预算的款项。

事业单位代收的行政性收费收入:事业单位代收的行政性收费收入是指按国家规定,各级科研、医疗卫生、学校、广播电视、体育等部门所发放的证照、簿册,向有关单位和个人收取的工本费、手续费、商标注册费、企业公证费、养路费。

罚没收入:是指各事业单位依法查处应上缴国库的各项罚款收入和没收物品的变价收入等。

无主财物变价收入:无主财物变价收入是指应上缴财政部门的无主财物(如遗失物等)的变价收入。

其他:其他是指按预算管理规定应上缴预算的款项。

应缴预算款是事业单位按规定应上缴政府预算的款项,属于国家财政性资金,事业单位不能视为己有,应按下列要求加强管理:

1. 各种应缴预算款应及时上缴单位财会部门的银行存款户,积极组织收入,及时存入银行,不得自行支用或转入部门的“小金库;

2. 应上缴的罚没收入等均应全额上缴,不得分成、截留、坐支。

3. 及时足额上缴,原则上需要按月清缴,年终必须将当年的应缴预算款全部缴入国库。

为了核算事业单位按规定应缴入政府预算的收入,事业单位会计应设置“应缴预算款”科目。“应缴预算款”科目属于负债类账户,贷方登记应缴数,借方登记已缴数。本科目贷方余额反映应缴未缴数。年终本科目应无余额。取得应缴预算的各项收入时,借记“银行存款”等科目,贷记“应缴预算款”科目;上缴时,借记“应缴预算款”科目,贷记“银行存款”等科目。本科目按应缴预算收入的类别设置明细账。

【例 11-15】 ＊事业单位收到罚没收入 1 200 元、收到无主财物的变价收入 3 400 元存入银行。

借:银行存款 4 600

贷:应缴预算款—行政性收费收入 1 200

无主财物变价收入 3 400

接上例该单位将上述应缴预算款共计 4 600 元缴入国库。

借:应缴预算款—行政性收费收入 1 200

无主财物变价收入 3 400

贷:银行存款 4 600

(四)应缴财政专户款

应缴财政专户款是指事业单位按规定代收的应上缴财政专户的预算外资金。财政专户是财政部门在国有商业银行开设的专门用于本级财政预算外资金收纳的专门账户。预算外资金是国家机关、事业单位和社会团体为履行或代行政府职能,依据国家法律、法规和有法律效力的规章制度而收取、提取和安排使用的未纳入国家预算管理的各种财政性资金。

根据市场经济条件下公共财政的分配原则,凡是体现政府职能并凭借或依靠国家所赋予的职权取得的收入,都属财政性资金,应纳入财政管理范围。这类收入除按规定已经纳入预算管理的以外,其他都应视为预算外资金。

预算外资金是国家财政性资金,不是部门和单位的自有资金,事业单位应以应缴财政专户款的形式把预算外资金纳入财政管理的渠道中来。预算外资金要坚持统一政策、分级分类管理、预算内外结合、政府调控的原则。财政部门要建立统一的财政专户,对预算外资金实行收支两条线管理。预算外收入必须按规定上缴同级财政专户,支出由同级财政部门按计划拨付。财政部门根据预算外资金收支的不同性质,对预算外资金实行分类管理,按照规定分别纳入预算内、财政专户和单位财务进行统一管理、统一核算、明细反映。

事业单位和社会团体通过市场取得的不体现政府职能的服务性收入,不属于预算外资金,必须依法纳税,并纳入单位财务收支计划,实行统一核算。

为了核算事业单位按规定代收的应上缴财政专户的预算外资金,事业单位会计应设置"应缴财政专户款"科目。"应缴财政专户款"科目属于负债类账户,贷方登记应缴数,借方登记已缴数,贷方余额反映应缴未缴数。年终本科目无余额。本科目应按预算外资金的类别设置明细账。

收到应缴财政专户的各项收入时,借记"银行存款"等科目,贷记"应缴财政专户款"科目;上缴财政专户时,做相反会计分录。实行预算外资金结余上缴办法的单位定期结算预算外资金结余时,借记"事业收入"科目,贷记"应缴财政专户款"科目。

**【例 11-16】** *市一高校预算外资金全额上缴财政专户。9 月 1 日收到学杂费300 000元现金,当日缴存银行。9 月 3 日,将上述款项转交收费资金管理中心。9 月 17 日,经财政部门批准,财政专户拨来款项 20 000 元。

9 月 1 日编制会计分录如下:

借:银行存款 300 000

贷:应缴财政专户款 300 000

9 月 3 日编制会计分录如下:

借:应缴财政专户款 300 000

贷:银行存款 300 000

9 月 17 日编制会计分录如下:

借:银行存款 20 000

贷:事业收入—财政专户拨款 20 000

# 第十二章　行政事业单位净资产和预算结余的管理与核算

## 第一节　行政事业单位净资产概述

### 一、行政单位净资产概述

（一）行政单位净资产的定义

净资产是指政府资产扣除负债后的净额，净资产金额取决于资产和负债的计量，净资产项目应当列入资产负债表。行政单位净资产共设置5个科目，包括："累计盈余""本期盈余""本年盈余分配""无偿调拨净资产"和"以前年度盈余调整"。

（二）行政单位净资产新旧制度科目对比

政府会计制度根据财务会计的需要设置了5个净资产科目，相较于原行政单位会计制度主要有以下几方面变化：

1. 以"累计盈余"科目代替了原制度行政单位的"财政拨款结转""财政拨款结余""其他资金结转结余""资产基金""待偿债净资产"科目；

2. 年初无余额的有"本期盈余"和"本年盈余分配"2个科目；

3. 新增了"无偿调拨资产""以前年度盈余调整"2个科目。

### 二、事业单位净资产概述

（一）事业单位净资产的定义

净资产是指政府资产扣除负债后的净额，净资产金额取决于资产和负债的计量，净资产项目应当列入资产负债表。事业单位净资产共设置5个科目，包括："累计盈余""专用基金""权益法调整""本期盈余""本年盈余分配""无偿调拨净资产"和"以前年度盈余调整"。

（二）事业单位净资产新旧制度科目对比

政府会计制度根据财务会计的需要设置了7个净资产科目，相较于原事业单位会计制度主要有以下几方面变化：

1. 以"累计盈余"科目代替了原制度的"事业基金""非流动资产基金""财政补助结转""财政补助结余""非财政补助结转"5个科目；

2. "本期盈余"科目代替"经营结余"科目；

3.“专用基金”科目基本无变化;

4.“本年盈余分配”科目代替了原制度的“事业结余”“非财政补助结余分配”科目;

5.新增了“权益法调整”“无偿调拨资产”“以前年度盈余调整”3 个科目。

## 第二节 净资产的核算

### 一、累计盈余

为核算单位历年实现的扣除盈余分配后滚存的盈余金额,以及因无偿调入调出资产产生的净资产变动额,设置“累计盈余”(3001)科目。本科目年末余额反映单位未分配盈余(或未弥补亏损)以及无偿调拨净资产变动的累计数。按照规定上缴、缴回、单位间调剂结转结余资金产生的净资产变动额,以及对以前年度盈余的调整金额,也通过本科目核算。

(一)年末结转

年末,将“本年盈余分配”科目的余额转入“累计盈余”科目,借记或贷记“本年盈余分配”科目,贷记或借记“累计盈余”科目。将“无偿调拨净资产”科目的余额转入“累计盈余”科目,借记或贷记“无偿调拨净资产”科目,贷记或借记“累计盈余”科目。

**【例 12-1】** 2020 年末,*省*事业单位将“本年盈余分配”科目的贷方余额 6 000 元转入“累计盈余”科目,编制会计分录如下:

借:本年盈余分配 6 000

　　贷:累计盈余 6 000

**【例 12-2】** 年末,*省*事业单位将“无偿调拨净资产”科目的贷方余额 10 000 元转入“累计盈余”科目。

借:无偿调拨净资产 10 000

　　贷:累计盈余 10 000

(二)上缴结转结余

按照规定上缴财政拨款结转结余、缴回非财政拨款结转资金、向其他单位调出财政拨款结转资金时,按照实际上缴、缴回、调出金额,借记“累计盈余”科目,贷记“财政应返还额度”“零余额账户用款额度”“银行存款”等科目。按照规定从其他单位调入财政拨款结转资金时,按照实际调入金额,借记“零余额账户用款额度”“银行存款”等科目,贷记“累计盈余”科目

**【例 12-3】** 按照规定,*省*事业单位上缴财政拨款结转结余 76 300 元,以零余额账户用款额度支付,编制会计分录如下:

借:累计盈余 76 300

　　贷:零余额账户用款额度 76 300

**【例 12-4】** 按照规定,*省*事业单位从市生物研究所所调入财政拨款结转资金 43 000 元,存入银行,编制会计分录如下:

借:银行存款 43 000

　　贷:累计盈余 43 000

(三)调整以前年度盈余

将“以前年度盈余调整”科目的余额转入“累计盈余”科目,借记或贷记“以前年度盈余调整”科目,贷记或借记“累计盈余”科目。

**【例 12-5】** 按照规定,＊省＊事业单位将“以前年度盈余调整”科目的贷方余额3 000元转入“累计盈余”科目,编制会计分录如下:

借:以前年度盈余调整 3 000

贷:累计盈余 3 000

## 二、本期盈余

为核算单位本期各项收入、费用相抵后的余额,设置“本期盈余”(3301)科目。本科目期末如为贷方余额,反映单位自年初至当期期末累计实现的盈余;如为借方余额,反映单位自年初至当期期末累计发生的亏损。年末结账后,本科目应无余额。

本期盈余的主要账务处理如下:

(一)将各类收支科目的本期发生额转入“本期盈余”科目

期末,将各类收入科目的本期发生额转入“本期盈余”科目,借记“财政拨款收入”“事业收入”“上级补助收入”“附属单位上缴收入”“非同级财政拨款收入”等,贷记“本期盈余”科目。

同时将各类费用科目本期发生额转入“本期盈余”科目,借记“本期盈余”科目,贷记“业务活动费用”“单位管理费用”“所得税费用”“资产处置费用”“上缴上级费用”“其他费用”等科目。

**【例 12-6】** 年末,＊省行政单位将财政拨款收入 690 000 元、上级补助收入 110 000 元、非同级财政拨款收入 4000 000 元、其他收入 8 000 元转入“本期盈余”科目,编制会计分录如下:

借:财政拨款收入 690 000

上级补助收入 110 000

非同级财政拨款收入 4000 000

利息收入 12 000

其他收入 8 000

贷:本期盈余 4 820 000

**【例 12-7】**年末,＊省行政单位所将业务活动费用 328 000 元,单位管理费用 132 000 元,资产处置费用 4 000 元、上缴上级费用 59 000 元、对附属单位补助费用 34 000 元、其他费用 2 000 元转入“本期盈余”科目,编制会计分录如下:

借:本期盈余 559 000

贷:业务活动费用 328 000

位管理费用 132 000

资产处置费用 4 000

上缴上级费用 59 000

对附属单位补助费用 34 000

其他费用 2 000

(二)将"本期盈余"科目余额转入"本年盈余分配"科目

年末,完成上述结转后,将"本期盈余"科目余额转入"本年盈余分配"科目,借记或贷记"本期盈余"科目,贷记或借记"本年盈余分配"科目。

**【例 12-8】** 年末,＊省行政单位将"本期盈余"科目的贷方余额 4 261 000 元转入"本年盈余分配"科目,编制会计分录如下:

借:本期盈余 4 261 000

　　贷:本年盈余分配 4 261 000

**【例 12-9】** 年末,＊省＊事业单位将财政拨款收入 60 000 元、上级补助收入 10 000 元、事业收入 25 000 元、其他收入 5 000 元转入"本期盈余"科目,编制会计分录如下:

借:财政拨款收入 60 000

　上级补助收入 10 000

　事业收入 25 000

　其他收入 5 000

　　贷:本期盈余 100 000

**【例 12-10】** 年末,＊省＊事业单位所将业务活动费用 38 000 元、资产处置费用 4 000 元、上缴上级费用 5 000 元、其他费用 2 000 元转入"本期盈余"科目,编制会计分录如下:

借:本期盈余 49 000

　　贷:业务活动费用 38 000

　　　资产处置费用 4 000

　　　上缴上级费用 5 000

　　　其他费用 2 000

**【例 12-11】** ＊省＊事业单位将"本期盈余"科目的贷方余额 51 000 元转入"本年盈余分配"科目,编制会计分录如下:

借:本期盈余 51 000

　　贷:本年盈余分配 51 000

## 三、本年盈余分配

为核算单位本年度盈余分配的情况和结果,设置"本年盈余分配"(3302)科目。年末结账后,本科目应无余额。

年末,将"本期盈余"科目余额转入"本年盈余分配"科目,借记或贷记"本期盈余"科目,贷记或借记"本年盈余分配"科目。同时,将"本年盈余分配"科目余额转入"累计盈余"科目,借记或贷记"本年盈余分配"科目,贷记或借记"累计盈余"科目。

**【例 12-12】** 年末,＊省行政单位将"本年盈余分配"科目的贷方余额 4 261 000 元转入"累计盈余"科目,编制会计分录如下:

借:本年盈余分配 4 261 000

　　贷:累计盈余 4 261 000

**【例 12-13】** 年末,＊省＊事业单位将"本年盈余分配"科目的贷方余额 51 000 元转入"累计盈余"科目,编制会计分录如下:

借:本年盈余分配 51 000
　　贷:累计盈余 51 000

## 四、无偿调拨净资产

为核算单位无偿调入或调出非现金资产所引起的净资产变动金额,设置"无偿调拨净资产"(3401)科目。年末结账后,本科目应无余额。

无偿调拨净资产的主要账务处理如下:

(一)无偿调入资产

净资产的核算费置换气资按照规定取得无偿调入的存货、长期股权投资、固定资产、无形资产、公共基础设施、政府储备物资、文物文化资产、保障性住房等,按照确定的成本,借记"库存物品""长期股权投资""固定资产""无形资产""公共基础设施""政府储备物资""文物文化资产""保障性住房"等科目,按照调入过程中发生的归属于调入方的相关费用,贷记"零余额账户用款额度""银行存款"等科目,按照其差额,贷记"无偿调拨净资产"科目。

**【例 12-14】** *省行政单位无偿调入一项无形资产技术,对方提供的凭证显示该项无形资产的成本为 10 000 元,以库存现金支付相关费用 1 100 元,编制会计分录如下:

借:无形资产 10 000
　　贷:库存现金 600
　　　　无偿调拨净资产 9 400

**【例 12-15】** *省*事业单位无偿调入一项专利技术,对方提供的凭证显示该项无形资产的成本为 230 000 元,以银行存款支付相关费用 5 000 元,编制会计分录如下:

借:无形资产 230 000
　　贷:银行存款 5 000
　　　　无偿调拨净资产 225 000

(二)无偿调出资产

按照规定经批准无偿调出存货、长期股权投资、固定资产、无形资产、公共基础设施、政府储备物资、文物文化资产、保障性住房等,按照调出资产的账面余额或账面价值,借记"无偿调拨净资产"科目,按照固定资产累计折旧、无形资产累计摊销、公共基础设施累计折旧或摊销、保障性住房累计折旧的金额,借记"固定资产累计折旧""无形资产累计摊销""公共基础设施累计折旧(摊销)""保障性住房累计折旧"科目,按照调出资产的账面余额,贷记"库存物品""长期股权投资""固定资产""无形资产""公共基础设施""政府储备物资""文物文化资产""保障性住房"等科目。同时,按照调出过程中发生的归属于调出方的相关费用,借记"资产处置费用"科目,贷记"零余额账户用款额度""银行存款"等科目。

**【例 12-16】** *省行政单位无偿调出一台设备,设备的账面余额 27 000 元,已计提折旧 7 000 元。调出过程中发生归属于调出方的运输费 800 元,以库存现金支付,编制会计分录如下:

借:无偿调拨净资产 20 000
　　固定资产累计折旧 7 000
　　贷:固定资产 27 000

借:资产处置费用 800

贷:库存现金 800

【例 12-17】 *省*事业单位无偿调出一台设备,设备的账面余额 2 000 元,已计提折旧 700 元。调出过程中发生归属于调出方的运输费 80 元,以银行存款支付,编制会计分录如下:

借:无偿调拨净资产 1 300

固定资产累计折旧 700

贷:固定资产 2 000

借:资产处置费用 80

贷:银行存款 80

(三)年末结转

年末,将“无偿调拨净资产”科目余额转入“累计盈余”科目,借记或贷记“无偿调拨净资产”科目,贷记或借记“累计盈余”科目。

【例 12-18】 年末,*省行政单位将“无偿调拨净资产”科目的贷方余额 67 600 元转入“累计盈余”科目,编制会计分录如下:

借:无偿调拨净资产 67 600

贷:累计盈余 67 600

【例 12-19】 年末,*省*事业单位将“无偿调拨净资产”科目的贷方余额 6 600 元转入“累计盈余”科目,编制会计分录如下:

借:无偿调拨净资产 6 600

贷:累计盈余 6 600

## 五、以前年度盈余调整的核算

为核算单位本年度发生的调整以前年度盈余的事项,包括本年度发生的重要前期差错更正涉及调整以前年度盈余的事项,设置“以前年度盈余调整”(3501)科目。本科目结转后应无余额。

(一)调整以前年度收入

调整增加以前年度收入时,按照调整增加的金额,借记有关科目,贷记“以前年度盈余调整”科目;调整减少以前年度收入时,做相反会计分录。

【例 12-20】 因质量问题,*省行政单位退回一批材料,为上一年度以国库直接支付方式购买,材料款 24 000 元按原渠道退回国库,并调整以前年度盈余,编制会计分录如下:

借:财政应返还额度—财政直接支付 24 000

贷:以前年度盈余调整 24 000

【例 12-21】 因质量问题,*省*事业单位退回一批物资,为上一年度以国库直接支付方式购买,物资价值 2 500 元。按原渠道退回国库,并调整以前年度盈余,编制会计分录如下:

借:财政应返还额度—财政直接支付 2 500

贷:以前年度盈余调整 2 500

(二)调整以前年度费用

调整增加以前年度费用时,按照调整增加的金额,借记“以前年度盈余调整”科目,贷记有关科目;调整减少以前年度费用时,做相反会计分录。

**【例 12-22】** 因计算错误,＊省行政单位上一年度少支付了某公司 5 000 元劳务费,以零余额账户用款额度补付并调整以前年度盈余,编制会计分录如下:

借:以前年度盈余调整 5 000

　　贷:零余额账户用款额度 5 000

**【例 12-23】** ＊省＊事业单位上一年度因为计算错误少支付某公司 9 900 元材料费,以零余额账户用款额度补付并调整以前年度盈余,编制会计分录如下:

借:以前年度盈余调整 9 900

　　贷:零余额账户用款额度 9 900

(三)盘盈的各种非流动资产

盘盈的各种非流动资产,报经批准后处理时,借记“待处理财产损溢”科目,贷记“以前年度盈余调整”科目,编制会计分录如下:

**【例 12-24】** ＊省行政单位盘盈 1 台电脑,估价 5 000 元,报经批准后入账并调整以前年度盈余,编制会计分录如下:

借:待处理财产损溢 5 000

　　贷:以前年度盈余调整 5 000

**【例 12-25】** ＊省＊事业单位盘盈 1 张桌子,估价 1 000 元,报经批准后入账并调整以前年度盈余,编制会计分录如下:

借:待处理财产损溢 1 000

　　贷:以前年度盈余调整 1 000

(四)转入累计盈余

经上述调整后,应将“以前年度盈余调整”科目的余额转入“累计盈余”科目,借记或贷记“累计盈余”科目,贷记或借记“以前年度盈余调整”科目。

**【例 12-26】** 按照规定,＊省行政单位将“以前年度盈余调整”科目的贷方余额19 000 元转入“累计盈余”科目,编制会计分录如下:

借:以前年度盈余调整 19 000

　　贷:累计盈余 19 000

**【例 12-27】** 按照规定,＊省＊事业单位将“以前年度盈余调整”科目的贷方余额 10 000 元转入“累计盈余”科目,编制会计分录如下:

借:以前年度盈余调整 10 000

　　贷:累计盈余 10 000

## 六、专用基金

为核算事业单位按照规定提取或设置的具有专门用途的净资产,主要包括职工福利基金、科技成果转换基金等,设置“专用基金”(3101)科目。本科目期末贷方余额反映事业单位累计提取或设置的尚未使用的专用基金。本科目应当按照专用基金的类别进行明细核算。

年末，根据有关规定从本年度非财政拨款结余或经营结余中提取专用基金的，按照预算会计下计算的提取金额，借记“本年盈余分配”科目，贷记“专用基金”科目。

根据有关规定从收入中提取专用基金并记入费用的，一般按照预算会计下基于预算收入计算提取的金额，借记“业务活动费用”等科目，贷记“专用费用”科目，国家另有规定的，从其规定。

根据有关规定设置的其他专用基金，按照实际收到的基金金额，借记“银行存款”等科目，贷记“专用基金”科目。

**【例 12-28】**　年末，＊省＊事业单位按照规定从本年度非财政拨款结余中提取专用基金 79 000 元，编制会计分录如下：

借：本年盈余分配 79 000

　　贷：专用基金 79 000

**【例 12-29】**　年末，＊省＊事业单位按规定从收入中提取专用基金 15 000 元，编制会计分录如下：

借：业务活动费用 15 000

　　贷：专用基金 15 000

**【例 12-30】**　年末，＊省＊事业单位按规定设置专用基金，收到主管部门拨付的专项资金 20 000 元存入银行，编制会计分录如下：

借：银行存款 20 000

　　贷：专用基金 20 000

按照规定使用提取的专用基金时，借记“专用基金”科目，贷记“银行存款”等科目。

使用提取的专用基金购置固定资产、无形资产的，按照固定资产、无形资产成本金额，借记“固定资产”“无形资产”科目，贷记“银行存款”等科目；同时，按照专用基金使用金额，借记“专用基金”科目，贷记“累计盈余”科目。

**【例 12-31】**　＊省＊事业单位按照规定使用专用基金 50 000 元，支付职工离职补偿，编制会计分录如下：

借：专用基金 50 000

　　贷：银行存款 50 000

**【例 12-32】**　＊省＊事业单位使用提取的专用基金购买一项无形资产及相关税费 23 000 元，以银行存款支付，编制会计分录如下：

借：无形资产 23 000

　　贷：银行存款 23 000

借：专用基金 23 000

　　贷：累计盈余 23 000

## 七、权益法调整

为核算事业单位持有的长期股权投资采用权益法核算时，按照被投资单位除净损益和利润分配以外的所有者权益变动份额调整长期股权投资账面余额而记入净资产的金额，设置“权益法调整”(3201)科目。本科目期末余额反映事业单位在被投资单位除净损益和利润分配以外的所有者权益变动中累计享有(或分担)的份额。本科目应当按照被投资单位进行明细核算。权益法调整的主要账务处理如下：

年末，按照被投资单位除净损益和利润分配以外的所有者权益变动应享有（或应分担）的份额，借记或贷记“长期股权投资—其他权益变动”科目，贷记或借记“权益法调整”科目。

**【例 12-33】** ＊省＊事业单位所持有的长期股权投资采用权益法核算。年末，购买的M公司股票价格下跌，净损失44 325元，予以调整，编制会计分录如下：

借：权益法调整 44 325

　　贷：长期股权投资—其他权益变动 44 325

采用权益法核算的长期股权投资，因被投资单位除净损益和利润分配以外的所有者权益变动而将应享有（或应分担）的份额记入单位净资产的，处置该项投资时，按照原记人净资产的相应部分金额，借记或贷记“权益法调整”科目，贷记或借记“投资收益”科目。

**【例 12-34】** ＊省＊事业单位投资了H公司又投资了T公司，T公司在期货交易中失利，引起H公司的长期股权投资公允价值变动，＊省＊事业单位应分担的损失为32 000元，予以调整，编制会计分录如下：

借：投资收益 32 000

　　贷：权益法调整 32 000

## 第三节　行政事业单位净资产科目和预算结余科目的衔接

### 一、行政单位净资产科目和预算结余科目的衔接

对于纳入行政单位部门预算管理的现金收支业务，年末财务会计在进行收入和费用结转时，也要进行预算会计收入和支出结转，即进行财务会计和预算会计的平行记账，因此，净资产类科目和预算结余类科目存在以下衔接关系：

1. 核算内容一对多的有3个科目，分别为“累计盈余”“以前年度盈余调整”“本期盈余”。

（1）“累计盈余”科目对应预算会计中“非财政拨款结余—累计结余”“财政拨款结转—累计结转”“财政拨款结余—累计结余”“非财政拨款结转累计结转”4个明细科目。

（2）“以前年度盈余调整”科目对应“非财政拨款结余—年初余额调整”“财政拨款结转—年初余额调整”“财政拨款结余—年初余额调整”“非财政拨款结转—年初余额调”整等4个明细科目。

（3）“本期盈余”科目对应“其他结余”科目以及“财政拨款结转—本年收支结转”“财政拨款结余—本年收支结转”“非财政拨款结转—本年收支结转”等3个明细科目。

2. 核算内容不完全一致的有1个科目。即“本年盈余分配”科目包含“非财政拨款结余分配”科目的核算内容，但除此之外还包括“财政拨款结转”“财政拨款结余”和“非财政拨款结转”科目的本年收支结转金额。

3. 仅财务会计进行核算的科目有2个，分别为“权益法调整”和“无偿调拨净资产”这两个科目核算内容不需要进行预算会计账务处理。

## 二、事业单位净资产科目和预算结余科目的衔接

对于纳入事业单位部门预算管理的现金收支业务，年末财务会计在进行收入和费用结转时，也要进行预算会计收入和支出结转，即进行财务会计和预算会计的平行记账，因此，净资产类科目和预算结余类科目存在以下衔接关系：

1. 核算内容直接对应的有 1 个科目，即专用基金科目和专用结余科目的核算内容基本一致。

2. 核算内容一对多的有 3 个科目，分别为“累计盈余”“以前年度盈余调整”“本期盈余”。

（1）“累计盈余”科目对应预算会计中“非财政拨款结余—累计结余”“财政拨款结转—累计结转”“财政拨款结余—累计结余”“非财政拨款结转—累计结转”4 个明细科目。

（2）“以前年度盈余调整”科目对应“非财政拨款结余—年初余额调整”“财政拨款结转—年初余额调整”“财政拨款结余—年初余额调整”“非财政拨款结转一年初余额调整”等 4 个明细科目。

（3）“本期盈余”科目对应“经营结余”科目、“其他结余”科目以及“财政拨款结转—本年收支结转”“财政拨款结余一本年收支结转”“、非财政拨款结转—本年收支结转”等 3 个明细科目。

3. 核算内容不完全一致的有 1 个科目。即“本年盈余分配”科目包含“非财政拨款结余分配”科目的核算内容，但除此之外还包括“财政拨款结转”“财政拨款结余”和“非财政拨款结转”科目的本年收支结转金额。

4. 仅财务会计进行核算的科目有 2 个，分别为“权益法调整”和“无偿调拨净资产”，这两个科目核算的内容不需要进行预算会计账务处理，故预算会计中无对应科目。

# 第四节　行政事业单位会计预算结余的核算

## 一、行政事业单位预算结余概述

（一）行政事业单位预算结余定义

预算结余是行政事业单位预算年度内预算收入扣除预算支出后的资金余额以及历年滚存的资金余额。预算结余包括结余资金和结转资金。结余资金是指年度预算执行终了，预算收入实际完成数扣除预算支出和结转资金后剩余的资金。结转资金是指预算安排项目的支出年终尚未执行完毕或者因故未执行，且下年需要按照原用途继续使用的资金。它需要按照行政事业单位采用收付实现制为基础对预算收入和预算支出进行核算后分类，主要包括资金结存、财政拨款结转、财政拨款结余、非财政拨款结转、非财政拨款结余、专用结余、经营结余、其他结余等种类。

行政单位预算结余共有 6 个会计科目，分别为“资金结存”“财政拨款结转”“财政拨款结余”“非财政拨款结转”“非财政拨款结余”和“其他结余”。

事业单位预算结余共有9个会计科目,分别为“资金结存”“财政拨款结转”“财政拨款结余”“非财政拨款结转”“非财政拨款结余”“专用结余”“经营结余”和“其他结余”。

(二)行政事业单位预算结余新旧制度科目对比

1. 行政单位预算结余新旧制度科目对比

政府会计制度根据预算会计的需要设置了7个预算结余科目,相较于原行政单位会计制度,主要有以下几方面的变化:

(1)新增了“资金结存”科目,分别对应“财政拨款结转”“财政拨款结余”“非财政拨款结转”和“非财政拨款结余”科目;

(2)年初分析填列“财政拨款结转”“财政拨款结余”“非财政拨款结转”和“非财政拨款结余”等4个科目的期初余额;

(3)年初无余额的有“其他结余”和“本年盈余分配”这两个科目。

2. 事业单位预算结余新旧制度科目对比

政府会计制度根据预算会计的需要设置了9个预算结余科目,相较于原事业单位会计制度,主要有以下几方面的变化:

(1)新增了“资金结存”科目,分别对应“财政拨款结转”“财政拨款结余”“非财政拨款结转”“非财政拨款结余”“专用结余”和“经营结余”6个科目;

(2)年初分析填列“财政拨款结转”“财政拨款结余”“非财政拨款结转”“非财政拨款结余”“专用结余”和“经营结余”6个科目;

(3)年初无余额的有“其他结余”“非财政拨款结余分配”2个科目。

## 二、预算结余的核算

(一)资金结存

资金结存是行政事业单位纳入部门预算管理的资金结存数,用于反映资金的流入、流出、调整和滚存情况。单位应当设置“资金结存”总账科目,并下设“零余额账户用款额度”“货币资金”“财政应返还额度”等明细科目,用于核算国库集中支付、银行存款等不同资金形式进行收支的结存情况。

1. 取得预算收入

(1)国库集中支付方式

①财政直接支付

财政直接支付下代理银行根据支付指令直接将资金支付到收款人,行政事业单位预算会计中借记“行政支出”或“事业支出”科目,贷记“财政拨款预算收入”科目,不发生资金流入,所以不做“资金结存”科目账务处理。

②财政授权支付

财政授权支付下,根据财政授权支付到账通知书,借记“资金结存—零余额账户用款额度”科目,贷记“财政拨款收入”科目。

(2)其他方式支付

以国库集中支付以外的其他支付方式取得预算收入时,按照实际收到金额,借记“资金结存—货币资金”科目,贷记“财政拨款预算收入”科目或相关收入科目。

2. 发生预算支出

(1)国库集中支付方式

①财政直接支付

使用以前年度财政直接支付额度发生预算支出，按照实际支付金额，借记“行政支出”或“事业支出”科目，贷记“资金结存—财政应返还额度”科目。

②财政授权支付

财政授权支付下发生预算支出，按照实际支付金额，借记“行政支出”或“事业支出”，贷记“资金结存—零余额账户用款额度”。

(2)其他方式支付

以国库集中支付以外的其他支付方式发生相关支出时，按照实际支付金额，借记“行政支出”或“事业支出”科目，贷记“资金结存—货币资金”科目。

3. 收到调入财政拨款结转资金

行政事业单位收到从其他单位调入的财政拨款结转资金，应按照实际调入金额借记“资金结存—货币资金/零余额账户用款额度/财政应返还额度”，贷记“财政拨款结转—归集调入”科目。

4. 上缴、注销和缴回财政拨款结转资金

行政事业单位上缴财政拨款结转结余资金或注销财政拨款结转结余额度，应按照实际上缴资金金额或注销资金额度数额，借记“财政拨款结转/财政拨款结余—归集上缴”科目，贷记“资金结存—货币资金/零余额账户用款额度/财政应返还额度”科目。

行政事业单位向原来的资金拨款单位缴回非财政拨款结转资金，应按照实际缴回资金金额，借记“非财政拨款结转—缴回资金”科目，贷记“资金结存—货币资金”科目。

**【例 12-35】** 某行政单位按规定通过上缴财政授权支付额度方式，上缴财政拨款结转资金 5 400 元，编辑会计分录如下：

预算会计中：

借：财政拨款结转—归集上缴 5 400

　　贷：资金结存—零余额账户用款额度 5 400

同时，财务会计中：

借：零余额账户用款额度 5 400

　　贷：累计盈余 5 400

5. 使用专用基金支付预算支出

行政事业单位使用专用基金来支付预算支出，如果专用基金从预算收入中计提，应按照实际支付金额，借记“事业支出”科目，贷记“资金结存—货币资金”科目；如果专用基金从非财政拨款结余或者经营结余中计提，则应按照实际支付金额，借记“专用结余”科目，贷记“资金结存—货币资金”科目。

**【例 12-36】** 某事业单位按规定使用通过经营结余计提的专用基金购买了一项无形资产，款项共计 89 000 元，通过银行存款支付，用于开展专业业务及其辅助活动，编制会计分录如下：

预算会计中：

借：专用结余 89 000

　　贷：资金结存—货币资金 89 000

同时,财务会计中:

借:无形资产 89 000

贷:银行存款 89 000

借:专用基金 89 000

贷:累计盈余 89 000

6. 发生购货退回、差错更正

(1)本年度

本年度行政事业单位因为发生购货退回、差错更正等情况,退回了国库直接、授权支付款项,或是退回了货币资金,借记“财政拨款预算收入”或“资金结存—货币资金/零余额账户用款额度”科目,贷记“行政支出”或“事业支出”科目。

(2)以前年度

行政事业单位因为发生购货退回、差错更正等情况,退回了以前年度的国库直接、授权支付款项,或是退回了以前年度的货币资金,应借记“财政拨款预算收入”或“资金结存—货币资金/零余额账户用款额度”科目,贷记“财政拨款结转”“财政拨款结余”“非财政拨款结转”或“非财政拨款结余—年初余额调整”等科目。

**【例 12-37】** 某事业单位因产品质量问题退回当年购买的一批产品,退回款项共计 1 000 元,退货款已经收到并存入当时支付的银行存款账户,购买这批产品是用于单位开展业务活动,编制会计分录如下:

预算会计中:

借:资金结存—货币资金 1 000

贷:事业支出 1 000

同时,财务会计中:

借:银行存款 1 000

贷:业务活动费用 1 000

7. 缴纳所得税

行政事业单位在缴纳企业所得税时,应按照实际缴纳的金额,借记“非财政拨款结余—累计结余”科目,贷记“资金结存—货币资金”科目。

**【例 12-38】** 某事业单位本年度需缴纳企业所得税共计 5 650 元,通过银行存款账户支付,编制会计分录如下:

预算会计中:

借:非财政拨款结余—累计结余 5 650

贷:资金结存—货币资金 5 650

同时,财务会计中:

借:其他应交税费—单位应交所得税 5 650

贷:银行存款 5 650

8. 零余额账户用款额度注销、恢复和收到未下达零余额账户用款额度

行政事业单位在零余额账户用款额度注销时应借记“资金结存—财政应返还额度”,贷记“资金结存—零余额账户用款额度”;年度终了后下年初零余额账户用款额度恢复或收到未下达零余额账户用款额度时,单位应按照相应金额,借记“资金结存—零余额账户用款额度”,贷记“资金结存—财政应返还额度”。

**【例 12-39】** 某行政单位年末根据代理银行提供的对账单注销本年度尚未使用的零余额账户用款额度,共计 5 000 元,下年初收到代理银行提供的上年度注销零余额账户用款额度恢复到账通知书,恢复去年底注销的零余额账户用款额度 5 000 元。

年底编制会计分录如下:

预算会计中:

借:资金结存—财政应返回额度 5 000

　　贷:资金结存—零余额账户用款额度 5 000

同时,财务会计中:

借:财政应返还额度—财政授权支付 5 000

　　贷:零余额账户用款额度 5 000

下年初编制会计分录如下:

预算会计中:

借:资金结存—零余额账户用款额度 5 000

　　贷:资金结存—财政应返回额度 5 000

同时,财务会计中:

借:零余额账户用款额度 5 000

　　贷:财政应返还额度—财政授权支付 5 000

(二)财政拨款结转

财政拨款结转是行政事业单位当年预算已经执行但尚未完成,或因故未执行,下一年度需要按照原来的用途继续使用的财政拨款滚存资金,用于反映单位取得同级财政拨款结转资金的调整和滚存情况。单位应当设置"财政拨款结转"总账科目,并下设"年初余额调整""归集调入""归集调出""归集上缴""单位内部调剂""本年收支结转""累计结转"等明细科目,用于核算单位财政拨款的差错更正、收回以前年度相应款项、财政拨款调拨和结转等情况。

1. 以前年度调整事项

行政事业单位因更正会计差错、购货退回、预付款收回等事项退回以前年度国库直接支付、授权支付款项或财政性货币资金,借记"资金结存—财政应返还额度/零余额账户用款额度/货币资金"科目,贷记"财政拨款结转—年初余额调整"科目;行政事业单位因以前年度调整事项增加国库直接支付、授权支付款项或货币资金支出时应做相反分录。

**【例 12-40】** 某事业单位上一年度预付 5 000 元订货,由于未按时收到货品,单位于本年度收回上一年度所有预付账款,款项用财政授权支付方式支付,现已将退回款项转入单位零余额账户,该项资金属于以前年度财政拨款结转资金,编制会计分录如下:

预算会计中:

借:资金结存—零余额账户用款额度 5 000

　　贷:财政拨款结转—年初余额调整 5 000

同时,财务会计中:

借:零余额账户用款额度 5 000

　　贷:预付账款 5 000

2. 财政拨款结转资金调整

(1)其他单位调入

行政事业单位按照规定从其他单位调入财政拨款结转资金的,应按照实际资金数额借记“资金结存—财政应返还额度/零余额账户用款额度/货币资金”科目,贷记“财政拨款结转—归集调入”科目。

(2)向单位调出

行政事业单位按照规定向其他单位调出财政拨款结转资金的,应按照实际资金数额借记“财政拨款结转—归集调出”科目,贷记“资金结存—财政应返还额度/零余额账户用款额度/货币资金”科目。

(3)归集上缴

行政事业单位按照规定上缴或者注销财政拨款结转资金额度的,应按照实际资金数额借记“财政拨款结转—归集上缴”科目,贷记“资金结存—财政应返还额度/零余额账户用款额度/货币资金”科目。

**【例 12-41】** 某事业单位按规定从其他单位调入财政拨款结转资金 21 000 元,零余额账户用款额度增加,编制会计分录如下:

预算会计中:

借:资金结存—零余额账户用款额度 21 000

贷:财政拨款结转—归集调入 21 000

同时,财务会计中:

借:零余额账户用款额度 21 000

贷:累计盈余 21 000

3. 年末结转

(1)结转本年财政拨款预算收支

年末行政事业单位需要把财政拨款预算收支本年发生额转入“财政拨款结转”科目当中,结转财政拨款预算收入借记“财政拨款预算收入”科目,贷记“财政拨款结转—本年收支结转”科目;结转财政拨款预算支出借记“财政拨款结转—本年收支结转”科目,贷记“行政支出/事业支出”科目。

(2)冲销本科目各明细科目余额

年末行政事业单位应将“财政拨款结转”下“年初余额调整”“归集调入”“单位内部调剂”“本年收支结转”等明细科目的本年发生额转入“财政拨款结转—累计结转”科目,除“财政拨款结转—累计结转”科目外其他明细科目无余额。

**【例 12-42】** 某事业单位年末财政拨款明细中“本年收支结转”贷方余额为 4 000 元,“归集调出”借方余额为 1 000 元,按规定单位编制会计分录如下:

预算会计中:

借:财政拨款结转—本年收支结转 4 000

贷:财政拨款结转—归集调出 1 000

—累计结转 3 000

(3)财政拨款结转余额转财政拨款结余

行政事业单位在年末完成“财政拨款结转—累计结转”相关账目编制后,通过对“财政拨款结转”明细科目执行情况的分析,应将“财政拨款结转—累计结转”中符合财政拨款结余性质项目余额转入“财政拨款结余”，借记“财政拨款结转—累计结转”科目，贷记“财政拨款结余—结转转入”科目。

**【例 12-43】** 某事业单位年末“财政拨款结转—累计结转”贷方余额为 4 000 元，经过分析符合财政拨款结余性质项目余额为 1 000 元，按规定单位编制会计分录如下：

预算会计中：

借：财政拨款结转—累计结转 1 000

　　贷：财政拨款结余—结转转入 1 000

（三）财政拨款结余

财政拨款结余是因行政事业单位当年项目支出预算目标已经完成或因故终止，形成的同级财政拨款项目支出结余资金，应注意的是单位基本支出应结转下期使用没有结余资金。单位应当设置“财政拨款结余”总账科目，来核算单位取得同级财政拨款项目支出结余资金的调整和滚存情况，并下设“年初余额调整”“归集上缴”“单位内部调剂”“结转转入”“累计结余”等明细科目，用于核算单位财政拨款结余的差错更正、收回以前年度相应款项、财政拨款上缴和调整等情况。

1. 以前年度调整事项

行政事业单位因更正会计差错、购货退回、预付款收回等事项退回以前年度国库直接支付、授权支付款项或财政性货币资金，属于以前年度财政拨款结余资金的，借记“资金结存—财政应返还额度/零余额账户用款额度/货币资金”科目，贷记“财政拨款结余—年初余额调整”科目；行政事业单位因以前年度调整事项增加属于以前年度财政拨款结余资金的国库直接支付、授权支付款项或货币资金支出时，借记“财政拨款结余—年初余额调整”科目，贷记“资金结存—财政应返还额度/零余额账户用款额度/货币资金”科目。

2. 财政拨款结余资金调整

（1）内部调剂

行政事业单位经财政部门批准改变财政拨款结余资金用途，调整用于本单位基本支出或者是其他未完成的项目支出的，应按照批准的实际资金数额借记“财政拨款结余—内部调剂”科目，贷记“财政拨款结转—单位内部调剂”科目。

（2）归集上缴

行政事业单位按照规定上缴或者注销财政拨款结余资金额度的，应按照实际资金数额借记“财政拨款结余—归集上缴”科目，贷记“资金结存—财政应返还额度/零余额账户用款额度/货币资金”科目。

3. 年末结转

（1）将本年财政拨款结转余额符合条件的部分转财政拨款结余

行政事业单位在年末应将“财政拨款结转—累计结转”中符合财政拨款结余性质项目余额转入“财政拨款结余”，借记“财政拨款结转—累计结转”科目，贷记“财政拨款结余—结转转入”科目。

（2）冲销本科目各明细科目余额

年末行政事业单位应将“财政拨款结余”下“年初余额调整”“归集上缴”“单位内部调剂”“结转转入”等明细科目的本年发生额转入“财政拨款结余—累计结余”科目，除“财政拨款结余—累计结余”科目外其他明细科目无余额。

（四）非财政拨款结转

非财政拨款结转是行政事业单位除了财政拨款收支、经营收支以外的非同级财政拨款专项资金收支形成的结转资金，用于反映行政事业单位除了财政拨款收支、经营收支以外的非同级财政拨款专项资金的调整和滚存情况。需要注意的是同级财政拨款以及非同级财政拨款中的非专项资金均不属于非财政拨款结转资金。单位应当设置“非财政拨款结转”总账科目，并下设“年初余额调整”“归集调入”“缴回资金”“项目间接费用或管理费”“本年收支结转”“累计结转”等明细科目，用于核算单位财政拨款的差错更正、收回以前年度相应款项、按规定缴回资金、计提相关费用和结转等情况。

1. 以前年度调整事项

行政事业单位因更正会计差错、购货退回、预付款收回等事项退回以前年度货币资金，属于以前年度非财政拨款结转资金的，借记“资金结存—货币资金”科目，贷记“非财政拨款结转—年初余额调整”科目；行政事业单位因以前年度调整事项增加属于以前年度财政拨款结余资金的支出时，借记“非财政拨款结转—年初余额调整”科目，贷记“资金结存—货币资金”科目。

2. 缴回非财政拨款结转资金

行政事业单位按照规定缴回非财政拨款结转资金，应按照实际资金数额借记“非财政拨款结转—缴回资金”科目，贷记“资金结存—货币资金”科目。

3. 提取项目间接费用或管理费

行政事业单位按规定从科研项目预算收入中提取项目间接费用或管理费，借记“非财政拨款结转—项目间接费用或管理费”科目，贷记“非财政拨款结余—项目间接费用或管理费”科目。

4. 年末结转

(1)结转本年非财政拨款专项资金预算收支

年末行政事业单位需要把非财政拨款专项资金预算收支本年发生额转入“非财政拨款结转”科目当中，结转非财政拨款专项收入借记“事业预算收入/上级补助预算收入/附属单位上缴预算收入/非同级财政拨款预算收入/债务预算收入/其他预算收入”科目，贷记“非财政拨款结转—本年收支结转”科目；结转非财政拨款专项支出借记“非财政拨款结转—本年收支结转”科目，贷记“行政支出/事业支出/其他支出”科目。

(2)冲销本科目各明细科目余额

年末行政事业单位应将“非财政拨款结转”下“年初余额调整”“项目间接费用或管理费用”“缴回资金”“本年收支结转”等明细科目的本年发生额转入“非财政拨款结转—累计结转”科目，除“非财政拨款结转—累计结转”科目外其他明细科目无余额。

(3)非财政拨款结转余额转非财政拨款结余

行政事业单位在年末完成“非财政拨款结转—累计结转”相关账目编制后，通过对“非财政拨款结转”明细科目执行情况的分析，应将已完成项目的“非财政拨款结转—累计结转”中留归本单位使用的非财政专项余额转入“非财政拨款结余”，借记“非财政拨款结转—累计结转”科目，贷记“非财政拨款结余—结转转入”科目。

(五)非财政拨款结余

非财政拨款结余是行政事业单位非同级财政拨款中非专项资金收支形成的结转资金，用于反映行政事业单位非同级财政拨款非限定用途资金的调整和滚存情况。单位应当设置“非财政拨款结余”总账科目，并下设“年初余额调整”“项目间接费用或管理费”“结转转入”“累计结余”等明细科目，用于核算单位财政拨款的差错更正、收回以前年度相应款项、按规定留归资金、计提相关费用和结转等情况。

1. 以前年度调整事项

行政事业单位因更正会计差错、购货退回、预付款收回等事项退回以前年度非财政性货币资金，属于以前年度非财政拨款结余资金的，借记“资金结存—货币资金”科目，贷记“非财政拨款结余—年初余额调整”科目；行政事业单位因以前年度调整事项增加属于以前年度财政拨款结余资金的支出时借记“非财政拨款结余—年初余额调整”科目，贷记“资金结存—货币资金”科目。

2. 提取项目间接费用或管理费

行政事业单位按规定从科研项目预算收入中提取项目间接费用或管理费，借记“非财政拨款结转—项目间接费用或管理费”科目，贷记“非财政拨款结余—项目间接费用或管理费”科目。

3. 实际缴纳企业所得税

行政事业单位实际缴纳企业所得税时，按缴纳金额借记“非财政拨款结余—累计结余”科目，贷记“资金结存—货币资金”科目。

4. 年末结转

（1）将本年非财政拨款结转余额符合条件的部分转非财政拨款结余

行政事业单位在年末应将“非财政拨款结转—累计结转”中留归单位使用的资金转入“非财政拨款结余”，借记“非财政拨款结转—累计结转”科目，贷记“非财政拨款结余—结转转入”科目。

（2）冲销本科目各明细科目余额

年末行政事业单位应将“非财政拨款结余”下“年初余额调整”“项目间接费用或管理费用”“结转转入”等明细科目的本年发生额转入“非财政拨款结余—累计结余”科目，除“财政拨款结余—累计结余”科目外其他明细科目无余额。

（3）非财政拨款结余分配科目结转

年末行政事业单位应将“非财政拨款余额分配/其他结余”科目本年发生额转入“非财政拨款结余—累计结余”科目。

（六）其他结余

其他结余是行政事业单位本年度除了财政拨款收支、非同级财政专项资金收支和经营收支以外各项收支相抵后的余额。行政事业单位应当设置“其他结余”总账科目，年末行政事业单位应将事业预算收入、上级补助预算收入、附属单位上缴预算收入、非同级财政拨款预算是收入、债务预算收入、其他预算收入、投资预算收益等科目的本年发生额转入“其他结余”贷方，借记“事业预算收入/上级补助预算收入/附属单位上缴预算收入/非同级财政拨款预算是收入/债务预算收入/其他预算收入/投资预算收益”科目，贷记“其他结余”科目；将行政支出、事业支出、其他支出本年发生额转入“其他结余”借方，借记“其他结余”科目，贷记“行政支出/事业支出/其他支出”科目。结转后行政单位的“其他结余”为贷方余额则转入“非财政拨款结余—累计结余”，为借方余额则做反分录；结转后事业单位的“其他结余”为贷方余额则转入“非财政拨款结余分配”，为借方余额则做反分录。

（七）专用结余

专用结余相关业务只有事业单位涉及，所有行政单位不设此科目。专用结余是事业单位按规定从非财政拨款结余中提取的具有专门用途的资金。事业单位应当设置“专用结余”总账科目,并按照专用结余类别进行明细核算。事业单位从非财政拨款结余或经营结余中提取的专用基金,应按照实际金额借记“非财政拨款结余分配”科目,贷记“专用结余”科目;使用提取的相关金额时,借记“专用结余”科目,贷记“资金结存—货币资金”科目。

**【例 12-44】** 某事业单位按规定使用从非财政拨款结余或经营结余中提取的专用基金 3 300 元,款项通过银行存款支付,用于单位购置固定资产,编制会计分录如下:

预算会计中:

借:专用结余 3 300

　　贷:资金结存—货币资金 3 300

财务会计中:

借:固定资产 3 300

　　贷:银行存款 3 300

借:专用基金 3 300

　　贷:累计盈余 3 300

(八)经营结余

经营结余相关业务只有事业单位涉及,所有行政单位不设此科目。经营结余是事业单位本年度开展经营活动收支相抵后所剩余额用于弥补以前年度经营亏损后的结余。事业单位应当设置“经营结余”总账科目,并按照经营活动类别进行明细核算。年末事业单位应将经营预算收入本年发生额转入“经营结余”贷方,借记“经营预算收入”,贷记“经营结余”;将经营预算支出本年发生额转入“经营结余”借方,借记“经营结余”,贷记“经营支出”。结转后“经营结余”为贷方余额则转入“非财政拨款结余分配”;为借方余额则为经营亏损,不做结转。

(九)非财政拨款结余分配

非财政拨款结余分配相关业务只有事业单位涉及,所有行政单位不设此科目。非财政拨款结余分配用于核算事业单位本年度非财政拨款结余分配情况,应当设置“非财政拨款结余分配”总账科目,将其他结余本年科目余额转入“非财政拨款结余分配”,“其他结余”为借方余额借记“非财政拨款结余分配”,贷记“其他结余”,“其他结余”为贷方余额则做相反分录;将“经营结余”贷方余额转入“非财政拨款结余分配”,借记“经营结余”,贷记“非财政拨款结余分配”。提取专用基金的借记“非财政拨款结余分配”,贷记“专用结余”。年末本科目本年余额应结转入“非财政拨款结余—累计结余”当中。

# 第十三章　行政事业单位会计收入的管理与核算

## 第一节　行政事业单位收入和预算收入概述

行政事业单位收入是其开展业务及其他活动依法取得的非偿还资金,行政事业预算收入则是主体在预算年度内依法取得的并纳入预算管理的现金流入。需要注意的是行政事业单位依法取得的应当上缴财政收入款项不属于其收入。

一般来讲行政事业单位收入的确认应当符合收入相关的经济利益很可能流入主体、经济利益流入主体的结果会导致资产增加和负债减少以及经济利益的流入金额可以可靠计量这三点要求。

行政事业单位收入按其来源可以分为财政拨款收入、非同级财政拨款收入、其他收入、捐赠收入、利息收入、租金收入、事业收入、上级补助收入、附属单位上缴收入、经营收入、投资收益、债务收入。其中行政单位涉及收入业务种类较少,仅需要核算财政拨款收入、非同级财政拨款收入、其他收入、捐赠收入、利息收入、租金收入相关账务,事业单位则涉及以上提到所有行政事业单位收入分类。

## 第二节　行政事业单位预算收入的管理

行政事业单位预算收入管理是提高财政资金使用收益的关键,对保护公众权益也有着重要意义,具体要求如下:

### 一、加强统一的预算管理

行政事业单位应当将各项收入全部纳入单位预算,进行统一的管理和核算,严禁乱收和滥用。

### 二、保证收入的合法及合理

行政事业单位的各项收入应当依法取得,符合国家有关法律、法规和规章制度的规定。各收费项目、收费范围和收费标准必须按照法定程序审批,取得收费许可后方可实施。

## 三、及时上缴各项财政收入

行政单位依法取得的罚没收入、行政事业性收费、政府性基金、国有资产处置和出租出借收入等应当上缴财政,事业单位对按照规定上缴国库或者财政专户的资金不属于行政事业单位的收入,应当按照国库集中收缴的有关规定及时足额上缴,不得隐瞒、滞留、截留、挪用和坐支。

## 四、充分利用现有资源,提高自我发展能力

在保障社会效益实现的同时,有条件的行政事业单位要根据经济市场规律,充分调动单位人力、物力和财力创造尽可能大的经济价值,增加收入来源,提高自我发展能力。

# 第三节　行政事业单位收入和预算收入的核算

## 一、财政拨款收入与财政拨款预算收入

财政拨款收入是指行政事业单位从同级政府财政部门取得的各类财政拨款,包括一般公共预算财政拨款和政府性基金预算财政拨款等种类。为核算财政拨款收入业务,行政事业单位应设置“财政拨款收入”总账科目,并通过一般公共预算财政拨款、政府性基金预算财政拨款等种类进行明细核算。同级政府财政部门预拨的下期预算款和没有纳入预算的暂付款项,以及采用实拨资金方式通过本单位转拨给下属单位的财政拨款,应该通过“其他应付款”科目核算,不计入“财政拨款收入”。期末本科目本期发生额将转入本期盈余,借记“财政拨款收入”,贷记“本期盈余”。本科目应按照收付实现制进行核算,每年年末无余额。

财政拨款预算收入应设置“财政拨款预算收入”总账科目,并且应当按照《政府收支分类科目》中的“支出功能分类科目”设置要求,设置“基本支出”和“项目支出”两个明细科目,同时在“基本支出”明细科目下按照“人员经费”和“日常公用经费”进行明细核算,在“项目支出”下也要按照具体项目进行明细核算,以按行政事业单位的履行职能种类对其进行预算管理和反映,让预算的执行情况也能得到更好的体现。相比较而言,财务会计中的“财政拨款收入”不需要按照预算管理要求设置相应的明细科目,其核算目标是为了反应收入和费用相抵后的盈余状况。本科目每年年底也应结转,无余额。

(一)财政直接支付方式下账务处理

行政事业单位通过财政直接支付获得资金,应在收到相关原始凭证后,按照“财政直接支付入账通知书”金额,借记“固定资产”“应付职工薪酬”“预付账款”等支出相关科目,贷记“财政拨款收入”。本年度如果出现退货、更正的情况则做以上分录的反分录,属于以前年度的相关款项则借记“财政应返还额度—财政直接支付”科目,贷记“以前年度盈余调整”科目。每年年末如果行政事业单位财政直接支付预算指标大于实际直接支付数额,则应按其差额借记“财政应返还额度—财政直接支付”,贷记“财政拨款收入”。

因为行政事业单位取得财政拨款收入时需要同时做预算会计处理，所以应在获得资金和取得相关凭证后，借记“行政支出”或者“事业支出”，贷记“财政拨款预算收入”。在本年度出现退货、更正的情况下也要做反分录处理，属于以前年度的款项则借记“资金结存—财政应返还额度”科目，贷记“财政拨款结转”科目。年末确认预算指标数和实际支付数差异，借记“资金结存—财政应返还额度”科目，贷记“财政拨款预算收入”科目。

**【例 13-1】** 某行政单位向某社会组织购买一项服务 5 000 元，财政部通过直接支付方式为该行政单位支付了这笔费用。行政单位在收到财政直接支付入账通知书和相关原始凭证后，编制会计分录如下：

预算会计中：

借：行政支出 5 000

贷：财政拨款预算收入 5 000

同时，财务会计中：

借：业务活动费用 5 000

贷：财政拨款收入 5 000

**【例 13-2】** 因质量问题，某事业单位将本年年度以直接支付方式购买的部分商品退货，收回资金 1 000 元，编制会计分录如下：

预算会计中：

借：财政拨款预算收入 1 000

贷：事业支出 1 000

同时，财务会计中：

借：财政拨款收入 1 000

贷：库存商品 1 000

**【例 13-3】** 某审计局本年度财政直接支付预算指标为 1 000 000 元，而当年财政直接支付实际数为 800 000 元，年末该行政单位应返回资金额度为 200 000 元，编制会计分录如下：

预算会计中：

借：资金结存—财政应返还额度 200 000

贷：财政拨款预算收入 200 000

同时，财务会计中：

借：财政应返还额度—财政直接支付 200 000

贷：财政拨款收入 200 000

（二）财政授权支付方式下账务处理

行政事业单位通过财政授权支付获得资金，应在收到“财政授权支付额度到账通知书”后，按照其额度借记“零余额账户用款额度”，贷记“财政拨款收入”。本年度如果出现退货、更正的情况借记“零余额账户用款额度”科目，贷记“库存商品”“业务活动费”科目，属于以前年度的相关款项则借记“零余额账户用款额度”科目，贷记“以前年度盈余调整”科目。每年年末如果行政事业单位财政授权支付预算指标大于零余额账户用款额度下达数的，则应按其差额借记“财政应返还额度—财政授权支付”，贷记“财政拨款收入”。

同时做预算会计处理，应在取得“财政授权支付额度到账通知书”后，借记“资金结存—零余额账户用款额度”科目，贷记“财政拨款预算收入”科目。在本年度出现退货、更正的情况下借记“资金结存—零余额账户用款额度”科目，贷记“行政支出”“事业支出”科目，属于以前年度的款项则借记“资金结存—零余额账户用款额度”科目，贷记“财政拨款结转”科目。年末确认预算指标数和零余额账户用款额度下达数差异，借记“资金结存—财政应返还额度”科目，贷记“财政拨款预算收入”科目。

**【例 13-4】** 财政部门划拨一笔财政授权支付用款额度 60 000 元给某行政单位，用于该单位日常行政活动开支，该行政单位收到其代理银行转来的财政授权支付额度到账通知书后，编制会计分录如下：

预算会计中：

借：资金结存—零余额账户用款额度 60 000

　　贷：财政拨款预算收入 60 000

同时，财务会计中：

借：零余额账户用款额度 60 000

　　贷：财政拨款收入 60 000

**【例 13-5】** 某行政单位将上一年度以授权支付方式购买的部分办公用品退货，收回资金 500 元，编制会计分录如下：

预算会计中：

借：资金结存—零余额账户用款额度 500

　　贷：财政拨款结转 500

同时，财务会计中：

借：零余额账户用款额度 500

　　贷：以前年度盈余调整 500

**【例 13-6】** 某行政单位本年度财政授权支付预算指标为 1000 000 元，而当年年末计算出的财政授权支付方式下的零余额账户用款下达数为 990 000 元，对未下达的 10 000 元，编制会计分录如下：

预算会计中：

借：资金结存—财政应返还额度 10 000

　　贷：财政拨款预算收入 10 000

同时，财务会计中：

借：财政应返回额度 10 000

　　贷：财政拨款收入 10 000

（三）其他支付方式下账务处理

财政拨款收入通过其他方式得到，应该以实际收到的金额为准，进行账务处理，借记“银行存款”科目，贷记“财政拨款收入”科目。同时做预算会计处理，借记“资金结存—货币资金”科目，贷记“财政拨款预算收入”科目。如果行政事业单位收到的是下期预算的财政拨款则应借记“银行存款”科目，贷记“其他应付款”科目，同时预算会计无分录，在下个预算期再做处理。

**【例 13-7】** 某事业单位尚未纳入财政国库单一账户制度改革，收到财政部门划拨的下一期预算经费 31 000 元，银行转来收款通知后，编制会计分录如下：

本期账务处理：

预算会计中无分录

财务会计中：

借：银行存款 31 000

　　贷：其他应付款 31 000

下一期账务处理：

预算会计中：

借：资金结存—货币资金 31 000

　　贷：财政拨款预算收入 31 000

同时，财务会计中：

借：其他应付款 31 000

　　贷：财政拨款收入 31 000

## 二、非同级财政拨款收入与非同级财政拨款预算收入

非同级财政拨款收入包括行政事业单位从同级政府其他部门取得的横向转拨财政款、从上级或下级政府财政部门取得的经费拨款。行政事业单位应该设置"非同级财政拨款收入"总账科目来核算单位非同级财政拨款收入业务，并按照本级横向转拨财政款和非本级财政拨款以及收入来源进行明细核算。需要注意的是事业单位因开展科研及其辅助活动从非同级财政部门取得的经费拨款不通过本科目进行核算，应当归入事业收入类别。行政事业单位确认非同级财政拨款收入时，应该以应收或实际收到金额借记"其他应收款"或"银行存款"，贷记"非同级财政拨款收入"。每年年末"非同级财政拨款收入"科目内金额应转入本期盈余，年末无余额，借记本科目，贷记"本期盈余"。

非同级财政拨款预算收入应设置"非同级财政拨款预算收入"总账科目，并按照收入类别、来源、《政府收支分类科目》中的"支出功能分类科目"的要求等进行明细核算。同样需要注意的是因开展科研及其辅助活动从非同级财政部门取得的经费拨款不通过本科目进行明细核算。以应收方式收到非同级财政拨款收入时，"非同级财政拨款预算收入"科目不做任何账务处理，只有行政事业单位确认实际收到金额后，才借记"资金结存—货币资金"科目，贷记"非同级财政拨款预算收入"科目。每年年末"非同级财政拨款预算收入"科目中的专项资金收入应该转入非财政拨款结转中，非专项资金收入应该转入其他结余，年末无余额。

**【例 13-8】** 某纳入市级财政部门预算范围的行政单位收到省级财政部门转来的一笔财政资金 30 000 元，该款项是省级财政部为支持某项目转来的专项资金，款项已经存入银行，编制会计分录如下：

预算会计中：

借：资金结存—货币资金 30 000

　　贷：非同级财政拨款预算收入 30 000

同时，财务会计中：

借：银行存款 30 000

　　贷：非同级财政拨款收入 30 000

**【例 13-9】** 某事业单位年末"非同级财政拨款收入"科目本年发生额为 78 000 元，"非同级财政拨款预算收入"科目本年发生额为 66 000 元，其中专项资金收入为 23 000 元，

非专项资金收入为 43 000 元,账务处理如下:

预算会计中:

借:非同级财政拨款预算收入 66 000

贷:非财政拨款结转—本年收支结转 23 000

其他结余 43 000

财务会计中:

借:非同级财政拨款收入 78 000

贷:本期盈余 78 000

## 三、其他收入与其他预算收入

其他收入是行政事业单位除了财政拨款以外的收入,包括接受其他单位或个人捐赠收入、利用经批准的国有资产出租取得收入、银行存款利息收入以及库存现金盘盈收入等。

(1)通过捐赠取得的收入

行政事业单位应当设置“捐赠收入”科目核算单位接受其他单位或个人通过捐赠获得的收入,并按照捐赠资产的用途和来源进行明细核算,期末结转后无余额。接受货币资助时,行政事业单位应按照实际收到的金额,借记“银行存款”“库存现金”科目,贷记“捐赠收入”科目。接受实物捐赠时,单位可以按照资产成本入账,借记“库存物品”“固定资产”科目,按照相关税费或运输费贷记“银行存款”科目,差额贷记“捐赠收入”科目;单位也可以按照资产名义金额入账,借记“库存物品”“固定资产”科目,按名义金额贷记“捐赠收入”科目,产生相关税费或运输费则借记“其他费用”科目,贷记“银行存款”科目。年末本科目转入本期盈余,无余额。

行政事业单位设置“其他预算收入”科目来核算捐赠预算收入,当单位此项目涉及金额较大或者业务较多时,也可单独设置“捐赠预算收入”科目进行核算。接受货币资助时,行政事业单位应按照实际收到的金额,借记“资金结存—货币资金”科目,贷记“其他预算收入—捐赠收入”科目。接受实物捐赠时,行政事业单位仅对相关税费或运输费进行预算会计账务处理,借记“其他支出”科目,贷记“资金结存—货币资金”科目,年末本科目按照专项资金和非专项资金类别进行结转,无余额。

**【例 13-10】** 某事业单位受疫情影响工作开展受到极大影响,我国某民营企业为支持社会发展开展捐款,对这一事业单位捐赠了 10 000 元现金,事业单位收到现金时编制会计分录:

预算会计中:

借:资金结存—货币资金 10 000

贷:其他预算收入—捐赠收入 10 000

同时,财务会计中:

借:货币资金 10 000

贷:捐赠收入 10 000

**【例 13-11】** 某人在疫情期间将自己多购买的口罩无偿捐赠给某急需口罩物资的行政单位,口罩系多月前采购,每个 1 元钱,共计 1 000 个,行政单位为该批口罩支付了 10 元运费,账务处理如下:

预算会计中：

借：其他支出 10

贷：资金结—货币资金 10

同时，财务会计中：

借：库存物品 1 000

贷：捐赠收入 990

银行存款 10

【例 13-12】 年末某行政单位“捐赠收入”科目本年发生额为 21 000 元，“其他预算收入—捐赠收入”本年发生额为 18 000 元，其中专项资金 0 元，非专项资金 18 000 元，编制会计分录如下：

预算会计中：

借：其他预算收入—捐赠收入 18 000

贷：其他结余 18 000

财务会计中：

借：捐赠收入 21 000

贷：本期盈余 21 000

(2)通过出租资产取得的收入

行政事业单位应当设置“租金收入”科目核算单位经批准利用国有资产出租取得并纳入本单位预算管理的租金收入，并按照出租国有资产类别和收入来源进行明细核算，期末结转后无余额。国有资产的租金收入应在各个租赁期间按照直线法予以确认，采用预收租金方式应按收到的租金借记“银行存款”科目，贷记“预收账款”科目，分期确认租金时应按其金额借记“预收账款”科目，贷记“租金收入”科目；采用后付租金方式，应先借记“应收账款”科目，贷记“租金收入”科目来确认每期租金金额，实际收到租金时应借记“银行存款”科目，贷记“应收账款”科目；分期收取租金时按实际收到租金借记“银行存款”科日，贷记“租金收入”科目。年末本科目转入本期盈余，无余额。

行政事业单位还应设置“其他预算收入”科目来核算租金预算收入，当单位此项目涉及金额较大或者业务较多时，也可单独设置“租金预算收入”科目进行核算。行政事业单位应按照实际收到的金额，借记“资金结存—货币资金”科目，贷记“其他预算收入—租金收入”科目。年末本科目应进行结转，无余额。

【例 13-13】 某事业单位出租一闲置厂房，每年租金 48 000 元，租金按年支付，年初付讫，该厂房为经批准合法出租，租金收入纳入单位预算，编制会计分录如下：

预算会计中：

每年年初收到租金

借：资金结—货币资金 48 000

贷：其他预算收入—租金收入 48 000

财务会计中：

每年年初收到租金

借：银行存款 48 000

贷：预收账款 48 000

每月末确认租金收入

借:预收账款 4 000

贷:租金收入 4 000

(3)通过银行存款取得的利息收入

行政事业单位取得的银行利息存款应设置“利息收入”科目进行核算,并按照不同开户银行设置明细科目。行政事业单位应按照实际收到的金额,借记“银行存款”,贷记“利息收入”。年末本科目转入本期盈余,无余额。

行政事业单位还应设置“其他预算收入”科目来核算利息预算收入,当单位此项目涉及金额较大或者业务较多时,也可单独设置“利息预算收入”科目进行核算。行政事业单位应按照实际收到的金额,借记“资金结存—货币资金”科目,贷记“其他预算收入—利息收入”科目。年末本科目应进行结转,无余额。

**【例 13-14】** 某事业单位当期收到银行发放的存款利息 8 000 元,款项已存入银行,编制会计分录如下:

预算会计中:

借:资金结—货币资金 8 000

贷:其他预算收入—利息收入 8 000

同时,财务会计中:

借:银行存款 8 000

贷:利息收入 8 000

**【例 13-15】** 某事业单位年末结账时,利息收入贷方金额为 81 000 元,编制会计分录如下:

预算会计中:

借:其他预算收入—利息收入 81 000

贷:其他结余 81 000

同时,财务会计中:

借:利息收入 81 000

贷:本期盈余 81 000

(4)其他类型收入

其他类型收入包括除了捐赠收入、出租收入、利息收入以外的各项收入,通常有现金盘盈收入、科技成果转化收入、收回已经核销的其他应收款或无法偿付应付款项形成的收入等。行政事业单位应设置“其他收入”科目进行核算,并按照其他收入类别、来源设置明细科目。属于无法查明原因的现金盘盈,行政事业单位应报批准后进行确认;如果是科技转化收入,单位应按照取得收入扣除相关费用后的净收益来确认收入;对于无法偿付的应付款,单位应按豁免金额进行收入确认;置换换出资产获得收入,单位应按照评估价高于账面价值的差额确认收入;其他情况行政事业单位大多应按照实际收到的金额,借记“银行存款”,贷记“其他收入”。年末本科目转入本期盈余,无余额。

行政事业单位还应设置“其他预算收入”科目来核算这些类型的预算收入,并按照《政府收支分类科目》要求设置明细科目并进行核算。行政事业单位应按照实际收到的金额,借记“资金结存—货币资金”科目,贷记“其他预算收入”科目。年末本科目应进行结转,无余额。

**【例 13-16】** 某事业单位月末清点库存现金,发现有 1 111 元溢余,经调查无法查明原

因,编制会计分录如下:

预算会计中:

借:资金结存—货币资金 1 111

　　贷:其他预算收入 1 111

同时,财务会计中:

发现现金盈余

借:库存现金 1 111

　　贷:待处理财产损溢 1 111

无法查明原因后确认收入

借:待处理财产损溢 1 111

　　贷:其他收入 1 111

**【例 13-17】** 某事业单位出售一项自主研发的无形资产使用权,取得价款 53 000 元,产生 5 000 元出售费用,相关款项已收到并存入银行,编制会计分录如下:

预算会计中:

借:资金结存—货币资金 48 000

　　贷:其他预算收入 48 000

同时,财务会计中:

借:银行存款 48 000

　　贷:其他收入 48 000

## 四、事业收入与事业预算收入

事业收入及事业预算收入相关业务只有事业单位涉及,所有行政单位不设此科目。事业收入是事业单位开展专业业务活动及其辅助活动产生的收入,主要包括因开展科研、演出、教育、医疗保健等相关活动取得的收入。

(一)事业收入的管理

采用财政专户返还方式管理的事业收入,应严格按照"收支两条线"进行资金管理,在实现应上缴财政专户的事业收入时,事业单位应按照实际收到或应收的金额确认应缴财政款,同时按要求向财政专户上缴当期应上缴的款项,最后收到财政专户返还的事业收入时,再按照实际返还金额确认事业收入;采用其他方式管理的普通事业收入,根据应收、预收或者实时到账的实际情况采用不同的会计科目进行收入的确认。

(二)事业收入与事业预算收入的核算

事业单位应设"事业收入"科目,并按照事业收入的类别和来源进行明细核算,其中从非同级财政部门取得的经费拨款应设置"非同级财政拨款"明细科目进行核算。不同的收入确认方式账务处理方式有所不同,确认收入时借记"应收账款""预收账款"或"银行存款"科目,贷记"事业收入"科目,采用应收或预收方式确认的收入,在最后实际收到款项时再借记"银行存款"科目,贷记"应收账款"或"预收账款"科目。本科目贷方登记确认的事业收入额,借方登记期末结转额,年末本科目转入本期盈余,无余额。

事业单位还应设置"事业预算收入"科目来核算单位开展的专业或辅助活动取得的现金流入,本科目应按照《政府收支分类科目》中"支出功能分类科目"进行明细核算。事业预算收入仅在收到财政专户应返还金额或者实际收到收入款项时才确认,借记“资金结存——货币资金”,贷记“事业预算收入”。每年年末按照专项资金和非专项资金分类,分别进行科目余额结转,属于专项资金的事业预算收入结余转入“非财政拨款结转—本年收支结转”科目;属于非专项资金的事业预算收入结余转入“其他结余”科目。

【例 13-18】 某科技馆通过开展科学知识讲座获得收入 50 000 元,该单位采用财政专户返还方式管理,本月尚未收到相关款项,编制会计分录如下:

预算会计中不做账务处理。

财务会计中:

借:应收账款 50 000

　　贷:应缴财政款 50 000

接上例,科技馆月末向财政专户上缴该笔款项时,编制会计分录如下:

预算会计中不做账务处理。

财务会计中:

借:应缴财政款 50 000

　　贷:应收账款 50 000

【例 13-19】 某广播电视事业单位采取财政专户返还方式管理事业收入,月末收到财政专户返还的部分事业收入 66 600 元,编制会计分录如下:

预算会计中:

借:资金结存—货币资金 66 600

　　贷:事业预算收入 66 600

同时,财务会计中:

借:银行存款 66 600

　　贷:事业收入 66 600

【例 13-20】 某医院为事业单位,未采取财政专户返还方式管理事业收入,该单位与一公司签署了合作医疗科研项目,合同规定公司需要提前支付一笔事业活动经费 90 000 元,按科研项目完成进度确认收入,编制会计分录如下:

收到活动经费款项,款项通过银行账户划拨。

预算会计中:

借:资金结存—货币资金 90 000

　　贷:事业预算收入 90 000

同时,财务会计中:

借:银行存款 90 000

　　贷:预收账款 90 000

年末,医院根据科研进度确认收入 30 000 元。

借:预收账款 30 000

　　贷:事业收入 30 000

【例 13-21】 某体育事业单位按合同开展一项专业业务活动,月末按照完成进度确认收入 40 000 元,款项尚未收到,次月单位收到该笔款项,编制会计分录如下:

月末确认当月实现收入时:

预算会计中不做账务处理。

财务会计中：

借：应收账款 40 000

　　贷：事业收入 40 000

次月收到相关款项。

预算会计中：

借：资金结存—货币资金 40 000

　　贷：事业预算收入 40 000

同时，财务会计中：

借：银行存款 40 000

　　贷：应收账款 40 000

**【例 13-22】** 年末，某事业单位“事业收入”科目本年发生额为 560 000 元，“事业预算收入”科目本年发生额为 480 000 元，其中专项资金 300 000 元，非专项资金 180 000 元，编制会计分录如下：

预算会计中：

借：事业预算收入 480 000

　　贷：非财政拨款结转—本年收支结转 300 000

　　　　其他结余 180 000

同时，财务会计中：

借：事业收入 560 000

　　贷：本期盈余 560 000

## 五、上级补助收入与上级补助预算收入

上级补助收入及上级补助预算收入相关业务只有事业单位涉及，所有行政单位不设此科目。每个事业单位均有其主管或上级单位，上级补助收入就是事业单位收到其主管或上级单位划拨的非财政补助资金。事业单位的主管或上级单位利用自身收入，对事业单位进行补助，主要是为调节其资金余缺。上级补助收入不是财政部门安排的预算资金，也不来源于财政部门，所以并不构成常规收入，收入与否是根据事业单位与其主管或上级部门实际情况进行调整的。

（一）上级补助收入的管理

事业单位应按照事业单位的主管或上级机构要求进行管理和分类，不同的收入分类资金管理方式有所不同。主管或上级部门拨款用于事业单位完成特定任务的，应专款专用，按要求定期向事业单位的主管或上级部门报送专项资金使用情况并接受其检查，未完成项目的专项资金结转下一年继续使用，完成项目后剩余资金应返还拨款单位或转入事业单位的事业基金。而事业单位的主管或上级单位拨款仅用于维持事业单位正常运行和日常开支，则拨款资金用途不受限制，年度末有相关结余资金可以转入事业单位的事业结余并进行分配。

（二）上级补助收入和上级补助预算收入的核算

事业单位应设“上级补助收入”科目，在获得主管或上级单位补助时按照发放补助单位和补助项目进行明细核算，确认收入时借记“其他应收账款”或“银行存款”科目，贷记“上

级补助收入”,实际收到款项时再借记“银行存款”,贷记“其他应收账款”。本科目年末转入本期盈余,无余额。

事业单位还应设置“上级补助预算收入”科目来核算单位从主管或上级单位取得的非财政补助现金流入,本科目应按照发放补助的单位、补助项目、《政府收支分类科目》中“支出功能分类科目”进行明细核算上级补助预算收入仅在实际收到收入款项时才确认,借记“资金结存—货币资金”,贷记“上级补助预算收入”。每年年末按照专项资金和非专项资金分类,分别进行科目余额结转,属于专项资金的事业预算收入结余转入“非财政拨款结转—本年收支结转”科目;属于非专项资金的事业预算收入结余转入“其他结余”科目。

**【例 13-23】** 某美术馆获得上级单位拨款 12 000 元,用于该事业单位的日常正常开支,本月尚未收到相关款项,编制会计分录如下:

预算会计中不做账务处理。

财务会计中:

借:其他应收账款 12 000

　　贷:上级补助收入 12 000

接上例,美术馆次月收到该笔款项时,编制会计分录如下:

预算会计中:

借:资金结存—货币资金 12 000

　　贷:上级补助预算收入 12 000

同时,财务会计中:

借:银行存款 12 000

　　贷:其他应收账款 12 000

**【例 13-24】** 年末,某事业单位“上级补助收入”科目本年发生额为 88 000 元,“上级补助预算收入”科目本年发生额为 73 000 元,其中专项资金 40 000 元,非专项资金 33 000 元,该事业单位应编制会计分录如下:

预算会计中:

借:上级补助预算收入 73 000

　　贷:非财政拨款结转—本年收支结转 40 000

　　　　其他结余 33 000

同时,财务会计中:

借:上级补助收入 88 000

　　贷:本期盈余 88 000

## 六、附属单位上缴收入与附属单位上缴预算收入

附属单位上缴收入与附属单位上缴预算收入相关业务只有事业单位涉及,所有行政单位不设此科目。事业单位如果有附属的独立核算单位,该附属单位一般需要按规定标准或比例向事业单位缴纳收入,这些收入便形成了附属单位上缴收入,需要单独设“附属单位上缴收入”进行核算。在获得附属单位上缴款项时,事业单位应按照上缴单位和缴款项目进行明细核算,确认收入时借记“其他应收账款”或“银行存款”科目,贷记“附属单位上缴收入”科目,实际收到款项时再借记“银行存款”科目,贷记“其他应收账款”科目。本科目年

末转入本期盈余，无余额。

事业单位还应设置“附属单位上缴预算收入”科目来核算单位从附属单位取得的上缴现金流入，本科目应按照附属单位、缴款项目、《政府收支分类科目》中“支出功能分类科目”进行明细核算，附属单位上缴预算收入仅在实际收到收入款项时才确认，借记“资金结存—货币资金”科目，贷记“附属单位上缴预算收入”科目。每年年末按照专项资金和非专项资金分类，分别进行科目余额结转，属于专项资金的事业预算收入结余转入“非财政拨款结转—本年收支结转”科目；属于非专项资金的事业预算收入结余转入“其他结余”科目。

**【例 13-25】** 某事业单位下设招待所，其收支独立核算，按规定招待所每年需上缴部分收入，本年事业单位获得招待所上缴收入 70 000 元，款项已存入银行账户，编制会计分录如下：

预算会计中：

借：资金结存—货币资金 70 000

　　贷：附属单位上缴预算收入 70 000

同时，财务会计中：

借：银行存款 70 000

　　贷：附属单位上缴收入 70 000

**【例 13-26】** 年末，某事业单位“附属单位上缴收入”科目本年发生额为 77 000 元，“附属单位上缴预算收入”科目本年发生额为 66 000 元，其中专项资金 40 000 元，非专项资金 26 000 元，编制会计分录如下：

预算会计中：

借：附属单位上缴预算收入 66 000

　　贷：非财政拨款结转—本年收支结转 40 000

其他结余 26 000

同时，财务会计中：

借：附属单位上缴收入 77 000

　　贷：本期盈余 77 000

## 七、经营收入与经营预算收入

经营收入与经营预算收入相关业务也只有事业单位涉及，所有行政单位不设此科目。经营收入不同于附属单位上缴预算收入，经营收入是事业单位开展非独立核算经营活动取得的收入，并且是事业单位在专业业务活动及其辅助活动之外开展活动取得的收入，通常包括销售商品的收入或开展经营服务取得的收入。事业单位应设置“经营收入”进行核算，并按照经营活动类别、项目和收入环节进行明细核算。确认收入应在发出存货或者提供服务同时收讫价款或取得索款凭证时，账务处理为借记“银行存款”“应收账款”或“应收收票据”科目，贷记“经营收入”科目，本科目年末转入本期盈余，无余额。

事业单位还应设置“经营预算收入”科目来核算单位通过开展专业业务活动及其辅助活动之外的非独立核算经营活动取得的现金流入，本科目应按照经营活动类别、项目、《政府收支分类科目》中“支出功能分类”科目进行明细核算。事业单位在实际收到收入款项时确认收入，借记“资金结存—货币资金”科目，贷记“经营预算收入”科目。每年年末经营预算收入结余转入"经营结余"科目，年末无余额。

【例 13-27】 某事业单位开展非独立核算的经营活动，取得收入 50 000 元，款项已存入银行账户，编制会计分录如下：

预算会计中：

借：资金结存—货币资金 50 000

贷：经营预算收入 50 000

同时，财务会计中：

借：银行存款 50 000

贷：经营收入 50 000

【例 13-28】 年末，某事业单位"经营收入"科目本年发生额为 33 000 元，"经营预算收入"科目本年发生额为 29 000 元，编制会计分录如下：

预算会计中：

借：经营预算收入 29 000

贷：经营结余 29 000

同时，财务会计中：

借：经营收入 33 000

贷：本期盈余 33 000

## 八、投资收益与投资预算收益

投资收益与投资预算收益相关业务也只有事业单位涉及，所有行政单位不设此科目。

（一）投资收益账务处理

投资收益是事业单位股权投资和债权投资实现的收益或产生的损失，应设置"投资收益"科目进行核算，并按照投资种类进行明细核算。通常单位按照短期投资收益、长期债权投资收益和长期股权投资收益分类进行处理。

1. 短期投资收益

针对短期投资收益，单位在持有短期投资期间收到投资利息应按照收到的实际金额借记"银行存款"科目，贷记"投资收益"科目；单位出售或到期收回短期投资应按照实际收回的金额借记"银行存款"科目，按照短期投资账面余额贷记"短期投资"科目，按其差额借记或贷记"投资收益"科目。

2. 长期债券投资收益

针对长期债券投资收益，如果单位持有的是分期付息、一次还本的长期债券，则应按期确认利息收入，按照计算确定的应收未收的利息金额，借记"应收利息"科目，贷记"投资收益"科目，实际收到相关利息时应借记"银行存款"科目，贷记"应收利息"科目；单位出售或到期收回分期付息、一次还本的长期债券时，应按照实际收到的金额借记"银行存款"科目，贷记已确认未收到的"应收利息"科目，并按照投资账面金额贷记"长期债券投资"科目，最后根据差额借记或贷记"投资收益"科目。

如果单位持有的是到期一次还本付息的长期债券，也应按期确认利息收入，按照计算确定的应收未收的利息金额，借记"长期债权投资—应计利息"科目，贷记"投资收益"科目，实际收到相关利息时应借记"银行存款"科目，贷记"长期债权投资—应计利息"科目，单位出售或到期收回到期一次还本付息的长期债券时,应按照实际收到的金额借记“银行存款”科目,按照投资长期债券成本贷记“长期债权投资—成本”科目,并按照应计利息账面余额贷记“长期债权投资—应计利息”科目,最后根据差额借记或贷记“投资收益”科目。

3. 长期股权投资收益

在持有长期股权投资期间使用成本法进行核算的单位,应该在被投资单位宣告分派现金股利或者利润时,按照宣告分派的现金股利或者利润中属于单位应该享有的份额确认投资收益,借记“应收股利”科目,贷记“投资收益”科目;在持有长期股权投资期间使用权益法进行核算的单位,应该在被投资单位实现净损益时,按照单位享有份额确认投资收益,当被投资单位实现利润时借记“长期股权投资 损益调整”科目,贷记“投资收益”科目;当被投资单位产生亏损时借记“投资收益”科目,贷记“长期股权投资—损益调整”。

单位出售长期股权投资应该分现金取得和现金以外其他资产取得两种不同情况处理。如果单位是通过现金取得的长期股权投资应该在出售时根据实际取得的价款借记“银行存款”,根据长期股权投资账面余额贷记“长期股权投资”科目,并按照被投资单位已经宣告但尚未领取的现金股利和支付的相关税费贷记“应收股利”“银行存款”科目,最后根据差额借记或贷记“投资收益”科目;如果单位是通过非现金资产取得的长期股权投资应该在出售时按处置资产账面余额借记“资产处置费用”科目,贷记“长期股权投资”科目,并根据出售时实际取得的价款借记“银行存款”科目,按照被投资单位已经宣告但尚未领取的现金股利和出售时按处置资产账面余额分别贷记“应收股利”“应缴财政款”,最后根据差额借记或贷记“投资收益”科目。需要注意的是如果处置长期股权投资的投资收益需要上缴财政则不需要进行财务会计或者预算会计的账务处理。本科目年末转入本期盈余,无余额。

(二)投资预算收益账务处理

事业单位还应设置“投资预算收益”科目来核算单位取得的纳入部门预算管理的属于投资收益性质的现金流入,包括短期投资、长期股权投资、长期债券投资取得的收益。

1. 短期投资收益

针对短期投资收益,按预算会计要求,单位在持有短期投资期间收到投资利息应按照收到的实际金额借记“资金结存—货币资金”科目,贷记“投资预算收益”科目;单位出售或到期收回短期投资,应按照实际收回的金额借记“资金结存—货币资金”科目,按照短期投资账面余额贷记“投资支出”科目,按其差额借记或贷记“投资预算收益”科目。

2. 长期债券投资收益

单位持有长期债券的期间应按实际收到相关利息借记“资金结存—货币资金”科目,贷记“投资预算收益”科目;单位出售或到期收回长期债券投资时,应按照实际收到的金额借记“资金结存—货币资金”科目,按照长期债券投资账面余额贷记“投资支出”科目,按其差额借记或贷记“投资预算收益”科目。

3. 长期股权投资收益

在持有长期股权投资期间宣告分配股利或者按照单位享有份额确认因被投资单位净损益变动产生的投资收益时,预算会计不做账务处理。单位出售通过现金取得的长期股权投资时,根据实际取得的价款借记“资金结存—货币资金”科目,根据长期股权投资最初的投资款金额,贷记“投资支出”科目,最后根据差额贷记“投资预算收益”科目;单位出售非现金资产取得的长期股权投资,应该在出售时按实际取得的价款与处置资产账面余额差值借记“资金结存—货币资金”科目,贷记“长投资预算收益”科目。同样需要注意的是如果处置长期股权投资的投资收益需要上缴财政则不需要进行预算会计的账务处理。

**【例 13-29】** 某事业单位持有一项短期投资期间，收到利息 3 300 元，款项已存入银行，编制会计分录如下：

预算会计中：

借：资金结存—货币资金 3 300

　　贷：投资预算收益 3 300

同时，财务会计中：

借：银行存款 3 300

　　贷：投资收益 3 300

**【例 13-30】** 某公立学校出售一项持有的到期一次还本付息的长期债券，出售价款为 50 000 元，期初确认成本为 40 000 元，按 4%计算年利率，持有时间满 1 年，编制会计分录如下：

预算会计中：

借：资金结存—货币资金 50 000

　　贷：投资支出 41 600

投资预算收益 8 400

同时，财务会计中：

借：银行存款 50 000

　　贷：长期债权投资—成本 40 000

　　　　　　　　　—应计利息 1 600

　　　　　　　　　投资收益 8 400

**【例 13-31】** 某公立医院持有一项成本法核算的长期股权投资，持有比例为 15%，持有期间被投资单位宣告分派现金股利 9 000 元，账务处理如下：

预算会计不做处理。

财务会计中：

借：应收股利 1 350

　　贷：投资收益 1 350

接上例，该公立医院收到被投资单位数日前宣告分配的现金股利 1 350 元，款项已存入开户银行，编制会计分录如下：

预算会计中：

借：资金结存—货币资金 1 350

　　贷：投资预算收益 1 350

同时，财务会计中：

借：银行存款 1 350

　　贷：应收股利 1 350

**【例 13-32】** 年末，某事业单位“投资收益”科目本年发生额为 66 000 元，“投资预算收益”科目本年发生额为 44 000 元，编制会计分录如下：

预算会计中：

借：投资预算收益 44 000

　　贷：其他结余 44 000

同时,财务会计中:

借:投资收益 66 000

　　贷:本期盈余 66 000

# 第十四章　行政事业单位会计支出的管理与核算

## 第一节　行政事业单位费用和预算支出概述

行政事业单位费用是其开展业务或履行职责过程中耗费的经济资源，行政事业预算支出则是主体在预算年度内其开展业务或履行职责过程中实际发生的并纳入预算管理的现金流出。

一般来讲行政事业单位费用的确认应当符合费用相关的经济资源很可能流出主体、经济资源流出主体的结果会导致资产减少和负债增加，以及经济利益的流出金额可以可靠计量这三点要求。

行政事业单位费用按其不同资源耗费目的和内容分为业务活动费用、资产处置费用、其他费用、上缴上级费用、对附属单位补助费用、经营费用、单位管理费用和所得税费用等。其中行政单位涉及费用业务种类较少，仅需要核算业务活动费用、资产处置费用、其他费用相关账务，事业单位则涉及以上提到所有行政事业单位费用分类。

行政单位与事业单位涉及预算支出类型区别及具体概念如表 14-1 所示。

**表 14-1　行政单位与事业单位涉及预算支出类型区别及具体概念**

| 行政单位预算支出 | 事业单位预算支出 |
|---|---|
| 行政单位为保障机构正常运转和完成工作任务所发生的资金耗费和损失主要归集为行政支出。为分析考核各项资金支出的实际发生情况和效果，加强和改善对行政单位资金支出的管理，可以按以下几个方面进行行政支出分类：<br>1. 按部门预算管理要求分类<br>按部门预算管理要求行政支出应分为基本支出和项目支出。基本支出指行政单位为保障机构正常运转和完成日常工作任务发生的支出，包括人员支出和公用支出。项目支出是行政单位为完成特定的工作任务，在基本支出之外发生的支出。项目支出是对行政单位安排的特定工作的资金支持，需要根据特定工作的具体内容和要求安排专项资金，避免资金不足或浪费。 | 事业单位开展业务及其他活动发生的资金耗费和损失则包括事业支出、经营支出、对附属单位补助支出、上缴上级支持、投资支出、债务还本支出、其他支出。<br>各项支出具体概念如下：<br>1. 事业支出是事业单位开展专业业务活动及其辅助活动发生的支出。通常可以按照基本支出和项目支出进行分类。其中，基本支出是指事业单位为了保障其正常运转、完成日常工作任务而发生的人员支出和公用支出，而项目支出是指事业单位为了完成特定工作任务和事业发展目标，在基本支出之外所发生的支出。事业支出的分类管理要求与行政单位行政支出类似，可参照行政支出分类具体情况。 |

表 14-1(续)

| 行政单位预算支出 | 事业单位预算支出 |
|---|---|
| 2. 按资金性质分类<br>按照不同的资金性质,行政单位的行政支出可分为财政拨款支出、非财政专项资金支出和其他资金支出等种类。财政拨款支出是使用财政拨款收入发生的支出。非财政专项资金支出指使用非财政专项资金收入发生的支出。其他资金支出则指使用除财政拨款收入、非财政专项资金收入之外的资金发生的支出。<br>3. 按政府支出功能分类科目分类<br>行政单位的各项行政支出都需要按照政府支出功能分类科目进行分类反映。行政单位行政支出中的政府支出功能分类与财政总预算会计"一般公共预算本级支出""政府性基金预算本级支出"总账科目下设置的"支出功能分类科目"明细科目应当是一致的。<br>4. 按部门预算支出经济分类科目分类<br>行政单位可按照《政府收支分类科目》中部门预算支出经济分类科目分设类/款二级科目分类,包括工资福利支出、商品和服务支出、对个人和家庭的补助、债务利息和费用支出、对企业的补助、对社会保障基金补助等 | 2. 经营支出,即事业单位在专业业务活动及其辅助活动之外开展非独立核算经营活动发生的支出。<br>3. 对附属单位补助支出,即事业单位用财政补助收入之外的收入对附属单位补助发生的支出。<br>4. 上缴上级支出,即事业单位按照财政部门和主管部门的规定上缴上级单位的支出。<br>5. 投资支出,是事业单位以货币资金对外投资发生的现金流出。<br>6. 债务还本支出,是事业单位偿还自身承担的纳入预算管理的从金融机构举借的债务本金的现金流出。<br>7. 其他支出,即本条上述规定范围以外的各项支出,包括利息支出、捐赠支出等 |

## 第二节　行政事业单位预算支出的管理

行政单位和事业单位预算支出涵盖类型有不同,其预算支出管理要求也存在差异。行政事业单位预算支出管理具体要求对比如表 14-2 所示。

表 14-2　行政事业单位预算支出管理具体要求对比

| 行政单位预算支出管理 | 事业单位预算支出管理 |
|---|---|
| 行政单位预算支出应按照以下几点条例进行管理并遵照执行:<br>1. 单位预算应当涵盖单位各项支出,由单位财务部门按照批准的预算和有关规定支出管理制度审核办理。<br>2. 单位的支出应当严格执行国家规定的开支范围及标准,建立健全支出管理制度,对节约潜力大和。 | 事业单位预算支出应按照以下几点条例进行管理并遵照执行:<br>1. 事业单位的支出应当严格执行国家有关财务规章制度规定的开支范围及开支标准;国家有关财务规章制度没有统一规定的,由事业单位规定,报主管部门和财政部门备案。需要注意的是,事业单位。 |

表 14-2 行政事业单位预算支出管理具体要求对比

| 行政单位预算支出管理 | 事业单位预算支出管理 |
|---|---|
| 1. 单位预算应当涵盖单位各项支出，由单位财务部门按照批准的预算和有关规定支出管理制度审核办理。<br>2. 单位的支出应当严格执行国家规定的开支范围及标准，建立健全支出管理制度，对节约潜力大和管理薄弱的支出进行重点管理和控制。<br>3. 行政单位从财政部门或者上级预算单位取得的项目资金，应当按照批准的项目和用途使用，专款专用、单独核算，并按照规定向同级政部门或者上级预算单位报告自己使用情况，接受财政部门和上级预算单位的检查监督。项目完成后，行政单位应当向同级财政部门或者上级预算单位报送项目支出决算和使用效果的书面报告。<br>4. 行政单位应当严格执行国库集中支付制度和政府采购制度等规定。<br>5. 行政单位应当加强支出的绩效管理，提高资金的使用效益。<br>6. 行政单位应当依法加强各类票据管理，确保票据来源合法、内容真实、使用正确，不得使用虚假票据 | 1. 规定违反法律制度和国家政策的，主管部门和财政部门应该责令改正。<br>2. 事业单位从财政部门和主管部门取得的有指定项目和用途的专项资金，应当专款专用、单独核算，并按照规定向财政部门或者主管部门报送专项资金使用情况。项目完成后应当报送专项资金支出决算和使用效果的书面报告，接受财务部门或主管部门检查及验收。<br>3. 事业单位应当严格执行国库集中支付制度和政府采购制度等有关规定。<br>4. 事业单位应当加强支出的绩效管理，提高资金使用的有效性。<br>5. 事业单位应当依法加强各类票据管理，确保票据来源合法、内容真实、使用正确，不得使用虚假票据。<br>6. 事业单位在开展非独立核算经营活动中，应当正确归集实际发生的各项费用数；不能归集的，应当按照规定的比例合理分摊。需要注意的是事业单位的经营支出应当与经营收配比。<br>7. 事业单位应当加强成本核算。可以根据单位开展业务活动及其他活动的实际需要，实行内部成本核算办法进行预算成本的管理 |

# 第三节　行政事业单位费用和预算成本的核算

## 一、业务活动费用与行政/事业支出

业务活动费用是指行政事业单位为实现其职能目标，依法履职或开展专业业务活动及其辅助活动所发生的各项费用。其中行政单位产生业务活动费用主要是因其依法履行相应职能定位的职责产生，而事业单位产生业务活动费用主要是因其业务目标设定所依法开展的相应专业业务活动和辅助活动产生。需要特别注意的是事业单位开展专业业务活动及其辅助活动应该与单位自身的行政后勤管理活动进行区分，事业单位进行的行政后勤管理活动所产生费用，按照规定应该单独设置“单位管理费用”总账科目进行核算，不计入业务活动费用类别，行政单位则不设置“单位管理费用”总账科目对其行政后勤管理活动所产生费用进行归集和核算。行政事业单位应设置“业务活动费用”总账科目，并通过项目、服务类别、业务类别或支付对象等分类方式进行明细核算。期末本科目将进行结转，每年年末无余额。

业务活动费用确认后，行政事业单位为履行职责或是开展专业业务及其辅助活动实际发生各项现金流出时，行政单位应通过“行政支出”科目进行预算会计的账务核算，事业单位应通过“事业支出”科目进行预算会计的账务核算。行政单位通过“行政支出”总账科目进行账务核算的同时还应按照“财政拨款支出”“非财政专项资金支出”“其他资金支出”“基本支出”和“项目支出”等明细科目进行明细核算，并且在“基本支出”明细科目下应当按照《政府收支分类科目》中“部门预算支出经济分类科目”的科目进行明细核算，在“项目支出”明细科目下按照具体项目进行明细核算。需要注意的是有一般公共预算财政拨款、政府性基金预算财政拨款等两种或两种以上财政拨款的行政单位，还应当在“财政拨款支出”明细科目下按照财政拨款的种类进行明细核算。同时，事业单位通过“事业支出”总账科目进行账务核算的时也可以根据单位发生教育、科研、医疗、行政管理、后勤保障等活动类型，下设“教育支出”“科研支出”“医疗支出”“行政管理支出”“后勤保障支出”等科目进行明细核算。并应分别按照“财政拨款支出”“非财政专项资金支出”“其他资金支出”“基本支出”和“项目支出”等进行明细核算，“基本支出”和“项目支出”明细科目具体要求同“行政支出”。事业单位有一般公共预算财政拨款、政府性基金预算财政拨款等两种或两种以上财政拨款的，也应在“财政拨款支出”明细科目下按照财政拨款的种类进行明细核算。最后，对于预付款项，“行政/事业支出”可通过科目下设置“待处理”明细科目进行核算，等确认具体支出项目后再转入“行政/事业支出”下相关明细科目。年末结账前，“待处理”明细科目余额应全部转入相关明细科目，无余额。

（一）为履职或开展业务活动产生职工薪酬和劳务费

1. 职工薪酬

行政事业单位为履职或开展业务活动计提本单位职工薪酬，应按照计算金额借记“业务活动费”科目，贷记“应付职工薪酬”科目。

同时向职工实际支付薪酬时，应按照实际支付的金额做预算会计处理，行政单位借记“行政支出”科目，贷记“财政拨款预算收入”或“资金结存”科目；事业单位借记“事业支出”科目，贷记“财政拨款预算收入”或“资金结存”科目。

**【例 14-1】** 某行政单位为履职人员计提当月职工薪酬，共计 339 000 元，编制会计分录如下：

预算会计中不做账务处理。

财务会计中：

借：业务活动费用 339 000

　　贷：应付职工薪酬 339 000

接上例，该行政单位通过财政直接支付的方式向履职人员支付了上月计提的职工薪酬，编制会计分录如下：

预算会计中：

借：行政支出 339 000

　　贷：财政拨款预算收入 339 000

同时，财务会计中：

借：应付职工薪酬 339 000

　　贷：财政拨款收入 339 000

【例 14-2】 某事业单位为单位开展业务活动的职工代扣代缴个人所得税 31 000 元,并为这些员工代扣代缴职工社会保险和住房公积金共计 488 000 元,所有款项均通过财政直接支付方式支付,已实际向有关机构缴纳金额 519 000 元。编制会计分录如下:

预算会计中:

借:事业支出 519 000

贷:财政拨款预算收入 519 000

同时,财务会计中:

借:应付职工薪酬 488 000

其他应交税费—应交个人所得税 31 000

贷:财政拨款收入 519 000

2. 外部人员劳务费

行政事业单位为履职或开展业务活动支付外部人员劳务费,应按照计算发生的劳务费金额借记“业务活动费”科目,按代扣代缴个人所得税金额贷记“其他应交税费—应交个人所得税”科目,按照发生劳务费金额与税费差额贷记“其他应付款”“银行存款”等科目。

同时按照实际支付给外部员工的劳务费金额做预算会计处理,行政单位借记“行政支出”科目,贷记“财政拨款预算收入”或“资金结存”科目;事业单位借记“事业支出”科目,贷记“财政拨款预算收入”或“资金结存”科目。

【例 14-3】 某事业单位为单位开展业务活动发生外部人员劳务费 55 000 元,需为这些人员代扣代缴个人所得税共计 2 200 元,编制会计分录如下:

预算会计中不做处理。

财务会计中:

借:业务活动费 55 000

贷:其他应交税费——应交个人所得税 2 200

其他应付款 52 800

接上例,该事业单位通过银行存款账户支付了外部人员应付劳务费共计 52 800 元,并向有关部门用银行存款缴纳了代扣代缴个人所得税 2 200 元,编制会计分录如下:

预算会计中:

借:事业支出 55 000

贷:资金结存—货币资金 55 000

同时,财务会计中:

借:其他应交税费—应交个人所得税 2 200

其他应付款 52 800

贷:银行存款 55 000

(二)为履职或开展业务活动购买库存物品、固定资产、无形资产等产生相关款项

1. 库存物品相关开支

行政事业单位为履职或开展业务活动领用库存物资或者发出政府补助物资时,应按照相关库存物品的账面余额,借记“业务活动费”科目,贷记“库存物资”或“政府储备物资”等科目。

同时,行政事业单位为履职或开展业务活动购买存货,支付相关款项时,预算会计中应按实际支付金额借记“行政支出”或“事业支出”科目,贷记“资金结存”或“财政拨款预算收

入”科目。

**【例 14-4】** 某行政单位为单位开展业务活动购入一批材料 88 000 元，价款通过财政授权支付方式支付，编制会计分录如下：

预算会计中：

借：行政支出 88 000

贷：资金结存—零余额账户用款额度 88 000

财务会计中：

借：库存物品 88 000

贷：零余额账户用款额度 88 000

接上例，该行政单位领用材料 33 800 元。

账务处理如下：

预算会计中不做账务处理。

财务会计中：

借：业务活动费用 33 800

贷：库存物品 33 800

2. 固定资产相关开支

行政事业单位为履职或开展业务活动购买固定资产，支付相关款项获得固定资产后，按照计提固定资产折旧金额借记“业务活动费”科目，贷记“固定资产累计折旧”科目。

同时，行政事业单位为履职或开展业务活动购买固定资产，支付相关款项时，预算会计中应按实际支付金额借记“行政支出”或“事业支出”科目，贷记“资金结存”或“财政拨款预算收入”科目。

**【例 14-5】** 某公立医院为开展医疗活动购入一个大型医疗设备，支付厂商 100 000 元，价款通过财政授权支付方式支付，编制会计分录如下：

预算会计中：

借：事业支出 100 000

贷：资金结存—零余额账户用款额度 100 000

财务会计中：

借：固定资产 100 000

贷：零余额账户用款额度 100 000

接上例，月末该事业单位计提该医疗设备折旧 1 000 元。编制会计分录如下：

预算会计中不做账务处理。

财务会计中：

借：业务活动费用 1 000

贷：固定资产累计折旧 1 000

3. 无形资产相关开支

行政事业单位为履职或开展业务活动购买无形资产，支付相关款项获得无形资产后，按照计提无形资产摊销金额借记“业务活动费”科目，贷记“无形资产累计摊销”科目。

同时，行政事业单位为履职或开展业务活动购买无形资产，支付相关款项时，预算会计中应按实际支付金额借记“行政支出”或“事业支出”科目，贷记“资金结存”或“财政拨款预算收入”科目。

**【例 14-6】** 某事业单位为开展业务活动购入一项新型技术专利,支付价款 90 000 元,价款通过银行存款支付,编制会计分录如下:

预算会计中:

借:事业支出 90 000

　　贷:资金结存—货币资金 90 000

同时,财务会计中:

借:无形资产 90 000

　　贷:银行存款 90 000

接上例,月末该事业单位计提该专利摊销金额 3 000 元。

账务处理如下:

预算会计中不做账务处理。

财务会计中:

借:业务活动费用 3 000

　　贷:无形资产累计摊销 3 000

(三)为履职或开展业务活动缴纳税费或发生其他支出

行政事业单位为履职或开展业务活动缴纳相关税费以及发生其他支出,包括城市维护建设税、教育费附加、房产税、城镇土地使用税等,按照计算应缴纳或实际支付金额借记“业务活动费”科目,贷记“其他应交税费”“应付账款”或“银行存款”“零余额账户用款额度”等科目。

同时,行政事业单位为履职或开展业务活动缴纳相关税费以及发生其他支出,支付相关款项时,预算会计中应按实际支付金额借记“行政支出”或“事业支出”科目,贷记“资金结存”或“财政拨款预算收入”科目。

**【例 14-7】** 某事业单位为开展业务活动发生城市维护建设税 3 000 元,款项通过银行存款支付,编制会计分录如下:

预算会计中:

借:事业支出 3 000

　　贷:资金结存—货币资金 3 000

同时,财务会计中:

借:业务活动费用 3 000

　　贷:银行存款 3 000

(四)为履职或开展业务活动产生预付账款

行政事业单位为履职或开展业务活动预先支付项目或服务部分款项时,财务会计中不确认相关的业务活动成本,等到项目或服务完成,满足确认条件时才按照支付款项总和确认相关费用,借记“业务活动费”科目,贷记“预付账款”“财政拨款收入”或“银行存款”科目。

但是,预算会计中行政事业单位为履职或开展业务活动预先支付项目或服务部分款项,应在付款时按实际支付金额借记“行政支出”或“事业支出”科目,贷记“资金结存”或“财政拨款预算收入”科目。

**【例 14-8】** 某行政单位为履职购买一项服务,通过财政直接支付方式预先支付 9 000 元,编制会计分录如下:

预算会计中：

借：行政支出 9 000

贷：财政拨款预算收入 9 000

同时，财务会计中：

借：预付账款 9 000

贷：财政拨款收入 9 000

接上例，下一月服务完成，该行政单位计通过财政直接支付方式补付款项 13 000 元。编制会计分录如下：

预算会计中：

借：行政支出 13 000

贷：财政拨款预算收入 13 000

财务会计中：

借：业务活动费用 22 000

贷：预付账款 9 000

财政拨款收入 13 000

(五) 履职或开展业务活动过程中退回所购货物而收回当年支出相关业务处理

行政事业单位为履职或开展业务活动过程中退回之前购买货物，并收回对应款项，应按照收回或更正金额借记“财政拨款收入”科目或“银行存款”科目，贷记“业务活动费”科目。

同时，预算会计中行政事业单位为履职或开展业务活动过程中退回之前购买货物，并收回对应款项，应借记“资金结存”科目或“财政拨款预算收入”科目，贷记“行政支出”科目或“事业支出”科目。

**【例 14-9】** 此前某行政单位为履职购买了一批货物，但因质量问题单位退回了当年购入的该批部分货物，退货款项 500 元已经收到并存入银行，编制会计分录如下：

预算会计中：

借：资金结存—货币资金 500

贷：行政支出 500

同时，财务会计中：

借：银行存款 500

贷：业务活动费用 500

(六) 履职或开展业务活动产生成本费用的期末结转

行政事业单位为履职或开展业务活动产生业务活动费用本期发生额，应在会计期末进行结转，借记“本期盈余”科目，贷记“业务活动费”科目，结转后科目无余额。

同时，预算会计中行政事业单位为履职或开展业务活动产生的行政支出或事业支出，在会计期末进行结转，借记“财政拨款结转”或“非财政拨款结转—本年收支结转”“其他结余”等科目，贷记“行政支出”或“事业支出”。

**【例 14-10】** 年末某行政单位“业务活动费”发生额为 688 000 元，“行政支出”发生额为 688 000 元，本年度行政支出款项均为财政拨款支出，编制会计分录如下：

预算会计中：

借：财政拨款结转 688 000

贷:行政支出 688 000

同时,财务会计中:

借:本期盈余 688 000

贷:业务活动费用 688 000

## 二、其他费用与其他支出

(一)因资产处置产生相关费用

行政事业单位因资产处置产生相关费用单独设置“资产处置费用”进行核算,这一科目涵盖行政事业单位报经批准处置资产时发生的费用,包括通过无偿调拨、出售、出让、转让、置换、对外捐赠、报废、损毁等方式处置资产和转销处置资产价值等发生的相关费用。行政事业单位做账时还应该通过处置资产类别、处置资产的形式等分类方式进行明细核算。期末本科目将进行结转,每年年末无余额。

资产处置过程中涉及的预算会计账务核算较少,大部分仅在现金盘亏或置换过程发生相关税费时才进行账务处理,行政事业单位预算会计中遇到相关业务时不单独设置“资产处置费用”对应预算科目核算,将产生的相关成本计入“其他支出”科目进行核算处理。年末结账前,“其他支出”明细科目余额应全部转入“其他结余”,无余额。

1. 通过“待处理财产损溢”科目核算的资产处置费用

发现资产短缺,或者资产清查中有资产毁损、报废的,应在查明原因前借记“待处理财产损溢”科目,贷记“库存现金”“库存商品”“固定资产”“无形资产”等科目,这里需要注意的是贷方“固定资产”“无形资产”科目对应做账金额为购入资产时入账的账面价值,所以借方还需借记“固定资产累计折旧”或“无形资产累计摊销”等科目。报经批准处理时,无责任人赔偿的应借记“资产处置费用”科目,贷记“待处理财产损溢”科目;有责任人赔偿的应借记“库存现金”“银行存款”“其他应收款”等科目,贷记“待处理财产损溢”。如果处理资产后责任人赔偿或资产残值变价收入小于处置相关费用的还应借记“资产处置费用”科目,贷记“待处理财产损溢—处理净收入”科目。年末“资产处置费用”本期发生额全额转入“本期盈余”科目,期末无余额。

同时,预算会计中发现现金短缺后以及处理资产产生相关税费、运输费的,应借记“其他支出”,贷记“资金结存—货币资金”科目。年末“其他支出”本期发生额全额转入“其他结余”科目,期末无余额。

2. 不通过“待处理财产损溢”科目核算的资产处置费用

按规定报经批准处置资产,借记“资产处置费用”科目,如果资产为固定资产或无形资产还应借方还需借记“固定资产累计折旧”或“无形资产累计摊销”等科目,贷方按资产入账时账面价值贷记“固定资产”“无形资产”等科目。处置过程中发生相关税费应借记“资产处置费用”,贷记“银行存款”或“库存现金”科目。处置过程中发生的处置费用大于处置收入的借记“资产处置费用”科目,贷记“银行存款”或“库存现金”科目。处置过程中发生的处置费用小于处置收入时则借记“银行存款”或“库存现金”科目,贷记“应缴财政款”科目。年末“资产处置费用”本期发生额全额转入“本期盈余”科目,期末无余额。

同时预算会计中在处置资产时发生相关税费应借记“其他支出”科目,贷记“资金结存—货币资金”。年末“其他支出”本期发生额全额转入“其他结余”科目,期末无余额。

**【例 14-11】** 某行政单位在对库存现金进行盘点时发现库存现金实有数额比账目上短款 600 元,经查无法查明短款原因,期末单位资产处理费用本期发生额为 7 000 元,其他支出本期发生额为 12 000 元,编制会计分录如下:

发现现金短款预算会计中不做处理。

财务会计中:

借:待处理财产损溢 600

　　贷:库存现金 600

经查无法查明短款原因报经批准处理时,编制会计分录如下:

预算会计中:

借:其他支出 600

　　贷:资金结存——货币资金 600

财务会计中:

借:资产处置费用 600

　　贷:待处理财产损溢 600

年末结转时,编制会计分录如下:

预算会计中:

借:其他结余 12 000

　　贷:其他支出 12 000

财务会计中:

借:本期盈余 7 000

　　贷:资产处置费用 7 000

**【例 14-12】** 某事业单位处置一项固定资产,该固定资产入账金额为 70 000 元,累计折旧 60 000 元,资产变卖获得残值收入 5 000 元,发生处置运输费和相关税费共计 13 000 元,相关款项已经存入银行,编制会计分录如下:

预算会计中:

借:其他支出 13 000

　　贷:资金结存—货币资金 13 000

财务会计中:

借:资产处置费用 10 000

　　固定资产累计折旧 60 000

　　贷:固定资产 70 000

借:资产处置费用 8 000

　　贷:银行存款 8 000

(二)因借款产生利息

行政事业单位因借款产生利息支出应设置"其他费用"科目进行核算,按照计算确定的金额,借记"其他费用"(涉及金额较大时单位可单设"利息费用"),贷记"应付利息"或"长期借款—应计利息"科目。年末"其他费用"转入本期盈余,无余额。

行政事业单位还应设置"其他支出"科目在预算会计中来核算借款产生的利息支出,行政事业单位应按照实际支付的金额,借记"其他支出"科目,贷记"资金结存—货币资金"科目。年末本科目应进行结转,无余额。

【例 14-13】 某事业单位当期应付借款利息 8 000 元,该笔借款用于维持单位一个项目正常开展,款项通过银行存款支付,编制会计分录如下:

预算会计中:

借:其他支出 8 000

　　贷:资金结——货币资金 8 000

同时,财务会计中:

借:其他费用 8 000

　　贷:应付账款 8 000

借:应付账款 8 000

　　贷:银行存款 8 000

(三)对外进行现金资产捐赠

行政事业单位应当设置“其他费用”科目核算单位对其他单位或个人捐赠现金资产的经济活动,借记“其他费用”科目,贷记“银行存款”“库存现金”或“其他应付款”科目。年末本科目转入本期盈余,无余额。

行政事业单位还应设置“其他支出”科目来核算对外捐赠现金资产,对外进行现金资产捐赠时,行政事业单位应按照实际支付的金额,借记“其他支出”科目,贷记“资金结存—货币资金”科目。年末本科目应进行结转,无余额。

【例 14-14】 某事业单位对外捐赠现金 100 000 元,款项通过银行存款支付,编制会计分录:

预算会计中:

借:其他支出 100 000

　　贷:资金结存—货币资金 100 000

同时,财务会计中:

借:其他费用 100 000

　　贷:银行存款 100 000

(四)接受或对外捐赠非现金资产产生税费支出

行政事业单位应当设置“其他费用”科目核算单位接受捐赠(无偿调入)和对外捐赠(无偿调出)非现金资产(包括以名义金额计量的存货、固定资产、无形资产以及成本无法可靠取得的公共基础设施、文物文化资产等)产生的相关税费或运输费等费用,借记“其他费用”科目,贷记“银行存款”“库存现金”或“其他应付款”等科目。年末本科目转入本期盈余,无余额。

行政事业单位还应设置“其他支出”科目来核算接受或对外捐赠非现金资产发生的税费或运输费,行政事业单位应按照实际支付的金额,借记“其他支出”科目,贷记“资金结存—货币资金”科目。年末本科目应进行结转,无余额。

【例 14-15】 某公立医院接受某国有企业捐赠一批医用物资,产生运费 1 000 元,相关凭据注明金额为 97 000 元,需支付款项已通过银行存款支付,编制会计分录:

预算会计中:

借:其他支出 1 000

　　贷:资金结存—货币资金 1 000

同时,财务会计中:

借:库存物品 98 000

贷:银行存款 1 000

捐赠收入 97 000

(五)其他

行政事业单位对按照规定收回后不需上缴财政的应收款和其他应收款计提坏账准备或产生罚没支出时,应通过“其他费用”科目进行核算,按照坏账计提金额借记“其他费用”科目,贷记“坏账准备”科目,冲减多计提的坏账准备时做相反分录;发生罚没支出时按照应当或实际缴纳金额,借记“其他费用”科目,贷记“库存现金”“银行存款”或“其他应付款”等科目。

预算会计中单位对产生的罚没支出进行账务处理,借记“其他支出”科目,贷记“资金结存—货币资金”。

## 三、上缴上级费用与上缴上级支出

上缴上级费用与上缴上级支出的相关业务只有事业单位涉及,所有行政单位不设此科目。

每个事业单位均有其主管或上级单位,上缴上级费用是事业单位按照规定上缴上级单位款项发生的费用。上缴上级单位款项不是财政部门安排的预算资金,所以事业单位不得使用取得的财政拨款来上缴上级,而应根据规定的标准或比例将自身获取的事业收入、经营收入和其他收入上缴上级单位。事业单位应设“上缴上级费用”科目,并按照收缴款项单位、缴款项目等进行明细核算。在上缴主管或上级单位相关款项时按照实际上缴金额或按规定计算出的应上缴金额借记“上缴上级费用”科目,贷记“其他应付账款”或“银行存款”等科目。本科目年末转入本期盈余,借记“本期盈余”科目,贷记“上缴上级费用”科目,结转后无余额。

事业单位还应设置“上缴上级支出”科目来核算单位按照财政部或主管部门规定上缴上级单位款项发生的现金流出。核算单位上缴主管或上级单位发生的现金流出,应按照收缴款单位、缴款项目、《政府收支分类科目》中“支出功能分类科目”等进行明细核算,上缴上级支出仅在实际支出款项时才确认,借记“上缴上级支出”科目,贷记“资金结存—货币资金”科目。每年年末将本科目本年发生额转入“其他结余”科目,借记“其他结余”,贷记“上缴上级支出”科目,结转后无余额。

**【例 14-16】** 某公立医院按照规定计算出本年应上缴上级单位款项 120 000 元,款项已通过银行账户上缴完成,编制会计分录如下:

预算会计中:

借:上缴上级支出 120 000

贷:资金结存—货币资金 120 000

同时,财务会计中:

借:上缴上级费用 120 000

贷:银行存款 120 000

**【例 14-17】** 年末,某事业单位“上缴上级费用”科目本年发生额为 78 000 元,“上缴上级支出”科目本年发生额为 78 000 元,该事业单位编制会计分录如下:

预算会计中：

借：其他结余 78 000

　　贷：上缴上级支出 78 000

同时，财务会计中：

借：本期盈余上 78 000

　　贷：上缴上级费用 78 000

## 四、对附属单位补助费用与对附属单位补助支出

对附属单位补助费用与对附属单位补助支出的相关业务只有事业单位涉及，所有行政单位不设此科目。

事业单位如果有附属单位，为支持附属单位更好的发展，事业的单位可以用自身的非财政拨款对其进行补助。但是补助的款项不可以是财政部门安排的预算资金，事业单位不得使用取得的财政拨款收入来补助附属单位。事业单位应设“对附属单位补助费用”科目，并按照接受补助单位、补助项目等进行明细核算。单位发生对附属单位补助费用时按照实际补助金额或按规定计算出的补助金额借记“对附属单位补助费用”科目，贷记“其他应付账款”或“银行存款”等科目。本科目年末转入本期盈余，借记“本期盈余”科目，贷记“对附属单位补助费用”科目，结转后无余额。

事业单位还应设置“对附属单位补助支出”科目来核算单位用财政预算之外收入对附属单位进行补助发生的现金流出。核算此类业务，单位应按照接收补助单位、补助项目、《政府收支分类科目》中“支出功能分类科目”等进行明细核算，补助附属单位仅在实际支出款项时才确认，借记“对附属单位补助支出”科目，贷记“资金结存—货币资金”科目。每年年末将本科目本年发生额转入“其他结余”科目，借记“其他结余”科目，贷记“对附属单位补助支出”科目，结转后无余额。

**【例 14-18】** 某事业单位对所属独立核算杂志社进行补助，使用自有经费，补助其 20 000 元，款项已通过银行账户支付，编制会计分录如下：

预算会计中：

借：对附属单位补助支出 20 000

　　贷：资金结存—货币资金 20 000

同时，财务会计中：

借：对附属单位补助费用 20 000

　　贷：银行存款 20 000

## 五、经营费用与经营支出

经营费用与经营支出相关业务也只有事业单位涉及，所有行政单位不设此科目。

经营费用是事业单位在专业业务活动及其辅助活动之外开展非独立核算经营活动发生的各项费用。事业单位应设置“经营费用”科目进行核算，并按照经营活动类别、项目和支付对象等进行明细核算。为满足成本核算要求，可下设“工资福利费用”“商品和服务费用”等科目进行明细归集。期末本科目将进行结转，每年年末无余额。

事业单位为开展专业业务及其辅助活动之外开展非独立核算经营活动实际发生各项现金流出时,单位应通过“经营支出”科目进行预算会计的账务核算。本科目应按照经营活动类别、项目、《政府收支分类科目》中“支出功能分类科目”等进行明细核算。对于预付款项,可通过在本科目下设置“待处理”明细科目进行核算,等确认具体支出项目后再转入“经营支出”下相关明细科目。年末结账前,“待处理”明细科目余额应全部转入相关明细科目,无余额。期末本科目将进行结转,每年年末无余额。

(一)为经营活动人员支付薪酬和劳务费

事业单位为计提本单位经营活动人员薪酬,应按照计算金额借记“经营费用”科目,贷记“应付职工薪酬”科目。

同时向经营活动人员实际支付薪酬时,应按照实际支付的金额做预算会计处理,借记“经营支出”科目,贷记“财政拨款预算收入”或“资金结存”科目。

**【例 14-19】** 某事业单位为经营活动人员计提当月职工薪酬,共计 234 000 元,编制会计分录如下:

预算会计中不做账务处理。

财务会计中:

借:经营费用 234 000

　　贷:应付职工薪酬 234 000

接上例,该事业单位通过财政直接支付的方式向经营活动人员支付了上月计提的职工薪酬,编制会计分录如下:

预算会计中:

借:经营支出 234 000

　　贷:财政拨款预算收入 234 000

同时,财务会计中:

借:应付职工薪酬 234 000

　　贷:财政拨款收入 234 000

(二)支付与库存物品、固定资产、无形资产等有关款项

事业单位为开展经营活动领用或发出库存物资、获得固定资产后计提折旧、获得无形资产后摊销时,应按照实际成本、计算的折旧或摊销金额,借记“经营费用”科目,贷记“库存物品”或“固定资产累计折旧”“无形资产累计摊销”等科目。

同时,事业单位为开展经营活动购买存货、固定资产、无形资产,支付相关款项时,预算会计中应按实际支付金额借记“经营支出”科目,贷记“资金结存”或“财政拨款预算收入”科目。

**【例 14-20】** 某事业单位为单位开展经营业务活动购入一批材料 8 000 元,价款通过银行存款支付,编制会计分录如下:

预算会计中:

借:经营支出 8 000

　　贷:资金结存 8 000

财务会计中:

借:库存物品 8 000

　　贷:银行存款 8 000

接上例，该事业单位为开展经营活动领用购入材料 5 800 元，编制会计分录如下：

预算会计中不做账务处理。

财务会计中：

借：经营费用 5 800

　　贷：库存物品 5 800

**【例 14-21】** 某公立医院为开展经营活动购入一批专用设备，支付厂商 10 000 元，价款通过银行存款支付，编制会计分录如下：

预算会计中：

借：经营支出 10 000

　　贷：资金结存 10 000

财务会计中：

借：固定资产 10 000

　　贷：银行存款 10 000

接上例，月末公立医院计提该设备折旧 200 元，编制会计分录如下：

预算会计中不做账务处理。

财务会计中：

借：经营费用 200

　　贷：固定资产累计折旧 200

（三）发生相关税费

事业单位为开展经营活动发生其他费用或缴纳相关税费，包括城市维护建设税、教育费附加、房产税、城镇土地使用税等，按照计算应缴纳或实际支付金额借记"经营费用"，贷记"其他应交税费""应付账款"或"银行存款"等科目。

同时，事业单位在预算会计中应对经营活动缴纳的相关税费以及发生的其他支出，在支付相关款项时，按实际支付金额借记"经营支出"科目，贷记"资金结存"或"财政拨款预算收入"科目。

**【例 14-22】** 某事业单位为开展经营活动发生城市维护建设税 2 000 元，款项通过银行存款支付，编制会计分录如下：

预算会计中：

借：经营支出 2 000

　　贷：资金结存—货币资金 2 000

同时，财务会计中：

借：经营费用 2 000

　　贷：银行存款 2 000

（四）发生购货退回

事业单位开展经营活动过程中退回之前购买货物，并收回对应款项，应按照收回或更正金额借记"其他应收款"或"银行存款"科目，贷记"经营费用"科目。

同时，预算会计中事业单位在开展经营活动过程中退回之前购买货物，并收回对应款项，应借记"资金结存"或"财政拨款预算收入"科目，贷记"经营支出"科目。

**【例 14-23】** 某事业单位为开展经营活动购买了一批货物，但因质量问题单位退回了当年购入的该批部分货物，退货款项 900 元尚未收到，编制会计分录如下：

预算会计中不做账务处理。

财务会计中：

借：其他应收款 900

　　贷：经营费用 900

接上例，该单位退货款项 900 元已收到并存入银行，编制会计分录如下：

预算会计中：

借：资金结存—货币资金 900

　　贷：经营支出 900

同时，财务会计中：

借：银行存款 900

　　贷：其他应收款 900

（五）期末结转

事业单位开展经营活动费用本期发生额，应在会计期末进行结转，借记"本期盈余"科目，贷记"经营费用"科目，结转后科目无余额。

同时，预算会计中事业单位开展经营活动产生的本期支出，在会计期末进行结转，借记"财政拨款结转"或"非财政拨款结转—本年收支结转""其他结余"等科目，贷记"经营支出"科目。

**【例 14-24】** 年末某事业单位"经营费用"发生额为 88 000 元，"经营支出"发生额为 88 000 元，本年度经营支出款项均为非财政拨款支出，编制会计分录如下：

预算会计中：

借：非财政拨款结转—本年收支结转 88 000

　　贷：经营支出 88 000

同时，财务会计中：

借：本期盈余 88 000

　　贷：经营费用 88 000

## 六、单位管理费用与事业支出

单位管理费用只有事业单位涉及，所有行政单位不设此科目。

单位管理费用是事业单位核算本级行政及后勤管理部门开展管理活动开展的各项费用，包括人员经费、公用经费、资产折旧、离退休人员经费、工会经费和诉讼中介费等。事业单位应设置"单位管理费用"进行核算，并按照项目类别、费用类别或支付对象等进行明细核算。期末本科目将进行结转，每年年末无余额。

同时事业单位本级行政及后勤管理部门开展管理活动发生经济流出时，应通过"事业支出"科目进行预算会计的账务核算。

（一）为管理活动人员支付薪酬

事业单位为计提本单位管理活动人员薪酬，应按照计算金额借记"单位管理费用"科目，贷记"应付职工薪酬"科目。

同时向经营活动人员实际支付薪酬时，应按照实际支付的金额做预算会计处理，单位应借记"事业支出"科目，贷记"财政拨款预算收入"或"资金结存"科目。

（二）开展管理活动与库存物品、固定资产、无形资产等有关款项

事业单位为开展管理活动领用或发出库存物资、获得固定资产后计提折旧、获得无形资产后摊销时，应按照实际成本、计算的折旧或摊销金额，借记“单位管理费用”科目，贷记“库存物品”或“固定资产累计折旧”“无形资产累计摊销”等科目。

同时，事业单位为开展经营活动购买存货、固定资产、无形资产，支付相关款项时，预算会计中应按实际支付金额借记“事业支出”科目，贷记“资金结存”或“财政拨款预算收入”科目。

（三）发生相关税费

事业单位为开展管理活动发生其他费用或缴纳相关税费，包括城市维护建设税、教育费附加、房产税、城镇土地使用税等，按照计算应缴纳或实际支付金额借记“单位管理费用”，贷记“应付账款”或“银行存款”等科目。

同时，事业单位在预算会计中应对管理活动缴纳的相关税费以及发生的其他支出，在支付相关款项时，按实际支付金额借记“事业支出”科目，贷记“资金结存”或“财政拨款预算收入”科目。

（四）发生购货退回

事业单位开展管理活动过程中退回之前购买货物，并收回对应款项，应按照收回或更正金额借记“其他应收款”或“银行存款”科目，贷记“单位管理费用”科目。

同时，预算会计中事业单位在开展管理活动过程中退回之前购买货物，并收回对应款项，应借记“资金结存”或“财政拨款预算收入”科目，贷记“事业支出”科目。

（五）期末结转

事业单位开展管理活动费用本期发生额，应在会计期末进行结转，借记“本期盈余”科目，贷记“单位管理费用”科目，结转后科目无余额。

同时，预算会计中事业单位开展经营活动产生的本期支出，在会计期末进行结转，借记“财政拨款结转”或“非财政拨款结转—本年收支结转”“其他结余”等科目，贷记“事业支出”。

## 七、债务还本支出

债务还本支出是指事业单位偿还自身承担的、纳入预算管理的、从金融机构举借的债务本金的现金流出，不包括债务利息的支出。

财务会计中事业单位偿还从金融机构举借的债务本金是在“短期借款”或“长期借款”科目中核算，核算方式与预算会计大不相同。

预算会计中，事业单位应设置“债务还本支出”总账科目，并按照贷款单位、贷款种类、《政府收支分类科目》中“支出功能分类科目”的项级科目等进行明细核算。单位偿还各项短期或长期借款时，按照偿还的借款本金，借记“债务还款成本”科目，贷记“资金结存”科目。年末，对该科目本年发生额进行结转，借记“其他结余”科目，贷记“债务还款成本”科目。年末结转后，无余额。

**【例 14-25】** 某事业单位向金融机构偿还一项短期借款本金 48 000 元，款项通过银行支付，编制会计分录如下：

预算会计中：

借：债务还本支出 48 000

贷:资金结存—货币资金 48 000

同时,财务会计中:

借:短期借款 48 000

贷:银行存款 48 000

## 八、投资支出

投资支出是指事业单位以货币资金对外投资发生的现金流出。

财务会计中事业单位核算以货币资金对外投资是在“短期投资”或“长期股权投资”科目中进行的,核算方式与预算会计不同。

预算会计中,事业单位应设置“投资支出”总账科目,并按照投资类型、投资对象、《政府收支分类科目》中“支出功能分类科目”的项级科目等进行明细核算。单位以货币资金对外投资时,按照投资金额和税金合计数,借记“投资支出”科目,贷记“资金结存”科目。年末,对该科目本年发生额进行结转,借记“其他结余”科目,贷记“投资支出”科目。年末结转后,无余额。

**【例 14-26】** 某事业单位出售一项货币资金取得的短期投资,当初取得该投资花费 33 000 元,出售这项对外投资单位收到款项 36 000 元,编制会计分录如下:

预算会计中:

借:资金结存—货币资金投资支出 36 000

贷:投资支出 33 000

投资预算收益 3 000

同时,财务会计中:

借:银行存款 36 000

贷:短期投资 33 000

投资收益 3 000

## 九、所得税费用

所得税费用是指有企业所得税缴纳义务的事业单位按规定缴纳企业所得税所形成的费用。

事业单位应设置“所得税费用”科目,并按照税法规定计算的应交税金数额,借记“所得税费用”,贷记“其他应交税费—单位应交所得税”科目。实际缴纳时,按照缴纳金额,借记“其他应交税费—单位应交所得税”科目,贷记“银行存款”科目。年末该科目应进行结转,无余额。预算会计中不涉及此类业务核算。

# 第十五章　行政事业单位会计报告

## 第一节　行政事业单位会计报告的概述

### 一、行政事业单位会计报告概念

行政事业单位会计报告是反映单位某一特定日期财务状况和某一会计期间收支情况、现金流量情况及预算执行情况的书面文件。行政事业单位会计报告由资产负债表、收入费用表、净资产变动表、现金流量表、预算收入支出表、预算结转结余变动表、财政拨款预算收入支出表、附注等部分组成，根据编报时间还可分类为月报、季报、年报。行政事业单位会计报告是根据单位日常经济业务核算资料，为反映不同经济内容进行整理和汇总而成的财务报告体系，可以让本单位进行综合、系统、全面的财务分析以优化单位财务状况，也可让上级部门了解单位情况后对单位预算工作的执行进行指导，同时也是单位编制下年度财务收支计划的依据。

### 二、行政事业单位会计报告编制要求

行政事业单位会计报告的编制需要遵循数据真实可靠、内容完整、报送及时的基本要求。

（一）数据真实

数据真实是对会计核算工作和会计信息质量的基本要求，只有利用真实的会计信息才能客观地反映和评价事业单位资金活动的过程和结果。会计报表的数字要根据真实可靠的账簿记录填列各项内容，报表中各项目的数字应按规定方法正确计算填列，报表之间有关联的数字必须相互衔接注意报表数据间的钩稽关系，不能弄虚作假、篡改和伪造会计数据，也不能估计数据。编制会计报表前要做好期末清理结算和结账工作，保证账账相符、账表相符、账实相符。

（二）内容完整

单位应按规定的种类、格式、项目编制会计报表，报表内容应填列完整，不能漏报和任意取舍，在特殊情况或特殊要求下，单位可以增加一些报表或项目，但不得影响国家统一的报表项目编报。

（三）报送及时

行政事业单位会计报表必须按照国家或上级机关规定的期限和流程，在规定时间内将真实、完整的报表报送上级单位。单位应科学、合理地组织单位日常会计工作，加强会计部

门与其他部门的协调能力和工作效率,尽快完成每年的报表编制任务,不影响主管单位、财政部门甚至是全国的逐级汇总,不耽误国家对会计信息的全局分析。

## 三、行政事业单位会计报告分类

为反映不同经济内容,满足不同管理需求,行政事业单位会计报告可以按照不同标准进行分类。

(一)按照经济内容分类

按照经济内容可以将行政事业单位会计报告分为动态报表和静态报表。

1. 动态报表

动态报表主要反映单位一定时期内的财务执行情况,主要有收入费用表、现金流量表、预算收入支出表、预算结转结余变动表、财政拨款预算收入支出表等。

2. 静态报表

静态报表反映单位会计时点上的资产负债构成,主要有资产负债表等。

(二)按编报时间分类

1. 月报

月报是反映行政事业单位截至报告月度资金活动和经费收支的报表,要求编制资产负债表和支出明细表。

2. 季报

季报是分析、检查行政事业单位季度资金活动情况和经费收支情况的报表,是月报的基础上更详细地描述单位经费收支的全貌。各行政事业单位的季报要求编制资产负债表、支出明细表和基本数字表。

3. 年报

年报即年度决算,是全面反映年度资金活动和经费收支执行结果的报表。行政事业单位编制年度决算报表需要按照财政部门和上级单位下达的有关决算编审规定进行,需要编制完成所有要求的报表类型。

(三)按编报层次分类

1. 本级报表

本级报表是反映各单位预算执行情况和资金活动情况的报表。

2. 汇总报表

汇总报表是各主管部门对本单位和所属单位报表进行汇总后形成的报表。基层会计单位不涉及汇总报表的编制,二级单位则需要编制本单位报表以及汇总报表。

# 第二节 行政事业单位会计报表的编制

1、资产负债表

资产负债表是反映单位某一特定时点财务状况的报表,样表如表 15-1 所示。

表 15-1　资产负债表

会政财 01 表

编制单位:XXX　　　　20X1 年 12 月 31 日　　　　单位:元

| 资产 | 期末余额 | 年初余额 | 负债和净资产 | 期末余额 | 年初余额 |
|---|---|---|---|---|---|
| 流动资产: | | | 流动负债: | | |
| 货币资金 | | | 短期借款 | | |
| 短期投资 | | | 应交增值税 | | |
| 财政应返还额度 | | | 其他应交税费 | | |
| 应收票据 | | | 应缴财政款 | | |
| 应收账款净额 | | | 应付职工薪酬 | | |
| 预付账款 | | | 应付票据 | | |
| 应收股利 | | | 应付账款 | | |
| 应收利息 | | | 应付政府补贴款 | | |
| 其他应收款净额 | | | 应付利息 | | |
| 存货 | | | 预收账款 | | |
| 待摊费用 | | | 其他应付款 | | |
| 一年内到期的非流动资产 | | | 预提费用 | | |
| 其他流动资产 | | | 一年内到期的非流动负债 | | |
| 流动资产合计 | | | 其他流动负债 | | |
| 非流动资产: | | | 流动负债合计 | | |
| 长期股权投资 | | | 非流动负债: | | |
| 长期债券投资 | | | 长期借款 | | |
| 固定资产原值 | | | 长期应付款 | | |
| 减:固定资产累计折旧 | | | 预计负债 | | |
| 固定资产净值 | | | 其他非流动负债 | | |
| 工程物资 | | | 非流动负债合计 | | |
| 在建工程 | | | 受托代理负债 | | |
| 无形资产原值 | | | 负债合计 | | |
| 减:无形资产累计摊销 | | | | | |
| 无形资产净值 | | | | | |
| 研发支出 | | | | | |
| 公共基础设施原值 | | | | | |
| 减:公共基础设施累计摊销 | | | | | |
| 公共基础设施产净值 | | | | | |

表 15-1(续)

| 资产 | 期末余额 | 年初余额 | 负债和净资产 | 期末余额 | 年初余额 |
|---|---|---|---|---|---|
| 政府储备物资 | | | 净资产: | | |
| 文物文化资产 | | | 累计盈余 | | |
| 保障性住房原值 | | | 专用基金 | | |
| 减:保障性住房累计折旧 | | | 权益法调整 | | |
| 保障性住房净值 | | | 无偿调拨净资产 | | |
| 长期待摊费用 | | | 本期盈余 | | |
| 待处置资产损溢 | | | 净资产合计 | | |
| 其他非流动资产 | | | 负债和净资产总计 | | |
| 非流动资产合计 | | | | | |
| 受托代理资产 | | | | | |
| 资产总计 | | | | | |

(一)年初余额的填列

资产负债表“年初余额”栏内各项数字是根据上年年末资产负债表“期末余额”栏内数字填列。如果本年度资产负债表规定的各项目的名称和内容同上年度存在不一致的地方,应当对上年年末资产负债表各项目的名称和数字按照本年度的规定进行调整,并将调整后的内容填入本年度报表的“年初余额”栏内。

(二)期末余额的填列

1.资产类项目

“货币资金”项目应根据“库存现金”“银行存款”“零余额账户用款额度”“其他货币资金”科目的期末余额的合计数填列。

“短期投资”项目应根据“短期投资”科目的期末余额填列。

“财政应返还额度”项目应根据“财政应返还额度”科目的期末余额填列。

“应收票据”项目应根据“应收票据”科目的期末余额填列。

“应收账款净额”项目应根据“应收账款”科目的期末余额减去“坏账准备”科目对应收账款计提的还账准备的期末余额后的金额填列。

“预付账款”项目应根据“预付账款”科目的期末余额填列。

“应收股利”项目应根据“应收股利”科目的期末余额填列。

“应收利息”项目应根据“应收利息”科目的期末余额填列。“应收利息”科目归集的是单位因债权投资产生的应收取的利息,但不包括单位购入的到期一次性还本付息的长期债券投资持有期间的利息。

“其他应收款净额”项目应根据“其他应收款净额”科目的期末余额减去“坏账准备”科目对其他应收账款计提的还账准备的期末余额后的金额填列。

“存货”项目应根据“在途物资”“库存物品”“加工物品”科目的期末余额的合计数填列。

“待摊费用”项目应根据“待摊费用”科目的期末余额填列。

“一年内到期的非流动资产”项目应根据“长期债券投资”等科目明细科目的期末余额填列。

“其他流动资产”项目应根据“长期投资”等科目期末余额分析填列,主要反映上述项目以外的其他流动资产。

“流动资产合计”根据“货币资金”“短期投资”“财政应返还额度”“应收票据”“应收账款净额”“预付账款”“应收股利”“应收利息”“其他应收款净额”“存货”“待摊费用”“一年内到期的非流动资产”“其他流动资产”项目合计数填列。

“长期股权投资”项目应根据“长期股权投资”科目的期末余额填列。

“长期债券投资”项目应根据“长期债券投资”科目的期末余额减去将于1年(含1年)到期的长期债券投资余额后的金额填列。

“固定资产原值”项目应根据“固定资产”科目的期末余额填列,“固定资产累计折旧”项目应根据“固定资产累计折旧”科目的期末余额填列,“固定资产净值”为“固定资产原值”项目减去“固定资产累计折旧”项目后的金额填列。

“工程物资”项目应根据“工程物资”科目的期末余额填列。

“在建工程”项目应根据“在建工程”科目的期末余额填列。

“无形资产原值”项目应根据“无形资产”科目的期末余额填列,“无形资产累计摊销”项目应根据“无形资产累计摊销”科目的期末余额填列,“无形资产净值”为“无形资产原值”项目减去“无形资产累计摊销”项目后的金额填列。

“研发支出”项目应根据“研发支出”科目的期末余额填列,为单位无形资产开发阶段发生的支出金额。

“公共基础设施原值”项目应根据“公共基础设施”科目的期末余额填列,“公共基础设施累计摊销”项目应根据单位期末已计提的累计摊销数额填列,“公共基础设施产净值”为“公共基础设施原值”项目减去“公共基础设施累计摊销”项目后的金额填列。

“政府储备物资”项目应根据“政府储备物资”科目的期末余额填列。

“文物文化资产”项目应根据“文物文化资产”科目的期末余额填列。

“保障性住房原值”项目应根据“保障性住房”科目的期末余额填列,“保障性住房累计折旧”项目应根据“保障性住房累计折旧”科目的期末余额填列,“保障性住房净值”为“保障性住房原值”项目减去“保障性住房累计折旧”项目后的金额填列。

“长期待摊费用”项目应根据“长期待摊费用”科目的期末余额填列。

“待处置资产损溢”项目应根据“待处置资产损溢”科目的期末余额填列。

“其他非流动资产”项目应根据所有上述非流动资产以外项目合计的期末余额填列。

“非流动资产合计”根据“长期股权投资”“长期债券投资”“固定资产净值”“工程物资”“在建工程”“无形资产净值”“研发支出”“公共基础设施产净值”“政府储备物资”“文物文化资产”“保障性住房净值”“长期待摊费用”“待处置资产损溢”“其他非流动资产”项目合计数填列。

“受托代理资产”项目应根据“受托代理资产”科目的期末余额及“库存现金”“银行存款”下“受托代理资产”明细科目期末余额合计数填列。

“资产总计”根据“流动资产”合计、“非流动资产”合计和“受托代理资产”项目合计金额填列。

2. 负债类项目

单位负债类科目,包括“短期借款”“应交增值税”“其他应交税费”“应缴财政款”“应付职工薪酬”“应付票据”“应付账款”“应付政府补贴款”“应付利息”“预收账款”“其他应付款”“预提费用”等流动负债项目直接按照对应科目期末贷方余额填列,如出现期末借方余额则以“-”号填列对应数据。

“一年内到期的非流动负债”项目应根据“长期应付款”“长期借款”等将于1年内(含1年)的非流动负债相关科目的期末余额合计数填列。

“其他流动负债”项目应根据上述提到的流动负债以外的相关科目的期末余额合计数填列。

“流动负债合计”根据“短期借款”“应交增值税”“其他应交税费”“应缴财政款”“应付职工薪酬”“应付票据”“应付账款”“应付政府补贴款”“应付利息”“预收账款”“其他应付款”“预提费用”“一年内到期的非流动负债”“其他流动负债”项目合计数填列。

“长期借款”项目应根据“长期借款”科目期末余额减去其中将于1年内(含1年)到期的长期借款余额后的金额填列。

“长期应付款”项目应根据“长期应付款”科目期末余额减去其中将于1年内(含1年)到期的长期应付款余额后的金额填列。

“预计负债”项目应根据“预计负债”科目期末余额填列,该项目是反映单位期末已确认但尚未偿付的预计负债。

“其他非流动负债”项目应根据上述提到的非流动负债以外的相关科目的期末余额合计数填列。

“非流动负债合计”根据“长期借款”“长期应付款”“预计负债”“其他非流动负债”项目合计数填列。

“受托代理负债”项目应根据“受托代理负债”科目的期末余额填列。

“负债合计”根据“流动负债”合计、“非流动负债”合计和“受托代理负债”项目合计金额填列。

3. 净资产类项目

“累计盈余”项目根据“累计盈余”科目期末余额填列。

“专用基金”项目根据“专用基金”科目期末余额填列。

“权益法调整”项目根据“权益法调整”科目期末余额填列,反映事业单位期末在被投资单位除净损益和利润分配以外的所有者权益变动中累积享有的份额。

“无偿调拨净资产”项目根据“无偿调拨净资产”科目期末余额填列,反映单位在报告期期末无偿调入的非现金资产价值扣减无偿调出的非现金资产价值后的净值,该项目仅在月报中列示,不计入年报。

“本期盈余”项目根据“本期盈余”科目期末余额填列,该项目也仅在月报中列示,不计入年报。

“净资产合计”根据“累计盈余”“专用基金”“权益法调整”“无偿调拨净资产”和“本期盈余”项目合计金额填列。

“负债和净资产总计”根据“负债合计”和“净资产合计”项目合计金额填列。

## 二、收入费用表与预算收入支出表

(一)收入费用表

收入费用表是反映单位某一时间段财务运营状况的报表,样表如表 15-2 所示。

**表 15-2　收入费用表**

会政财 02 表

编制单位:XXX　　　　20X1 年　　　　单位:元

| 项目 | 本月数 | 本月累计数 |
| --- | --- | --- |
| 一、本期收入 | | |
| (一)财政拨款收入 | | |
| 其中:政府性基金收入 | | |
| (二)事业收入 | | |
| (三)上级补助收入 | | |
| (四)附属单位上缴收入 | | |
| (五)经营收入 | | |
| (六)非同级财政拨款收入 | | |
| (七)投资收益 | | |
| (八)捐赠收入 | | |
| (九)利息收入 | | |
| (十)租金收入 | | |
| (十一)其他收入 | | |
| 二、本期费用 | | |
| (一)业务活动费用 | | |
| (二)单位管理费用 | | |
| (三)经营费用 | | |
| (四)资产处置费用 | | |
| (五)上缴上级费用 | | |
| (六)对附属单位补助费用 | | |
| (七)所得税费用 | | |
| (八)其他费用 | | |
| 三、本期盈余 | | |

样表中的"本月数"为单位相应项目的本月实际发生数,"本月累计数"为单位年初到报告期期末各项目的累计实际发生数,年度报表中应将"本月数"变为"本年数",反映年度各项目实际发生数,将"本月累计数"变为"上年数",填列单位上年度收入费用表中的本年数。

1. 本期收入

“本期收入”反映单位本期收入总额,根据表中“财政拨款收入”“事业收入”“上级补助收入”“附属单位上缴收入”“经营收入”“非同级财政拨款收入”“投资收益”“捐赠收入”“利息收入”“租金收入”和“其他收入”本期数合计金额填列。

“财政拨款收入”“事业收入”“上级补助收入”“附属单位上缴收入”“经营收入”“非同级财政拨款收入”“投资收益”“捐赠收入”“利息收入”“租金收入”和“其他收入”项目均按照对应科目的本期发生数额填列,其中“财政拨款收入”应根据本期明细科目发生额,将属于政府性基金预算拨款金额单列一项进行反映。

2. 本期费用

“本期费用”反映单位本期费用总额,根据表中“业务活动费用”“单位管理费用”“经营费用”“资产处置费用”“上缴上级费用”“对附属单位补助费用”“所得税费用”和“其他费用”本期数合计金额填列。

“业务活动费用”“单位管理费用”“经营费用”“资产处置费用”“上缴上级费用”“对附属单位补助费用”“所得税费用”和“其他费用”项目均按照对应科目的本期发生数额填列。

3. 本期盈余

“本期盈余”为单位本期收入减去本期费用后的净额,如出现负数,用“-”号填列。

(二) 预算收入支出表

预算收入支出表是反映单位某一时间段各项预算收入、预算支出和预算收支差额情况的报表,样表如表15-3所示。

**表15-3 预算收入支出表**

| 项目 | 本月数 | 本月累计数 |
|---|---|---|
| 一、本年预算收入 | | |
| (一)财政拨款预算收入 | | |
| 其中:政府性基金收入 | | |
| (二)事业预算收入 | | |
| (三)上级补助预算收入 | | |
| (四)附属单位上缴预算收入 | | |
| (五)经营预算收入 | | |
| (六)债务预算收入 | | |
| (七)非同级财政拨款预算收入 | | |
| (八)投资预算收益 | | |
| (九)其他预算收入 | | |
| 其中:利息预算收入 | | |
| 捐赠预算收入 | | |
| 租金预算收入 | | |

表 15-3(续)

| 项目 | 本月数 | 本月累计数 |
|---|---|---|
| 二、本年预算支出 | | |
| (一)行政支出 | | |
| (二)事业支出 | | |
| (三)经营支出 | | |
| (四)上缴上级支出 | | |
| (五)对附属单位补助支出 | | |
| (六)投资支出 | | |
| (七)债务还本支出 | | |
| (八)其他支出 | | |
| 其中:利息支出 | | |
| 捐赠支出 | | |
| 三、本年预算收支差额 | | |

样表中的“本年数”为单位相应项目的本年实际发生数,“上年数”为单位上年实际发生数,应将去年预算收入支出表中的“本年数”填入单位本年度预算收入支出表中的“上年数”中。

1. 本年预算收入

“本年预算收入”反映单位本年预算收入总额,根据表中“财政拨款预算收入”“事业预算收入”“上级补助预算收入”“附属单位上缴预算收入”“经营预算收入”“债务预算收入”“非同级财政拨款收入”“投资预算收益”和“其他预算收入”本期数合计金额填列。

“财政拨款预算收入”“事业预算收入”“上级补助预算收入”“附属单位上缴预算收入”“经营预算收入”“债务预算收入”“非同级财政拨款预算收入”“投资预算收益”和“其他预算收入”项目均按照对应科目的本期发生数额填列。其中“财政拨款预算收入”项目应根据本期其明细科目发生额,将属于政府性基金预算拨款金额单列一行进行反映;“其他预算收入”项目也应根据其本期明细科目发生额,将利息、捐赠、租金等不同渠道获得的预算收入进行相应归集,并将每部分单列一行进行反映。

2. 本年预算支出

“本年预算支出”反映单位本年预算支出总额,根据表中“行政支出”“事业支出”“经营支出”“上缴上级支出”“对附属单位补助支出”“投资支出”“债务还本支出”和“其他支出”本期数合计金额填列。

“行政支出”“事业支出”“经营支出”“上缴上级支出”“对附属单位补助支出”“投资支出”“债务还本支出”和“其他支出”项目均按照对应科目的本期发生数额填列。其中“其他支出”项目应根据其本期明细科目发生额,将利息、捐赠等不同性质的支出进行相应归集,并将每部分单列一行进行反映。

3. 本年预算收支差额

“本年预算收支差额”为单位本期预算收入减去本期预算后的净额,如出现负数,用

"-"号填列。

(三)财政拨款预算收入支出表

财政拨款预算收入支出表是反映单位在某一时间段内财政拨款预算资金收支及相关变动情况的报表,样表如表15-4所示。

**表15-4 财政拨款预算收入支出表**

编制单位:XXX 20X1年 单位:元

| 项目 | 年初财政拨款结转结余 | | 调整年初财政拨款结转结余 | 本年归集调入 | 本年归集上缴或调出 | 单位内部调剂 | | 本年财政拨款收入 | 本年财政拨款支出 | 年末财政拨款结转结余 | |
|---|---|---|---|---|---|---|---|---|---|---|---|
| | 结转 | 结余 | | | | 结转 | 结余 | | | 结转 | 结余 |
| 一、一般公共预算财政拨款 | | | | | | | | | | | |
| (一)基本支出 | | | | | | | | | | | |
| 1. 人员经费 | | | | | | | | | | | |
| 2. 公用经费支出 | | | | | | | | | | | |
| (二)项目支出 | | | | | | | | | | | |
| 1. ××项目 | | | | | | | | | | | |
| 2. ××项目 | | | | | | | | | | | |
| 二、政府性基金预算财政拨款 | | | | | | | | | | | |
| (一)基本支出 | | | | | | | | | | | |
| 1. 人员经费 | | | | | | | | | | | |
| 2. 公用经费支出 | | | | | | | | | | | |
| (二)项目支出 | | | | | | | | | | | |
| 1. YY项目 | | | | | | | | | | | |
| 2. YY项目 | | | | | | | | | | | |
| 总计 | | | | | | | | | | | |

财政拨款预算收入支出表各栏应根据相关账户上年数或本年数发生额,经过计算或分析后填列。

"年初财政拨款结转结余"项目下各栏应根据"财政拨款结转""财政拨款结余"各明细科目年初余额填列。

"调整年初财政拨款结转结余"项目下各栏应根据"财政拨款结转""财政拨款结余"科目下"年初余额调整"明细科目本年发生额填列。

"本年归集调入"项目下各栏应根据"财政拨款结转"科目下"归集调入"明细科目本年发生额填列。

"本年归集上缴或调出"项目下各栏应根据"财政拨款结转""财政拨款结余"科目下

“归集上缴”明细科目和“财政拨款结转”科目下“归集调出”明细科目的本年发生额填列。

“单位内部调剂”项目下各栏应根据“财政拨款结转”“财政拨款结余”科目下“单位内部调剂”明细科目本年发生额填列。

“本年财政拨款收入”项目下各栏应根据“财政拨款预算收入”科目及其所属明细科目本年发生额填列。

“本年财政拨款支出”项目下各栏应根据“行政支出”“事业支出”科目及其所属明细科目本年财政拨款支出发生额合计数填列。

“年末财政拨款结转结余”项目下各栏应根据“财政拨款结转”“财政拨款结余”各明细科目年末余额填列。

## 三、净资产变动表

净资产变动表是反映单位某一时间段净资产变动情况的报表,样表如表15-5所示。

**表15-5　净资产变动表**

会政财03表

编制单位:XXX　　20X1年12月31日　　单位:元

| 项目 | 本年数 | | | | 上年数 | | | |
|---|---|---|---|---|---|---|---|---|
| | 累计盈余 | 专用基金 | 权益法调整 | 净资产合计 | 累计盈余 | 专用基金 | 权益法调整 | 净资产合计 |
| 一、上年年末余额 | | | | | | | | |
| 二、以前年度盈余调整 | | | | | | | | |
| 三、本年年初余额 | | | | | | | | |
| 四、本年变动金额 | | | | | | | | |
| (一)本年盈余 | | | | | | | | |
| (二)无偿调拨净资产 | | | | | | | | |
| (三)归集调整预算结转结余 | | | | | | | | |
| (四)提取或设置专用基金 | | | | | | | | |
| 其中:从预算收入中提取 | | | | | | | | |
| 从预算结余中提取 | | | | | | | | |
| 设置的专用基金 | | | | | | | | |
| (五)使用专用基金 | | | | | | | | |
| (六)权益法调整 | | | | | | | | |
| 五、本年年末余额 | | | | | | | | |

表中“本年数”按本年度各项目实际变动数填列;“上年数”按上年度净资产变动表中的

"本年数"所填金额填列,如果上年度项目名称或金额出现与本年不一致的情况,应按本年度要求对本年度报表中的"上年数"对应项目进行相应调整。

(一)上年年末余额

"上年年末余额"项目应根据"累计盈余""专用基金""权益法按调整"科目上年年末余额进行填列。

(二)以前年度盈余调整

"以前年度盈余调整"项目应根据本年度"以前年度盈余调整"科目中转入"累计盈余"科目的金额进行填列,如果调减了累计盈余,则此项目以附属填列。

(三)本年年初余额

"本年年初余额"项目反映单位经过以前年度盈余调整后各净资产项目本年年初余额,是用"上年年末余额"项目与"以前年度盈余调整"项目合计数填列。

(四)本年变动金额

"本年变动金额"项目应根据"累计盈余""专用基金""权益法按调整"科目各自在"本年盈余""无偿调拨净资产""归集调整预算结转结余""提取或设置专用基金""使用专用基金"和"权益法调整"行对应项目金额的合计数填列。

"本年盈余"项目对应"累计盈余"栏应根据年末"本期盈余"科目转入"本年盈余分配"科目中的金额填列。

"无偿调拨净资产"项目对应"累计盈余"栏应根据年末"无偿调拨净资产"科目转入"累计盈余"科目中的金额填列。

"归集调整预算结转结余"项目对应"累计盈余"栏应根据年末"累计盈余"科目下明细科目分析填列。

"提取或设置专用基金"项目应根据年末"从预算收入中提取""从预算结余中提取"和"设置的专用基金"项目对应"累计盈余""专用基金"栏金额的合计数进行填列。"从预算收入中提取""从预算结余中提取"和"设置的专用基金"项目对应"累计盈余""专用基金"栏目的金额则需要对"专用基金"科目下明细科目进行分析填列相应数额。需注意的是本行"累计盈余"以负数填列。

"使用专用基金"项目对应"累计盈余""专用基金"栏金额也需要对"专用基金"科目下明细科目进行分析,再填列相应数额。需注意的是本行"专用基金"以负数填列。

"权益法调整"项目根据"权益法调整"科目本年发生额直接填列。

(五)本年年末余额

"本年年末余额"项目应根据"累计盈余""专用基金"和"权益法按调整"科目对应的"本年年初余额"和"本年变动余金额"合计数填列。

(六)净资产合计

"净资产合计"项目应填列每行"累计盈余""专用基金"和"权益法按调整"科目的合计数。

## 四、预算结转结余变动表

预算结转结余变动表是反映单位某一时间段预算结转结余变动情况的报表,样表如表15-6所示。

表 15-6　预算结转结余变动表

会政预 02 表

编制单位:×××　　　　　　20X1 年　　　　　　单位:元

| 项目 | 本年数 | 上年数 |
|---|---|---|
| 一、年初预算结转结余 | | |
| （一）财政拨款结转结余 | | |
| （二）其他资金结转结余 | | |
| 二、年初余额调整（减少以“-”号填列） | | |
| （一）财政拨款结转结余 | | |
| （二）其他资金结转结余 | | |
| 三、本年变动金额（减少以“-”号填列） | | |
| （一）财政拨款结转结余 | | |
| 1. 本年收支差额 | | |
| 2. 归集调入 | | |
| 3. 归集上缴或调出 | | |
| （二）其他资金结转结余 | | |
| 1. 本年收支差额 | | |
| 2. 缴回资金 | | |
| 3. 使用专业结余 | | |
| 4. 支付所得税 | | |
| （三）归集调整预算结转结余 | | |
| （四）提取或设置专用基金 | | |
| 四、年末预算结转结余 | | |
| （一）财政拨款结转结余 | | |
| 1. 财政拨款结转 | | |
| 2. 财政拨款结余 | | |
| （二）其他资金结转结余 | | |
| 1. 非财政拨款结转 | | |
| 2. 非财政拨款结余 | | |
| 3. 专用结余 | | |
| 4. 经营结余（如有余额以“-”号填列） | | |

表中“本年数”按本年度各项目实际发生数填列，“上年数”按上年度预算结转结余变动表中的“本年数”所填金额填列，如果上年度项目名称或金额出现与本年不一致的情况，应按本年度要求对本年度报表中的“上年数”对应项目进行相应调整。

（一）年初预算结转结余

"年初预算结转结余"项目应根据本项目下"财政拨款结转结余"和"其他资金结转结余"项目合计数进行填列。

"财政拨款结转结余"项目根据年初"财政拨款结转"和"财政拨款结余"科目年初余额合计数填列。

"其他资金结转结余"项目根据年初"非财政拨款结转""非财政拨款结余""专用结余"和"经营结余"科目年初合计数填列。

（二）年初余额调整

"年初余额调整"项目应根据本项目下"财政拨款结转结余"和"其他资金结转结余"项目合计数进行填列。

"财政拨款结转结余"项目根据年初"财政拨款结转"和"财政拨款结余"科目下"年初余额调整"明细科目本年发生额合计数填列。

"其他资金结转结余"项目根据年初"非财政拨款结转"和"非财政拨款结余"科目下"年初余额调整"明细科目本年发生额合计数填列。

（三）本年变动金额

"本年变动金额"项目反映单位本年预算结转结余变动的金额，是用本项目下"财政拨款结转结余"和"其他资金结转结余"项目合计数填列的。

"财政拨款结转结余"项目是用本项目下"本年收支差额""归集调入"和"归集上缴或调出"项目合计数填列的。其中："本年收支差额"项目是根据"财政拨款结转"科目下"本年收支结转"明细科目本年转入转出的预算收支差额填列；"归集调入"项目是根据"财政拨款结转"科目下"归集调入"明细科目本年发生额填列；"归集上缴或调出"项目是根据"财政拨款结转""财政拨款结余"科目下"归集上缴"明细科目本年发生额和"财政拨款结转"科目下"归集调出"明细科目本年发生额合计数填列。

"其他资金结转结余"项目是用本项目下"本年收支差额""缴回资金""使用专用结余"和"支付所得税"项目合计数填列的。其中："本年收支差额"项目是根据"非财政拨款结转"科目下"本年收支结转""其他结余""经营结余"明细科目本年转入转出的预算收支差额合计数填列；"缴回资金"项目是根据"非财政拨款结转"科目下"缴回资金"明细科目本年发生额填列；"使用专用结余"项目是根据"专用结余"科目中本年使用专用结余的业务的发生额填列；"支付所得税"项目是根据"非财政拨款结余"科目中本年实际缴纳所得税业务的发生额填列。

（四）年末预算结余

"年末预算结余"项目反映单位本年预算结转结余的年末余额，是用本项目下"财政拨款结转结余"和"其他资金结转结余"项目合计数填列的。

"财政拨款结转结余"项目根据年末"财政拨款结转"和"财政拨款结余"科目年末余额合计数填列。

"其他资金结转结余"项目根据年末"非财政拨款结转""非财政拨款结余""专用结余"和"经营结余"科目年末余额合计数填列。

## 五、现金流量表

现金流量表是反映单位某一时间段现金流入流出情况的报表,样表如表15-7所示。

**表15-7　现金流量表**

会政财04表

编制单位:XXX　　　　20X1年　　　　单位:元

| 项目 | 本年金额 | 上年金额 |
|---|---|---|
| 一、日常活动产生的现金流量: | | |
| (一)财政基本支出拨款收到的现金 | | |
| (二)财政非资本性项目拨款收到的现金 | | |
| (三)事业活动收到的除财政拨款以外的现金 | | |
| (四)收到的其他与日常活动有关的现金 | | |
| 日常活动现金流入小计 | | |
| (五)购买商品、接受劳务支付的现金 | | |
| (六)支付给职工以及为职工支付的现金 | | |
| (七)支付的各项税费 | | |
| (八)支付的其他与日常活动有关的现金 | | |
| 日常活动现金流出小计 | | |
| 日常活动产生的现金流量净额 | | |
| 二、投资活动产生的现金流量: | | |
| (一)收回投资收到现金 | | |
| (二)取得投资收益收到的现金 | | |
| (三)处置固定资产、无形资产、公共基础设施等收回的现金净额 | | |
| (四)收到的其他与投资活动有关的现金 | | |
| 投资活动现金流入小计 | | |
| (五)购建固定资产、无形资产、公共基础设施等支付的现金 | | |
| (六)对外投资支付的现金 | | |
| (七)上缴处置固定资产、无形资产、公共基础设施等净收入支付的现金 | | |
| (八)支付的其他与投资活动有关的现金 | | |
| 投资活动现金流出小计 | | |
| 投资活动产生的现金流量净额 | | |

表 15-7(续)

| 项目 | 本年金额 | 上年金额 |
|---|---|---|
| 三、筹资活动产生的现金流量: | | |
| (一)财政资本性项目拨款收到的现金 | | |
| (二)取得借款收到的现金 | | |
| (三)收到的其他与筹资活动有关的现金 | | |
| 筹资活动现金流入小计 | | |
| (四)偿还借款支付的现金 | | |
| (五)偿还利息支付的现金 | | |
| (六)支付的其他与筹资活动有关的现金 | | |
| 筹资活动现金流出小计 | | |
| 筹资活动产生的现金流量净额 | | |
| 四、汇率变动对现金的影响额 | | |
| 五、现金净增加额 | | |

现金流量表中涉及的现金包括单位库存现金、可随时用于支付的银行存款、其他货币资金、零余额账户用款额度、财政应返还额度和通过财政直接支付方式支付的款项。现金流量表应按日常活动、投资活动和筹资活动等类别分别进行反映,“本年金额”项目反映本年实际发生数,“上年金额”根据上年现金流量表的本年金额栏填列。

(一)日常活动

“财政基本支出拨款收到的现金”项目应将“零余额账户用款额度”“财政拨款收入”和“银行存款”科目及所属明细科目中涉及单位本年接受财政基本支出拨款取得的现金数额计入。

“财政非资本性项目拨款收到的现金”项目应将“零余额账户用款额度”“财政拨款收入”和“银行存款”科目及所属明细科目中涉及单位本年接受财政项目拨款(用于购建固定资产、无形资产、公共设施等资本性项目以外)取得的现金数额计入。

“事业活动收到的除财政拨款以外的现金”项目应将“库存现金”“其他货币资金”“应收账款”“应收票据”“预收账款”“事业收入”和“银行存款”科目及所属明细科目中涉及单位本年开展专业业务活动及辅助活动(除财政拨款外)取得的现金数额计入。

“收到的其他与日常活动有关的现金”项目应将“库存现金”“其他货币资金”“上级补助收入”“附属单位上缴收入”“经营收入”“非同级财政拨款收入”“捐赠收入”“利息收入”“租金收入”“其他收入”和“银行存款”科目及所属明细科目中涉及单位本年日常活动(除以上项目)取得的现金数额计入。

“日常活动的现金流入小计”项目应按照“财政基本支出拨款收到的现金”“财政非资本性项目拨款收到的现金”“事业活动收到的除财政拨款以外的现金”“收到的其他与日常活动有关的现金”项目的合计数额计入。

“购买商品、接受劳务支付的现金”项目应将“库存现金”“银行存款”“财政拨款收入”“零余额账户用款额度”“预付账款”“在途物品”“捐赠收入”“库存物品”“应付账款”“应付票据”“业务活动费用”“单位管理费用”和“经营费用”等科目及所属明细科目中涉及单位本年日常活动用于购买商品、接受劳务的现金数额计入。

“支付给职工以及为职工支付的现金”项目应将“库存现金”“银行存款”“财政拨款收入”“零余额账户用款额度”“应付职工薪酬”“业务活动费用”“单位管理费用”和“经营费用”等科目及所属明细科目中涉及单位本年日常活动用于支付给职工以及为职工支付的现金数额计入。

“支付的各项税费”项目应将“库存现金”“银行存款”“零余额账户用款额度”“应交增值税”“其他应交税费”“业务活动费用”“单位管理费用”“所得税费用”和“经营费用”等科目及所属明细科目中涉及单位本年缴纳日常活动相关税费支付的现金数额计入。

“支付的其他与日常活动有关的现金”应将“库存现金”“银行存款”“零余额账户用款额度”“财政拨款收入”“其他应付款”“业务活动费”“单位管理费用”“其他费用”和“经营费用”等科目及所属明细科目中涉及单位本年日常活动(除以上项目)支付的现金数额计入。

“日常活动的现金流出小计”项目应按照“购买商品、接受劳务支付的现金”“支付给职工以及为职工支付的现金”“支付的各项税费”“支付的其他与日常活动有关的现金”项目的合计数额计入。

“日常活动产生的现金流量净额”项目应按照“日常活动的现金流入小计”项目减去“日常活动的现金流出小计”项目后的金额填列。

(二)投资活动

“收回投资收到现金”项目应将“库存现金”“银行存款”“短期投资”和“长期股权投资”等科目中涉及单位本年出售、转让或收回投资收到的现金数额计入。

“取得投资收益收到的现金”项目应将“库存现金”“银行存款”“应收股利”“应收利息”和“投资收益”等科目中涉及单位本年因对外投资而收到被投资单位分配的股利、利润或投资利息的现金数额计入。

“处置固定资产、无形资产、公共基础设施等收回的现金净额”项目应将“库存现金”“银行存款”和“待处理财产损溢”等科目中涉及单位本年因处置固定资产、无形资产或公共基础设施扣除处置费用后的现金数额计入。

“收到的其他与投资活动有关的现金”项目应将“库存现金”和“银行存款”科目中涉及单位本年因投资活动(除上述活动外)而收到的现金数额计入。

“投资活动现金流入小计”项目应按照“收回投资收到现金”“取得投资收益收到的现金”“处置固定资产、无形资产、公共基础设施等收回的现金净额”“收到的其他与投资活动有关的现金”项目的合计数额计入。

“购建固定资产、无形资产、公共基础设施等支付的现金”项目需要注意的是融资租入的固定资产的租赁费不列入本项目。

“对外投资支付的现金”项目应将“库存现金”“银行存款”“短期投资”“长期股权投资”和“长期债券投资”等科目中涉及单位本年为取得短期投资、长期投资、长期债权投资支付的现金数额计入。

“上缴处置固定资产、无形资产、公共基础设施等净收入支付的现金”项目应将“库存现金”“银行存款”和“应缴财政款”等科目中涉及单位本年将处置固定资产、无形资产、公共基础设施等收回的现金净额予以上缴财政所支付的现金数额计入。

“支付的其他与投资活动有关的现金”项目应将“库存现金”和“银行存款”等科目中涉及单位本年因投资活动(除上述活动外)而支付的现金数额计入。

“投资活动现金流出小计”项目应按照“购建固定资产、无形资产、公共基础设施等支付的现金”“对外投资支付的现金”“上缴处置固定资产、无形资产、公共基础设施等净收入支付的现金”“支付的其他与投资活动有关的现金”项目的合计数额计入。

“投资活动产生的现金流量净额”项目应按照“投资活动现金流入小计”项目减去“投资活动现金流出小计”项目后的金额填列。

(三)筹资活动

“财政资本性项目拨款收到的现金”项目应将“零余额账户用款额度”“银行存款”“财政拨款收入”等科目中涉及单位本年接受用于购建固定资产、无形资产、公共基础设施的财政项目拨款取得的现金数额计入。

“取得借款收到的现金”项目应将“库存现金”“银行存款”“短期借款”和“长期借款”等科目中涉及单位本年举借短期或长期借款取得的现金数额计入。

“收到的其他与筹资活动有关的现金”项目应将“库存现金”和“银行存款”等科目中涉及单位本年因筹资活动(除上述活动外)而收到的现金数额计入。

“筹资活动现金流入小计”项目应按照“财政资本性项目拨款收到的现金”“取得借款收到的现金”和“收到的其他与筹资活动有关的现金”项目的合计数额计入。

“偿还借款支付的现金”项目应将“库存现金”“银行存款”“短期借款”和“长期借款”等科目中涉及单位本年偿还借款本金所支付的现金数额计入。

“偿还利息支付的现金”项目应将“库存现金”“银行存款”“应付利息”和“长期借款”等科目中涉及单位本年支付借款利息的现金数额计入。

“支付的其他与筹资活动有关的现金”项目应将“库存现金”“长期应付款”和“银行存款”等科目中涉及单位本年因筹资活动(除上述活动外)而支付的现金数额计入。

“筹资活动现金流出小计”项目应按照“偿还借款支付的现金”“偿还利息支付的现金”和“支付的其他与筹资活动有关的现金”项目的合计数额计入。

“筹资活动产生的现金流量净额”项目应按照“筹资活动现金流入小计”项目减去“筹资活动现金流出小计”项目后的金额填列。

(四)汇率变动对现金的影响

“汇率变动对现金的影响额”项目应根据单位本年外币现金流量折算为人民币时,采用的现金流量发生日汇率折算的人民币金额与外币现金流量净额按期末汇率折算的人民币金额之间的差额填列。

(五)现金净增加额

“现金净增加额”项目应按照“日常活动产生的现金流量净额”“投资活动产生的现金流量净额”“筹资活动产生的现金流量净额”和“汇率变动对现金的影响额”项目的合计数额计入。

## 六、附注

附注是对单位会计报表列示项目进行进一步的补充说明,以及说明某些项目未能在会计报表中列示的原因。

行政事业单位报表附注一般会披露以下几点内容：

1. 遵循《事业单位会计准则》《事业单位会计制度》的声明；
2. 单位整体财务状况、业务活动情况的说明；
3. 会计报表中列示的重要项目的进一步说明，包括其主要构成、增减变动情况等；
4. 重要资产处置情况的说明；
5. 重大投资、借款活动的说明；
6. 以名义金额计量的资产名称、数量等情况；以及以名义金额计量的理由；
7. 以前年度结转结余情况的说明；
8. 有助于理解和分析会计报表需要说明的其他事项。

## 第三节　行政事业单位会计报表的分析

### 一、会计报表的审核与汇总

行政事业单位对已编好的会计报表需要认真审核后上报，上级部门对所属单位会计报表应认真审核汇总。

会计报表的审核包括技术性审核和政策性审核两个方面。

（一）技术性审核

技术性审核主要审核会计报表的数字是否正确，表内有关项目是否完整，有关数字之间的勾稽关系是否正确，有无漏报和错报的情况，会计报表的报送是否及时等。在审核会计报表时，应注意审核上下年度有关数字是否一致、上下级单位之间的上缴和下拨数是否一致、会计报表中的有关数字和业务部门提供的数字是否一致以及会计报表之间的有关数字是否一致等问题。

（二）政策性审核

政策性审核主要是审核会计报表中反映的各项资金收支是否符合政策、制度，有无违反财经纪律的现象，包括对各项收入和支出的审核。单位应着重审查各项收入是否符合政策性规定，各项支出是否按预算和计划执行；预算资金的取得是否符合预算和用款计划，有没有违反国家统一规定的开支范围和开支标准以及其他财务制度的规定等问题。

通过以上各种审核后，将审核无误的会计报表进行汇总，继而编制出本系统或二级会计单位的汇财政总预算会计报表。

会计报表分析

会计报表分析是对会计报表所提供的数据进行加工、分解、比较、评价和解释。通过对会计报表的分析一方面可以再现单位过去经济活动，另一方面能够找出报表使用者需要的关键点，进而总结预算管理工作中的经验教训，展现预算在执行中超支或结余的具体情况和原因，为肯定单位肯定成绩、找出差距、改进预算管理工作和提升单位财务活动效益做出贡献，也为编制下年度预算提供线索和依据，达到不断提高预算管理水平的目的。

（一）会计报表分析的方法

行政事业单位会计报表的分析方法主要有比较分析法、因素分析法等、结构分析法。

(二)行政事业单位会计报表分析的内容

1. 分析行政事业单位编制计划完成情况

根据行政事业单位会计报表在各项基本数字进行分析,探究计划未完成原因,挖掘单位内部潜力,并提出解决问题的有效措施。

2. 预算收支具体情况分析

应根据行政事业单位预算会计表有关资料,重点对预算支出进行逐项分析。

3. 财务状况分析

(1)对库存现金和银行存款的分析。分析单位现金管理制度和银行结算制度是否符合规定,是否存在挪用现金、违反库存现金收支限额、银行存款支取不符合预算以及通过借条抵现等现象。

(2)对固定资产增变化及其来源的分析。需要分析新增固定资产中各类固定资产所占比重、重大的固定资产购置是否给予了优先安排、减少的固定资产是否合理、减少的固定资产有无合法的手续和现有固定资产利用状况等问题。

(3)分析检查各项材料物资。应着重检查单位各项材料物资采购入库有无计划,库存是否合理有无超储积压,领用出库是否符合规定的手续,材料物资的管理制度是否健全等问题。

(4)拨入经费的分析。分析由上级部门或财政机关拨款的预算资金是否根据预算的用款计划及时足额地拨付。其中用于转拨所属单位的是否也及时、足额地拨付。如有追加或追减预算部分,则应相应调整原批准预算数字并与上级部门复核相符。

(5)往来款项的分析。应分析各种暂存款、暂付款等项的数额及未结清的原因,对长期未能清算的款项,应追查原因,及时处理。

(6)应缴预算款分析。分析应缴预算款是否及时足额解缴,如未及时解缴应查明拖欠的原因。

(7)其他收入分析。要着重分析分析其他收入的来源是否存在违法问题,单位的有关收费标准是否存在违反国家的物价政策的情况,有没有将应缴预算款和经费支出收回的款项作为其他收入入账。

# 参 考 文 献

[1] 政府会计制度编审委员会. 政府会计制度主要业务与事项账务处理实务详解[M]. 北京:人民邮电出版社,2021.

[2] 徐元元,田立启,陈新平,等. 政府会计制度:医院会计实务与衔接[M]. 北京:企业管理出版社,2019.

[3] 罗绍德,邬励军. 新编预算会计[M]. 2 版. 成都:西南财经大学出版社,2019.

[4] 丁增稳,王炜. 政府与非营利组织会计[M]. 2 版. 北京:中国财政经济出版社,2021.

[5] 徐旭川. 政府预算管理[M]. 上海:复旦大学出版社,2019.

[6] 贺蕊莉. 政府与非营利组织会计[M]. 大连:东北财经大学出版社,2018.

[7] 中华人民共和国财政部. 2021 年政府收支分类科目[M]. 上海:立信会计出版社,2020.

[8] 李启明. 政府单位会计实务[M]. 北京:中国人民大学出版社,2019.

[9] 王晨明,林常青,万寿琼,等.《政府会计制度》解读[M]. 北京:新华出版社,2018.

[10] 董普,邓燕. 新编政府与非营利组织会计[M]. 北京:人民邮电出版社. 2016.

[11] 熊冬红. 新旧《财政总预算会计制度》的比较研究[D]. 长沙:中南林业科技大学,2018.

[12] 马永义. 政府会计制度中"平行记账"的原理与实务探析[J]. 会计之友,2018(3):11-15.

[13] 赵海侠. 事业单位固定资产核算探析:基于新政府会计制度与事业单位会计制度比较[J]. 财会通讯,2019(25):54-60.

[14] 陈锦香. 新政府会计制度下医院会计核算探讨[J]. 行政事业资产与财务,2021(1):84-85.

[15] 姜媛. 行政单位财务会计与预算会计衔接关系探讨[J]. 行政事业资产与财务,2021(1):88-89.

[16] 颜洁. 新政府会计制度下预算会计期初建账技术探讨[J]. 行政事业资产与财务,2021(8):63,70-71.

[17] 梁毕明,张月娥. 政府会计:改革历程梳理与战略思考[J]. 财会通讯,2021(9):164-168,172.

[18] 贾为喜. 财政总预算会计制度改革趋势分析[J]. 现代商业,2021(13):160-162.

[19] 田文娜. 新政府会计制度下预算会计和财务会计适度分离并相互衔接的问题与对策[J]. 行政事业资产与财务,2021(21):79-80.